脱施設化と地域生活支援:
スウェーデンと日本

▶ 河東田 博

現代書館

脱施設化と地域生活支援:スウェーデンと日本
＊
目　次

はしがき 4

第1章　ノーマライゼーション原理と脱施設化・地域生活支援 ── 15

　第1節　1946年のノーマライゼーション原理をめぐる検討　15
　第2節　1946年以降のノーマライゼーション原理の展開　18
　第3節　ノーマライゼーション原理は人権獲得と共生の理念　20
　第4節　スウェーデンにおける1980年以降のノーマライゼーション原理と脱施設化・地域生活支援　23

第2章　スウェーデンにおける脱施設化と地域生活支援 ── 33

　第1節　ノーマライゼーション原理の法的具体化と脱施設化・地域生活支援　33
　第2節　施設カールスルンドの解体とスウェーデンにおける脱施設化政策　40
　第3節　スウェーデンにおける地域生活支援策　49

第3章　日本における脱施設化と地域生活支援 ── 86

　第1節　日本におけるしょうがい者福祉施策と脱施設化・地域生活支援　86
　第2節　日本における脱施設化・地域生活支援の実態　108
　第3節　結婚支援を通して見る日本における地域生活支援の実態　121

第4章　スウェーデンと日本における脱施設化・地域生活支援の実態と課題──元入所施設居住者への聞き取り調査を通して考える ── 170

　第1節　元入所施設居住者への聞き取り調査概要　171
　第2節　調査対象（旧）施設について　174
　第3節　スウェーデンと日本における脱施設化・地域生活支援の比較　176

第4節　脱施設化・地域生活支援の2国間比較結果に影響をもたらしたもの　187

終　章　ノーマライゼーション原理の具現化と脱施設化・地域生活支援— 195
　第1節　研究結果から見えてきたもの　195
　第2節　脱施設化・地域生活支援を一人ひとりにあったものにするために　199

　あとがき　213

　資　料　スウェーデンと日本における聞き取り調査（第4章）で使用した
　　　　　「各種インタビューガイド」　221

　初出一覧　242

はしがき

1 「はしがき」を記すにあたって

　本書の内容には相応しくないかもしれないが、筆者にはどうしても記しておかなければならない出来事がある。それは、2011年3月11日に引き起こされ約2万人という未曾有の死者・行方不明者を出した東日本大震災であり、それに引き続く福島原子力発電所の爆発と放射能汚染の問題である。本書出版を構想していた矢先に史上最悪の災害（天災＋人災）が起こり、執筆の手が止まってしまった。毎年出かけていたスウェーデンにも行けなくなってしまった。スウェーデンの友人・知人からたくさんの問い合わせやお見舞いのメール・手紙などをいただいたものの、また、2011年9月の再会を約束していたにもかかわらずスウェーデン行きを断念せざるを得なかった。その理由はたった一つ。実家が被災地周辺にあり、大災害は免れたものの、安否確認に2週間近くもかかり、建物も一部損壊（家が傾き、石垣が崩れ、天井の壁が剥がれ落ちた、等）したからである。また、震災後しばらくの間地震が1日に何回も起こっており、親やきょうだいが受けた心理的影響が大きかったからである。しかし、2年余経った今なお、東日本大震災と福島原発の影響は大きく、事態は何も解決されていない。

　2011年3月11日14時46分、私たちはどうしていたのだろう。被災地に出かけて支援活動を行った人も、心の中で被災者の無事や被災地の1日も早い復興を祈り続けた人もいたに違いない。筆者は帰宅難民の一人になり、実家仙台の親や親族・友人・知人の安否を心配しつつも、諸事情で発災直後から外出を制限され、悶々とした日々を送っていた。それでも義援金を送り、物資調達の手伝いをするなどしてきた。実家だけではなく友人・知人宅が一部損壊・半壊・全壊になっていたり、沿岸部に住んでいる人たちの中には津波の犠牲になった人たちもいることなどが少しずつ分かってきた。その後、メディアを通して、ライフラインの断絶、物資確保の困難さ、人間関係の断絶・孤立化、集

団疎開、行政機能不全、放射能汚染、街・環境の破壊等々の実態が伝えられるようになってきた。

　筆者たちは、時に研究者仲間と、時に学生たちと、時に被災家族の一員として、現地に赴き、実態に触れ、強い衝撃を受け、足が竦み、揺らぎ、何もできない自分を責めて今日まで来た。それでも時は過ぎ、時間が流れていく。しかし、当時のことを忘れることなく後世に伝えていくためにも、また、このような時だからこそ（内容は違っていても）本書で記そうとしている「共生」への思いを被災地への支援の形と重ね合わせながら、今、そして、これから何ができるのか、を考えながら本書冒頭で記していこうと思う。

2　今改めて被災地で何が起こっていたのかを思い起こす

　東日本大震災が発生してから1年間の動きを、各種文献や私的経験を踏まえ、⑴ 3月11日震災当日、⑵ 3月12日以降現在まで、に分け、東日本大震災の現地で何が起こっていたのかを記していきたい。

（1）3月11日震災当日

　「1歳の子どもを実家に預けて働いておられた方は、津波で実家ごと流され、自分だけが職場で生き残った。」「妻の幼稚園に行くがだれもいなかった。しかし近所の中学に避難していることがわかり出会えた。当日は園児と歩いて避難したらしい。すでに保護者が迎えに来た園児たちの中には助からなかった人が多かった。……高齢者の方は失禁もされていて悲惨な状況の人もたくさんいた。」「仲間のひとりが亡くなった。その方は、最後まで、利用者の避難誘導をしていて、それが終わった瞬間に津波が押し寄せてきて、流されてしまった。」（杉田穏子、2012）

　「震災当日、大きな揺れの直後には何が起こったか分からず、ある職員の方がたまたま携帯電話のワンセグを見たことで津波が迫っていることがわかった……。その後、車で何往復もして利用者の方を避難させ、津波が来る前には全員の避難ができたので、利用者・職員含めすべての人が無事ですんだ……。また、避難する際、職員の方々は利用者の上着だけは持って逃げたそうだ。3月のまだ寒い時期だったため、もしその時何も持たずに避難して

いたら一晩過ごすことも難しかっただろう…。」「(利用者は全員無事避難)事務員の女性……は一度避難したが忘れ物を取りに戻ったところで津波の被害に遭われた」(安藤さなえ他、2012)

(2) 3月12日以降現在まで
1) 震災直後の実態
「しょうがい者施設の現場では……避難所に入れない人たちが、電気の明かりをみてどんどん入ってきた……非常食は……地域の人たちにもだしているとあっと言う間になくなってしまった。」「通所施設……家族とは連絡がとれないので、そのまま通所で泊まるという形になった。その後も帰せる利用者は帰し、帰せない利用者の家族をどう支援するかが大変だった。がれきの撤去と泥落としさえすれば、帰せる場合は職員総出で、その家のがれき処理などをした。そのようにして一人一人帰れる場所を作っていった。……入所の場も通所の場も、地域の人、グループホーム、ケアホームの人たちが避難してきて、定員の2〜3倍ぐらいの人数で生活していた。」(杉田、2012)

2) 避難所の実態
「災害直後に避難所に行くが、足の踏み場もないほど混み合う中でトイレすら行ける状態ではなく結局自分たちの事務所に戻った……トイレの備蓄対策がされていない……問題性……福祉避難所ではなく通常の避難所に災害弱者のためのスペース(が確保されていない問題)……避難所(仮設住宅も含め)のバリアフリー化(がなされていない問題)……情報発信力(の弱さ)。」(斎藤まこと、2012)

こうした実態は、形を変えて、阪神・淡路大震災、新潟県中越地震でも見られていた。

「避難所がかかえる問題:……生活の場ではなかった……しょうがい者や高齢者には過酷な環境、あまりに長すぎたプライバシーのない生活、女性や子どもへの性暴力の防止がされなかった、早い段階での心のケアの必要性。」「女性のための電話相談から見えたこと:夫・恋人からの暴力に苦しむ

声、孤立感・無力感に苦しんでいる……。」（正井礼子、2005）

3）震災トラウマ

「職員の方の中にはご家族を亡くされた方がいらしたり、利用者の方の中にも震災の時の恐怖感が強く残っている様子が見られたりするなど、目には見えない形での影響も強く残っている…。」（安藤、2012）

4）被災地における地域生活者の実態

「ヘルパーや手話通訳者も被災し、自立しょうがい者への支援が危機的状況だというSOSが届いています。……避難所から被災した自宅に戻って被災住宅しょうがい者となっている人たちの孤立……地域生活に移行した精神しょうがい者の方々が、地域での生活基盤や人とのつながりが奪われ、再び入院されたという事態もありました。民間の借り上げ住宅……改修の問題が重度肢体不自由者にとって妨げとなっています。視覚しょうがい、聴覚しょうがいの方々への情報保障も大きな課題となっています。」（福祉労働編集委員会、2012）

「大震災では、大勢の外国人も被災した。警察庁によると、6月27日現在、死亡した外国人は29人。うち7割近い20人が宮城県で亡くなった。震災発生直後、外国人が取った行動を調べると、運に加え、『日本語』『近所付き合い』『防災意識』なども生死を分けた要因として浮かび上がった。」（河北新報社編集局、2012）

その他、次のような実態を知ることができる。「避難所を転々とさせられたしょうがい者」「避難所にいることができず、車の中で宿泊を余儀なくされたしょうがい者」「家の中での生活を強いられたしょうがい者」「すし詰め状態の入所施設（地域の活用ではなく入所施設の活用が意味するものは何か）」「疎開（移転）先で孤立するしょうがい者」等々。そして、しょうがいのある人たちが一般の人たちの倍近い被災を受けているという実態があった。このような実態を裏打ちするように、次のような報告がなされていた。

「支援活動の中で、『しょうがいに対する偏見』を感じました。元々この地域は閉鎖的な考えが根付いていたようで、しょうがいに対する理解が得られ

ていないようです。災害前は、近所からは厄介者扱いで、一人の人間として見てもらえない、本当に必要なサービスが利用できない。災害時も避難所にも行けない、支援物資も取りにいかなければ手元に何もない。この状況を踏まえた上での支援体制と、しょうがいに対する意識の向上が必要。」（入谷忠宏、2012）

支援への問題提起が、被災者から次のように出されていたことも忘れてはならない。

「一番腹立たしかった支援は、他県から派遣されてきたソーシャルワーカーの人たちだっただろうか。一番お願いしたかったのは、通所利用者の家のがれきの撤去や泥落とし作業であったが、自分たちは専門のソーシャルワーカーとしてきているので、がれきの撤去はできないと言われた。『今それどころでないんだわ』と思って、とても腹立たしかった。」（杉田、2012）

3　何を整理し、どう震災と向き合ったらよいのか

上述のような被災地支援の実態や課題がありながらも、日本障害フォーラム（JDF）、全国自立生活センター協議会（JIL）、ゆめ風基金、障害者インターナショナル（DPI）日本会議、共同連、被災地の障害のある方へ手と手を「つなぐプロジェクト」、全国障害者生活支援研究会（サポート研）、全日本手をつなぐ育成会、日本知的障害者福祉協会、多文化共生センター、東日本大震災女性支援ネットワークなどが連携し、または、独自に、被災地の惨状を把握し、いち早く現地に飛び、所属ネットワークを駆使して被災者が必要なものを入手し、届け、被災者が必要とする場を確保し、支援し合う、という作業を続けてきた人たちがいた。支援グループが相互に最も効率の良い役割分担をしつつ、「すきま」をキャッチし、「つなぐ」支援を続けてきた人たちもいた。

これらの団体に共通していた取り組みの特徴や主張は、災害弱者をたらい回しにしてはいけない、心地よい居場所をなくしてはならない、孤立させてはならないということであり、復興計画に災害弱者（ネットワークから漏れている人たちも含む）問題を取り入れ、当事者の目線で支援を行い、誰もが必要な支援

を受けながらあたり前に生きられる社会・地域づくりをしていく必要がある、ということであった。

しかし一方で、被災以前の災害弱者に対する偏見・差別・排他性などが、震災後の避難所や仮設住宅の暮らしの中で如実に表れてきていたことも心しておく必要がある。

しかも被災地は東北の沿岸部にあり、伝統的な風習と郷土文化をもつ固い絆で結ばれた人間関係をもっている。例えば、筆者が時々訪問する宮城県気仙沼大島では3世代にわたる家族が一緒に食卓を囲む習慣をもっており、都会に暮らす人たちには羨ましい／想像し難い伝統文化を維持している所でもある。時によそ者を排除し、住民同士の強い絆を保ちながら独自の地域文化をつくり上げてきている。被災地に出かけ被災された方々の声を聴くうちに、なぜ筆者が田舎を飛び出し都会に出ようとしたのかを今になってわかったような気がした。被災地には、古くから培われた人間関係を大切にしようとする人たちが大勢いることを知った。心の拠り所にしていた郷土文化や人間関係が破壊・寸断・分断され、そこに立ち戻れないでいる大勢の人たちがいることを知った。

2012年3月の宮城県東松島市野蒜で出会った老夫人のことは今でも忘れられない。彼女は70余歳だった。夫と子どもを津波で亡くしていた。生き残った息子夫婦と子どもと仮設住宅で暮らしていた。明るく振る舞う彼女も、亡くした夫と子どものことを考え、毎日塞ぎ込んでいた。1年経った当時（恐らく今も）、「心の隙間」を埋められないでいた。彼女と別れる際、筆者は彼女に、「早く心の隙間を埋められるようにして下さい」と声をかけた。すると彼女は、「心の隙間を埋めて！」と言いながら筆者の胸に飛び込んできた。彼女の心の痛み、悲痛さに筆者は立ち竦んでしまった。その時、形ばかりの再生・復興ではない一人ひとりの「心の隙間」を埋められるような再生・復興でなければ意味がないことに気づかされた。

4　脱施設化と脱原発

2012年1月15日、拙編訳（共訳者：古関－ダール 瑞穂）『スウェーデンにおける施設解体と地域生活支援――施設カールスルンドの誕生と解体までを拠り所に』（現代書館、原題＆発行所：*From Institutional Life to Community*

Participation: Ideas and Realities Concerning Support to Persons with Intellectual Disability. Acta Universitatis Upsaliensis, Uppsala Studies in Education 99, Uppasala 2002）を上梓した。著者は、スウェーデン・ウプサラ大学教育学研究科のケント・エリクソン（Kent Ericsson、「はしがき」では以後「ケント」と記す）である。この本は、ケントが心血を注いで書き上げた博士論文である。彼が家族に注いだ愛と同じだけ、入所施設で暮らし今は地域で暮らしている元施設居住者に心を込めて書いた本でもある。

　1970年代末、ストックホルム県は施設カールスルンドの閉鎖・解体を決めた。多くの施設居住者が計画的に地域に移行できるように、施設解体プロジェクトが立ち上げられることになった。このプロジェクトの代表として迎えられたのがケントだった。ケントは施設解体プロジェクトの仕事を通して、施設カールスルンドで暮らしていた多くの居住者に会い、彼らの声を聴くうちに、彼らの望む地域での生活を実現させていきたいと強く考えるようになっていった。そして、地域の一員として地域に根づきながら生きていくための道筋を示すことに努力を傾注していくことになった。その努力の跡を「Community Participation」という原タイトルに見出すことができる。この論文の概要を本書第2章第1節で引用・要約しているため、詳しくはその章・節をお読みいただくことにして、ここではケントの病気と死が放射能汚染と関わりがあったことを記しておこうと思う。

　筆者は、2008年4月から2009年3月までの1年間をウプサラに滞在し、エリクソン夫妻を共同研究者としてスウェーデンにおける入所施設誕生から入所施設解体に至るまでの様々なプロセスを実態調査を交えて行ってきた。本書がその研究成果の一つとなるが、エリクソン夫妻とは家族ぐるみのお付き合いをさせていただいた。調査を一緒に行っただけでなく、ウプサラ周辺に残るスウェーデン福祉の歴史的遺産の旅にも誘ってくれた。楽しい思い出に残る1年間だった。ケントが既に病（白血病）に冒され、余命幾ばくもないということをその付き合いの中で知らされた。そのため、この1年間の交友はより深いものになっていった。

　ところが、帰国後まもなくの2009年4月22日、スウェーデンから急報が入った。ケントの愛娘からのものだった。ケントが永眠したとの悲しい知ら

せだった。残念ながら仕事の都合で葬式に参列することはできなかった。日本から弔花を送り、2009年9月28日には墓前に献花をしてきた。本当に惜しい方を亡くしてしまった。まだ65歳という若さだった。これからもっともっと世界の入所施設解体や地域生活支援の領域で大活躍できたであろうにと思うと「残念」の二文字に尽きた。家族は、事あるごとに、「ケントの白血病は1986年に起きたチェルノブイリ原子力発電所爆発による放射能汚染によるものだ。チェルノブイリ原発事故がケントを死の恐怖に陥れている」と言っていた。2011年3月11日に発生した東日本大震災、その影響を受けた福島原子力発電所爆発による放射能汚染の怖さを、この世に原子力発電所は必要ないことを、ケントは身をもって知らせてくれていたのである。「入所施設解体」と「脱原発」、ケントが筆者に課した二つの課題に今後とも向き合っていくようにとのメッセージを残して。

5　本書を展開するにあたって

（1）ノーマライゼーション原理と被災地再生・復興

誰もが地域で共に手を携えて歩むことを目指す「ノーマライゼーション原理」がしょうがいのある人たち（特に、いつも社会の最底辺に置かれ、差別や偏見の対象とされてきた知的しょうがいのある人たち）の人権の保障や人間性回復の取り組みに役立つとするなら、ノーマライゼーション原理を社会化（社会原理に）することによって差別や偏見に挑み、東日本大震災の復興や放射能汚染被害からの回復を目指す取り組みにも役立てられなくてはならない。そのためにノーマライゼーション原理の何をどう役立てていかなければならないのかが今後の課題となっていくに違いない。このことを念頭に入れながら本題に入っていきたいと思う。

（2）五つの課題

厚生労働省がグランドデザイン（案）などで地域移行計画を示した2004年10月以降、地域移行に関する研究・調査が数多く見られるようになってきたが、研究・調査の多さに比べて、現場レベル（入所施設）における地域移行の割合は少なく、その速度も極めて遅い。地域生活支援策も未だ不十分である。2006

年4月からの障害者自立支援法の施行や2012年6月に制定された障害者総合支援法（2013年4月施行）によって入所施設から地域への移行が増え地域生活支援システムも整備されつつあるものの、入所施設を残しながら入所施設からの地域移行を行おうとしている日本の取り組みは、北欧など福祉先進国が行っている入所施設解体を視野に入れた脱施設化とは大きく異なっている。これは、平等を基本に据えるノーマライゼーション原理と、家族を中心とする古典的日本型福祉（文化）あるいは競争原理を基本とする新自由主義的社会や社会政治的枠組みがそうさせているのかもしれない。

しかし、1990年の福祉関係八法の改正から導入したノーマライゼーション理念を日本に本当に根付かせたいと考えているなら、ノーマライゼーション原理とは何か、その原則に立ち返って検討し、その具体化に向かって動き出していく必要がある。それは、例えば、ノーマライゼーション原理を概念化したベンクト・ニィリエ（Bengt Nirje, 1992）が、自らのノーマライゼーション原理関連の著作を集大成した書 *The Normalization Principle Papers* の中で、「入所施設はやがて不要となり無くなる」、「ノーマライゼーション原理」はそのために「体系化」したと記しているからである。

本書では、スウェーデンと日本との間に存在しているノーマライゼーション原理への認識の違いが社会の仕組みづくりにどのような影響を与えているのかを第一義的に検討していきたいと考えている。

以上のような認識の下、本書では、基本的に次の五つの課題を明らかにすることを目的に論を展開する。

課題1．社会福祉の基本原理としてのノーマライゼーション原理とは何かを整理し、ノーマライゼーション原理が脱施設化・地域生活支援に与えた影響を明らかにする。
課題2．ノーマライゼーション原理を政策遂行の柱としてきたスウェーデンで、脱施設化・地域生活支援にどう取り組み、どう課題を乗り越えようとしてきたのかを明らかにする。
課題3．日本における脱施設・地域生活支援の実態と課題を明らかにする。
課題4．スウェーデンと日本における脱施設化と地域生活支援の実態を比較し、

　　　　日本における脱施設化と地域生活支援の課題を明らかにする。
課題5．今後日本で脱施設化・地域生活支援を成し遂げるために必要とされる
　　　　条件を明らかにする。

　上記五つの課題を解明するために、課題1を第1章で、課題2を第2章で、課題3を第3章で、課題4を第4章で、課題5を終章で取り上げ、検討を深め、課題に迫る。終章では、ノーマライゼーション原理の社会化の必要性と差別や偏見、大震災・原発被害を含む災害（人災）とどう向き合っていく必要性があるのかに言及する予定である。
　なお本書は、主に、2008年度～2010年度日本学術振興会科学研究費補助金：基盤研究（B）「脱施設化と地域生活支援システム構築に関する研究」（研究代表者：河東田博）の研究成果を基にしているが、一部、2011年度日本学術振興会科学研究費補助金：基盤研究（B）「自立とソーシャルワークの学際的研究」（研究代表者：庄司洋子）の研究成果も利用させていただいた。また、厚生労働省2008年度障害者保健福祉推進事業（障害者自立支援調査研究プロジェクト）『障害者の福祉サービスの利用に係る国際比較に関する調査研究事業報告書』（財団法人日本障害者リハビリテーション協会、2009年3月）筆者担当分（スウェーデン編）を第3章第2節の一部に適宜加筆修正し適用、さらには、2004年度日本財団助成事業研究『障害のある人々の結婚・就労・くらしに関する研究』（代表：高松鶴吉）筆者担当分を第2章第2部に適宜加筆修正し掲載した。関係機関に謝意を表したい。

参考・引用文献

安藤さなえ他、2012年『人×情報＝∞～今こそつながろう、被災地と！～』立教大
　学コミュニティ福祉学部「人×情報＝∞」活動報告集編集委員会。
井上きみどり、2011年『わたしたちの震災物語』集英社。
入谷忠宏、2012年「被災地障がい者センターかまいしでの支援活動をおこなって」
　『SSKSわれら自身の声』第5431号、p2.
河北新聞社編集局、2012年『再び、立ち上がる！――河北新聞社、東日本大震災の
　記録』河北新聞社。

斎藤まこと、2011 年「大震災における災害弱者支援報告」『れざみ』Vol.133、通巻 9094 号、KSKP 共同連、p9.

菅沼隆、2011 年「システミック・リスクと新しい共同――大震災を経験して」『社会福祉ニュース』第 33 号、立教大学社会福祉研究所、pp1-2.

杉田穏子、2012 年「被災者に学ぶ」『福祉文化研究』第 21 号、日本福祉文化学会、pp26-32.

福祉労働編集委員会、2011 年「東日本大震災障害者支援アピール」『季刊福祉労働』第 131 号、現代書館、pp8-9.

正井礼子、2005 年「防災に女性の視点を！」『新潟県中越地震対策における「女性の視点」の反映について――阪神・淡路大地震の事例研究から』神戸市男女共同参画局.

Nirje, Bengt 1992, *The Normalization Principle Papers*. Uppsala University: Reprocentralen HSC. p.7

第1章　ノーマライゼーション原理と脱施設化・地域生活支援

　かつて入所施設全盛時代のその入所施設で働いていた筆者は、いくつもの社会福祉法人が昨今のホームページ上に「ノーマライゼーションこそが私たちの目的です。しょうがいのある人とない人が同じ様な暮らしができるように。人間の尊厳・援助方法の確立・環境の整備・社会参加をめざして[1]」という目標を掲げたり、「私たちの仕事の本質（目的）は『多様な価値観を認め合える社会の創造』であると確信しています。ノーマライゼーションの理念を最も短い日本語で説明すると『いろいろな人がいる社会こそ、健全な社会である。』といえるでしょう。ひょっとして私たちは、しょうがいのある人の地域生活支援を通して、必死に『こんな自分の存在を認めて！』と叫んでいるのかもしれません[2]」と言及していることを知って心温まる思いを感じている。このような動きと変化はノーマライゼーション原理が市民権を獲得し社会が着実にノーマライゼーション理念の具現化に向かって歩もうとしていることの現れであり、こうした時代がやってきたことを嬉しく思うからである。

　そこで、本章では、福祉関係者の中に着実に浸透してきているノーマライゼーション原理が、なぜ生まれ、どのように発展してきたのか、ノーマライゼーション原理は脱施設化・地域生活支援にどのような影響を与え、今後どのような方向に向かって歩んで行こうとしているのか、などを検討していきたい。

第1節　1946年のノーマライゼーション原理をめぐる検討

　これまで筆者は、拙稿[3]を通して、1940年代半ばにノーマライゼーション原理に関する議論が既にスウェーデンでなされていたことを指摘してきた。拙稿に関連していた資料は1985年及び1986年、1992年、2002年のケント・エリクソン（Kent Ericsson）の各種論文[4]、であった。エリクソンの論文で紹介され

ていたのは、1946年のスウェーデン社会庁『ある程度生産労働に従事することができる人たちのための検討委員会報告書』[5]（以下「しょうがい者雇用検討委員会」および「しょうがい者雇用検討委員会報告書」と略記する）と後述する関連報告書であった。

しょうがい者雇用検討委員会は、1943年、社会福祉改革推進のために社会大臣直属の諮問委員会として設置され、しょうがい者団体から推薦を受けたしょうがい当事者委員も含めた9名から成る検討委員会として立ち上げられた。検討委員会の中では、あらゆる人々が人間として平等の価値をもっており、「人間の基本的な社会的権利は、その人自身の問題とするのではなく、社会の一員としての問題」[6]なのだと認識することが必要であり、それこそが民主主義の根本原理とならなければならないという考え方の下で検討が開始されていった。この検討委員会の設置目的を見るだけで、今日のスウェーデンのしょうがい者福祉の礎が形づくられようとしていたことを知ることができる。

1946年のしょうがい者雇用検討委員会報告書の中で「ノーマライゼーション原理」という用語が登場するのは、次の1カ所だけだが、1940年代半ばにノーマライゼーション理念について熱く語られていたことを証明する貴重な資料であることを示している。

「社会的発展のために私たちが最も願っていること、それは、この委員会を通して、しょうがいのある人々がわが国で発達してきた社会サービスシステムを可能な限り享受できるようにすべきであるという共通認識をもてるようにすることである。そのため、次のような作業仮説を立てることができる。つまり、想定される一般的な枠組み以外には何ら特別な解決策はあり得ないのである。仮に何らかの特別なカテゴリーがあったとしても、まず一般的な対応が検討されるべきである。さらに、一般の団体が何の理由もなしに特別な対応策をしょうがいのある人たちに行ってはならない。

しょうがい者自身にも市民としての基本的権利が認められるべきであるという考え方は、これまでほとんど見られなかった。真っ先に考慮されなければならない平等な人間としての価値や平等の権利は、民主主義の根幹をなすべきものである。入所施設は、本来社会的な存在であり、もし可能であれ

ば、身体能力や知的能力、経済資源などということに関係なくあらゆる人が共に生きられるような場でなければならない。一般の計画から排除され、特別な環境が作られるというようなことは、いつもあるわけではないが、可能な限り避けるべきである。しょうがい者に対して生活や教育、雇用の状態を"ノーマライゼーション化すること"は、心理学的に大変有効である[7]。」

次に公的にノーマライゼーション原理が取り上げられたのは、1949 年に出された社会庁報告書『ある程度生産労働に従事することができる人たちの問題[8]』の中でである。そこには、次のように記されていた。

「検討委員会で主張されていたノーマライゼーション原理は、例えば、ある程度生産労働に従事することができる人たちに教育や訓練などを提供するための特別な施設は一般化されるべきではなく、あくまでも例外であるべきであるというものであった。このことは、……目の見えない人が目の見える人たちと一緒に学習サークルに参加するということを意味している[9]。」

ノーマライゼーション原理は、さらに、1955 年に出された『1951 年精神発達遅滞者ケア検討委員会報告書[10]』でも言及されている。同報告書を紹介した 2002 年のエリクソンの論文から引用してみたい。

「精神発達遅滞者のケアに関する 1951 年の委員会は、『いわゆる入所施設中心の考え方とは別に[11]』、知的しょうがい者のケアを社会化していく方向を模索していくとの決定を行った。その報告の中で、対象者に対する調査結果が示された 1955 年の『1951 年精神発達遅滞者ケア検討委員会報告書』巻末資料の中でベリィ（1955 年）が、しょうがい者雇用検討委員会で検討されたノーマライゼーションの原理を紹介している。同様に、しょうがいのある人々に対する雇用のあり方についての指針も紹介している。ベリィは、この巻末資料でしょうがい者の雇用獲得支援にノーマライゼーション原理が大変役立ったと記していた[12]。」

このように、少なくとも1946年及び1949年、1955年の三つの社会庁報告書の中にノーマライゼーション原理に関する記述をはっきり見出すことができる。ノーマライゼーション原理に関する議論も行われていた。しかし、残念なことに、三つの社会庁報告書の中ではノーマライゼーション原理に関する議論の詳細が示されていないため、この報告書の中でノーマライゼーション原理をどこまで掘り下げて議論していたのかについては十分に把握することができなかった。

　以上のことからわかるように、しょうがい者雇用検討委員会報告書の中で、ノーマライゼーション原理という用語を使用し、公的に保障される通常の福祉サービスはしょうがいのある人々にも保障されるべきであり、しょうがいのある人々も社会の一構成員として様々な権利を享受することができるのだということを示していたことだけは間違いない。

第2節　1946年以降のノーマライゼーション原理の展開

　1946年以降のノーマライゼーション原理の新たな動きは、隣国デンマークで起こってきた。そのきっかけをつくったのが、デンマーク精神遅滞者親の会であった。1953年に親の会が社会大臣宛に出した要望書を受け、社会庁に福祉サービス問題検討委員会が設置された。この委員会の事務局を担ったのがニルス・エーリック・バンク－ミケルセン（Nils Erik Bank-Mikkelsen）であった。バンク－ミケルセンは委員会報告書をまとめあげるために、スウェーデン社会庁のしょうがい者雇用検討委員会の動き、とりわけ、委員会で議論されていたノーマライゼーション原理に注目した。エリクソンは、この時のバンク－ミケルセンの動きを次のように記している。

　　「彼の最初の仕事の多くはスウェーデン滞在中に形づくられた。彼の共同研究者であり同僚は教育者ノルドフォッシュで、1951年委員会の専門委員の一人であった。1959年のデンマーク法に先立つ仕事の大部分は、バンク－ミケルセンとウップランズ・ヴェスビィ（施設カールスルンドが位置していた地方自治体）のノルドフォッシュが行った。[13]」

数次にわたって発行されたスウェーデン社会庁報告書に記されたノーマライゼーション原理に関する議論から多くを学んだバンク－ミケルセンは、福祉サービス問題検討委員会答申にノーマライゼーション原理に関わる内容を数多く盛り込んだ。そして、この委員会から出された答申に基づいて、1959年に精神遅滞者福祉法[14]が制定された。この法律の関連文書にノーマライゼーション原理に通ずる文言が盛り込まれており[15]、法案策定に尽力したバンク－ミケルセンがノーマライゼーション原理を生み出した一人として世界の福祉関係者に知られるようになっていった。

　1959年精神遅滞者福祉法関連文書のノーマライゼーション原理に通じる記述は、当時の社会的状況を改善するための理念として再び隣国スウェーデンにもたらされ、1967年にはノーマライゼーション原理を盛り込んだ精神発達遅滞者援護法[16]が制定される。この法律は、全員就学の制度化、居住環境の質的改善（グループホームの試行・小グループ制・個人処遇プログラムなど入所施設中心の処遇のあり方の見直し）を実現させ、「保護」から「援護」へという知的しょうがい者福祉の新しい概念を示すことになる。

　1960年代半ば頃からバンク－ミケルセンとベンクト・ニィリエ（Bengt Nirje）が北欧会議や国際会議の場で協力してノーマライゼーション原理の普及にあたったことがニィリエの覚書などで確認されている[17]。同覚書では、ニィリエとスウェーデンのしょうがい者福祉を行政面から支えたカール・グルンネワルド（Karl Grunewald）が、1967年の精神発達遅滞者援護法策定に関わっていたことが記されている。

　このようなデンマークやスウェーデンなどのしょうがい者対策に対する実際的な体験や検討の中から、ニィリエ（1969年）の論文[18]を通して、ノーマライゼーション原理に関する体系化された価値ある基本的枠組みが初めて示されてくる。ヴォルフ・ヴォルフェンスベルガー（Wolf Wolfensberger）が、この基本的枠組みが示されるまでほとんど誰も「ノーマライゼーション」という用語を聞いたことがなかった、と記しているほどである[19]。

　ニィリエの「ノーマライゼーション原理」は、人間としての諸権利を分かりやすく具体的に示していたため、やがて世界の福祉関係者の注目の的となって

いった。その後(1972年)、ヴォルフェンスベルガーが文化の異なる国々にノーマライゼーション原理を広めるために独自の文化－特定的ノーマライゼーション原理[20]を発表するが、その妥当性に関する論議もあって逆に多くの人の関心の的となり、ノーマライゼーション原理は急速に世界各国に広まっていった。

第3節　ノーマライゼーション原理は人権獲得と共生の理念

1969年に成文化したニィリエのノーマライゼーション原理はアメリカの精神遅滞に関する大統領委員会報告書『精神遅滞者の入所施設サービスを改善するために[21]』の中でだが、同報告書の最後を飾るまとめの中で、グンナール・ディブワット[22](Gunnar Dybwad)が次のようにニィリエのノーマライゼーション原理を激賞した。

> 「将来の入所施設サービス(他のサービスも含め)に関して言えば、間違いなく、ニィリエの章で紹介されたノーマライゼーションの概念が本書で最も重要なものと言っても過言ではない。特別な用語が使われる以前からスカンジナビアの対人福祉サービスの幅広いネットワークによって長年月をかけて培われて展開されてきたこの概念は、分かりやすさ、簡潔なことでは、エレガントなほどである。誰にでもすぐに理解でき、実際面でも最も実行可能なものである[23]。」

ディブワットが記した「ニィリエの章で紹介されたノーマライゼーションの概念」とは、「社会の主流となっている規範や形態にできるだけ近い、日常生活の条件を知的しょうがい者が得られるようにすること[24]」という定義だけではなく、よく知られている次のノーマライゼーション原理に関する八つの基本的枠組み[25]のことを指していた。

(1) 1日のノーマルなリズムを提供すること
(2) ノーマルな生活上の日課を提供すること
(3) 家族と共に過ごす休日や家族単位のお祝いや行事等を含む1年のノーマル

なリズムを提供すること
(4)ライフサイクルを通じて、ノーマルな発達上の経験をする機会をもつこと
(5)本人の選択や願い・要求が可能な限り十分に配慮・尊重されなければならないということ
(6)男女両性が共に住む世界に暮らすこと
(7)ノーマルな経済水準が与えられること
(8)病院・学校・グループホーム・施設などの物理的設備基準が一般の市民の同種の施設に適用されるのと同等であるべきだということ。

　このように整理されたノーマライゼーション原理をニィリエは、「障害の程度にかかわらず全ての障害者に適用でき、また他の社会的弱者と呼ばれる人々全てにあてはまる[26]」。「あらゆる社会のあらゆる年齢層に有益であり、個人の発達や社会変革に適応しうる[27]」ものだと強調した。また、「問題が起こり、答を見い出そうとするときのうまい解決方法を導り出す手段としても使うことができる[28]」し、「適切な福祉プログラム、人間サービス、法律の指標[29]」や「全ての社会の変革や個人の発達に有効に適用でき、医学、教育学、心理学、社会政治学の分野の指針[30]」ともすることができるとした。さらに、「最終的に施設の役割は終わったということを明らかにするために[31]」ノーマライゼーション原理を成文化したとも述べていた。

　バンク－ミケルセンの1969年の論文の中にも、次のように、ノーマライゼーション原理の概念化につながる記述を見出すことができる。

　「近代的精神遅滞者サービスの目的は、精神遅滞者の生活を『ノーマライズすること』である。子どもにとって、ノーマライゼーションとは、彼らの自然な環境の中で暮らし、遊び、幼稚園や学校に行くこと等々である。大人にとっては、親元を離れる権利を持ち、訓練や教育を受け、仕事に就くことである。子どもも大人も、ノーマルな生活を送るために、余暇活動やレクリエーションを楽しむ必要がある。我々は、可能な限り最善の方法で、遅滞者を地域社会に統合していくことを目指す。彼らの能力には限りがあるかもしれないが、我々は彼らの能力が発揮できるように援助していく。精神遅滞

者は、他の人々と同様、最も適切な処遇、訓練、リハビリテーションを受け、倫理的に適った方法で目的に到達できる基本的な権利をもっている。遅滞者にノーマルな生活を提供するということは、我々が特別なケアや支援を提供する義務を負っているということを意味していることではない。我々は、ただ彼らの障害をあるがままに受け入れるということであり、障害のある彼らと共に生きていくということである。全ての市民に開かれているどんなサービスもどんな施設も、原則として精神遅滞者にも開かれるべきである。[32]」

また、バンク−ミケルセンは、次のように、「共生」理念とも言える考え方を示している。

「ノーマリゼーションは、精神遅滞者をいわゆるノーマルな人にすることを目的にしているのではない。(中略) ノーマリゼーションとは精神遅滞者をその障害とともに（障害があっても）受容することであり、彼らにノーマルな生活条件を提供することである。[33]」

さらに、バンク−ミケルセンは市民権の獲得が大変重要だと考え、次のように市民として必要なあらゆる権利が他の市民と同様に提供されるべきであると主張した。

「ノーマリゼーションとは市民権をも含む生活のあらゆる側面において、精神遅滞者がほかの人びとと同等な立場におかれるべきであるということを意味していると簡単につけ加えておきたい。市民権とは、住居と教育と仕事の権利のことである。また市民権は、投票権、結婚する権利、子どもを産む権利、および、たとえ結婚していなくても、また子どもをつくるのでなくても、性生活をいとなむ権利をも意味している[34]。」

ニィリエのノーマライゼーション原理も、バンク−ミケルセンのノーマライゼーション原理も、人権思想そのものである。それはスカンジナビア諸国に伝統的に根付いていた博愛主義的な考え方が醸し出したものと言ってもよいのか

もしれない。このようにノーマライゼーション原理はニィリエやバンク-ミケルセンを通して広く世に伝えられ、人権保障の実現や対人サービスのあり方を示す基本概念となっていった。

第4節　スウェーデンにおける1980年以降のノーマライゼーション原理と脱施設化・地域生活支援

　1980年代以降、ノーマライゼーション原理に基づく社会福祉や環境改善のための研究・実践が盛んになされ、当事者団体が力をつけてくるようになると、ノーマライゼーション原理の具現化に向けた動きが世界的な高まりを見せるようになってきた。そして、世界各国でノーマライゼーション原理を盛り込んだ法制度が策定されるようになり、徐々に社会的障壁も取り除かれ、しょうがいのある人たちの生活状況に改善が見られるようになってきた。脱施設化が進み、入所施設が閉鎖され、地域での生活を支える諸サービスが豊富に用意されるようになってきたからである。

　しょうがいのある人たちが地域で豊かな生活を送るようになると、施設での生活がますます貧弱に見えるようになってきた。地域での生活や教育・就労、余暇活動などが保障されるようになると、より多くのしょうがいのある人々がますます地域での自立生活を望むようになり、施設の存在理由と目的は徐々になくなっていった。市民の理解も得られるようになり、今やしょうがいのある人たちとの共生を抜きに地域生活は考えられなくなってきている。

　このように、ノーマライゼーション原理はしょうがいのある人たちに対するサービス提供に限りない発展や社会変革をもたらし、どんなに重いしょうがいがあっても、地域で他の人々と共に暮らせるようになってきている。また、ノーマライゼーション原理は、あらゆる社会的支援を必要とする人々の共通の福祉理念としても活用されるようになってきている。

　しかし、モーテン・ソーデル（Mårten Söder）によると、スウェーデンではいささか異なる動きが見られるという。少々長くなるがニィリエの遺稿集とも言える最後の著作のソーデルの解説の章から抜粋し、以下のように整理し、紹介してみたい。

「スウェーデンでは、ノーマライゼーションの原理は、この原理が最初に対象としたグループ、すなわち知的障害者たちへの政策決定において最大の意義があった。1970年代には、国の書類、FUBの発表や介護イデオロギーに関する議論などにおいて原理の名前が上げられてきた[36]。」

「様々な分野での職員教育におけるイデオロギーの指針としても大きな意義があった。その後、徐々に知的障害者ケアのみでなく、一般的な意味での障害者政策の分野の目標としても使用されることが多くなってきた。1980年代の末には、原理の概念が調査や政策に関係する書類において利用される度合いが減少していき、そのうちに他の概念に代えられていったことに気付くようになる[37]。」

「ほぼ同時期に、障害者の学校における状況に関する別の国の調査が実施されていた。この調査では、……特別報告書を作成した[38]。」

「この報告書では、ノーマライゼーションの概念の仔細については最小限しか触れられていない。ということは、ノーマライゼーションの概念が学校という分野では統合の概念ほど中心的なものと解釈されていなかったことの表れといえる。最終結論として、報告書では、今後の継続作業ではノーマライゼーションの概念は使用しないと決定している。その理由は、ノーマライゼーションの概念は誤解されることが多いからだとしている[39]。」

事実1980年政府調査報告書には、次のように記されていた。

「今後もこういった誤解が発生する危険性は大きく、こういった誤解もまた障害者への態度に影響を与えるので、私たち統合調査委員会は、"ノーマライゼーション"という言葉を障害者関係の分野から除外したい[40]。」

さらに、次のように、精神発達遅滞者等特別援護法（1986年施行）制定に向けた援護検討委員会報告書（1981年政府調査報告書）でも、ノーマライゼーション原理に対して疑義を呈していた。

「1970年代中には、ノーマライゼーションと統合の概念は、障害者分野における支援へのガイドライン的な原理を示すものとして全く独占的なテーマとなってきていた。これらの原理は、まず個人に焦点を当て、この人のために何をするべきかを決定することだった。その後、障害に焦点を当てるという概念の中心は移行し、原理は社会に責任を課すという姿勢をとるようになった。ということは、社会環境やそこにある事業体、これらの現象が障害を引き起こすという方向になったのだ。[41]」

「原理を捨てるための同様の議論がスウェーデンの1980年代の調査においても見られる。[42]」

「1993年に国連が『障害者の機会均等化に関する基準規則』を成文化したとき、総体的目標は『完全参画と平等』だった。[43]」

「1994年度の障害者改革の基礎となる報告書にある提案においても、ノーマライゼーションの概念は取り上げられていない。ここでは、その代りに、総体目標において『完全参画と平等』『すべての人間の同等の価値』『統合と自己決定』さらに『すべての人のための社会』として宣言されている。[44]」

「私たちは、障害者政策の目標が前世紀の最後の10年ほどの間に、"統合"と"ノーマライゼーション"を強調することから"参画、平等と自己決定"に変わっていったことに気付く。[45]」

なぜ1980年代以降スウェーデンの公的報告書からノーマライゼーション原理という用語が消えてしまったのか、その理由をソーデルは次の3点に整理している。[46]

(1) ノーマライゼーション原理が目指すべきものは変わらなかったが、用語のみが代えられていった。
(2) ノーマライゼーション原理は知的障害者のためのものと思われており、障害者政策全般の問題が議論された1980年代以降、"ノーマル"な生活条件について語るよりも、アクセスや参画ということが議論されるようになってきた。
(3) ノーマライゼーション原理は障害者自身が成文化したものではないとい

う主張が、依存からの解放のために闘っているエンパワメント運動のリーダーによってなされ、ノーマライゼーション原理にあまり関心を示さなくなった。逆にノーマライゼーションを推進しようとする人たち（専門家）に対する批判を展開していった。

確かに、スウェーデンの自立生活運動を牽引し、1994年に施行された機能しょうがい者のための援助とサービスに関する法律（LSS）にパーソナルアシスタンス制度を導入させた立役者アドルフ・ラツカ（Adolf Ratzka）は、自著[47]でスウェーデンの社会福祉政策を批判し、「反差別」「脱医療化」「脱施設化」「脱専門家」を唱え、「サービスの自己管理」（当事者管理）の大切さを強調している。彼の著作のどこにもノーマライゼーション原理への言及はなく、むしろ、ノーマライゼーションを推進しようとする人たち（専門家）を批判し、当事者こそが専門家であり、「自己決定」や「多額の資金提供と当事者管理」[48]を基にした「パーソナルアシスタンス・プログラムに対する管理を獲得すること[49]」を強調している。

当事者によってなされてきたことを、ソーデルは、マイケル・オリバー（Michael Oliver）の発言を取り上げ次のように述べている。

「原理が障害のない人により成文化されたという事実は、原理が障害者の日常生活の現実に基づいていない表現であるという観点にある[50]。」

ノーマライゼーション原理が世に知られるようになってから50年余しか経っていない。仮にその始まりを1946年としても2012年時点で66年経過したに過ぎない。この間ノーマライゼーション原理に関する考え方や解釈の仕方をめぐり、多くの議論がなされてきた。同じ理念のはずなのに、立ち位置や解釈の仕方により、理解の仕方がまるで違っているということに驚かされてきた。スウェーデンのようにエンパワメントや自立生活運動の影響を受け30数年で公文書からノーマライゼーション原理という用語が消えていったという国もあれば、今日のように混沌とした時代だからこそノーマライゼーション原理が必

要だという国もある。日本はまさしく後者に属する。

　このような理解や解釈の違いにより、とるべき方針や歩み方が異なったとしても異ならないものがある。それは誰もが希求する「自由」「平等」「平和」であり、これらを奪い、無に帰させようとする動きに対する揺るぎのない不同意の強固な意思である。しょうがいのある人たちから「自由」「平等」「平和」を奪ってきたのが隔離政策であり、その象徴が入所施設や特別病院であった。脱施設化・地域生活支援は、ノーマライゼーション原理の八つの基本的枠組みを全て網羅している権利擁護のための目標であり、方法である。人間としての当然の権利が行使されるために行われる社会的実践である。したがって、脱施設化・地域生活支援は、ノーマライゼーション原理そのものと言っても過言ではない。1980年代以降の「エンパワメント」や「自立生活運動」は、こうした動きをさらに加速させるために取られた考え方であり、運動である。その意味では、「ノーマライゼーション原理」「エンパワメント」「自立生活運動」は同じ線上にあったと考えることができる。

注

1）社会福祉法人・県央福祉会2007年4月のホームページ（http://tomoni.or.jp/index.php）より。
　なお、2012年9月5日のホームページは、次のように、同法人の取組み理念に変化が見られていた。
　「どの人生も肯定できる社会に。
　"ノーマライゼーションの実現"から
　"ソーシャル・インクルージョン（全てを包み込む社会）"の創造へ。」
2）社会福祉法人・ながの障害者生活支援協会2012年9月5日のホームページ（http://www.moritoki.jp/sub1.html）より。
3）1946年のノーマライゼーション原理については、次の文献に所収してある。
　河東田博、2005年「新説1946年ノーマライゼーションの原理」『コミュニティ福祉学部紀要』7：pp13-23.
　河東田博、2009年『ノーマライゼーション原理とは何か』（第2章、pp28-41）現代書館。
4）エリクソンの1985年a, 1985年b, 1986年、1992年、2002年の論文は、次のと

おりである。

Ericsson, K., 1985a. *The origin and consequences of the normalization principle*. IASSMD Congress, New Delhi, India.

Ericsson, K., 1985b. *The Principle of Normalization: History and Experiences in Scandinavian Countries*. ILSMH Congress, Hamburg, Germany.

1985年b論文には、以下の日本語訳がある。

河東田博・岩井菜緒子・佐藤美友貴・北條龍司訳、2012年「ノーマライゼーション原理：北欧諸国における原理展開と経験からの学び」『立教大学コミュニティ福祉学部紀要』14号、pp141-154.

Ericsson, K., 1986. Omsorger för förståndshandikappades samhällsdeltagande. *Socialmedicinsk tidskrift* 1-2. pp11-16.

Ericsson, K., 1992. *Housing for the persons with intellectual handicap: Consequences of a citizen perspective*. Paper presented at the AAMR Annual Meeting, New Orleans.

Ericsson, K., 2002. *From Institutional Life to Community Participation*. Acta Universitatis Upsaliensis, Uppsala Studies in Education 99.

2002年の論文は博士論文だが、以下の日本語訳がある。

河東田博・古関－ダール 瑞穂 訳、2012年『スウェーデンにおける施設解体と地域生活支援──施設カールスルンドの誕生と解体までを拠り所に』現代書館。

5）Statens Offentliga Utredningar (SOU). 1946. *Kommitténs för Partiellt Arbetsföra Betänkande I*. Socialdepartmentet, SOU:24.

なお、しょうがい者雇用検討委員会の報告書（SOU, 1946:24）を受けて、以後以下のような報告書が出され、1954年に制定・施行した精神発達遅滞者教育保護法（Lag om undervisning och vård av vissa psykiskt efterblivna 1954:483）や1955年の1951年精神発達遅滞者ケア検討委員会報告書（注10参照）へと一連のサービスの整備を行っていった。

Statens Offentliga Utredningar (SOU)., 1947. *Kommitténs för Partiellt Arbetsföra Betänkande II*. SOU:18.

Statens Offentliga Utredningar (SOU)., 1947. *Kommitténs för Partiellt Arbetsföra Betänkande III*. SOU:44.

Statens Offentliga Utredningar (SOU)., 1949. *Betänkande om Sinneslövården avgivet av 1946 års sinneslövårdsutredning*. SOU:11.

Kommitténs för partiellt arbetsföra. 1949. *Partiellt arbetsföras problem -En översikt över kommitténs för partiellt arbetsföras förslag*. SOU:4.

こうした一連の報告書作成と1954年精神発達遅滞者教育保護法とが密接に関連していることを考えると、1943年に立ち上げられたしょうがい者雇用検討委員会

は、今日のスウェーデンしょうがい者福祉を形づくる礎となっていたことがわかる。
6) 前掲書 (SOU 1946:24) p12.
7) 同上、p28.
8) Kommittén för partiellt arbetsföra, 1949, *Partiellt arbetsföras problem: En översikt över kommittén för partiellt arbetsföras förslag.* SOU:4
9) 同上、p21.
10) 1955年の1951年精神発達遅滞者ケア検討委員会報告書とは、次の文献である。
  1951 års sinneslövårdsutredning. 1955. *Betänkande III med utredning och förslag rörande den öppna vården av psykiskt efterblivna samt utbildning av viss vårdpersonal.* Stockholm: Inrikesdepartementet.
  この報告書の巻末資料を書いたとされるベリィとは、1951年精神遅滞者ケア検討委員会委員のAlbert Berghのことで、1946年の報告書巻末資料にも論文が掲載されている。
  Bergh, A., 1946, Arbetsvården för beredskapsinvaliderna. In: Statens Offentliga Utredningar (SOU)., *Kommitténs för Partiellt Arbetsföra Betänkande I.* Socialdepartmentet, Bilaga 4, 184-198, SOU:24.
  なお、ベリィの1955年の1951年精神遅滞者ケア検討委員会報告書巻末資料とは、次のものである。
  Bergh, A., De olika arbetsvårdsformerna. In: *1951 års sinneslövårdsutredning, 1955. Betänkande III med utredning och förslag rörande den öppna vården av psykiskt efterblivna samt utbildning av viss vårdpersonal.* Stockholm: Inrikesdepartementet, Bilaga 5, pp1-9.
11) 前掲書 (Ericsson, K. 2002.)、p31.
  エリクソンは、次の1952年の1951年精神発達遅滞者ケア検討委員会報告書 (p15) から引用している。
  1951 års sinneslövårdsutredning. 1952. *Betänkande med förslag till Lag om undervisning och vård av vissa psykiskt efterblivna m.m.* Stockholm: Inrikesdepartementet.
12) 前掲書 (Ericsson, K. 2002.)、p50.
13) 同上、p51.
14) The Act concerning the Care of the Mentally Retarded and other exceptionally Retarded Persons. (1959:192)
15) 同上1959年法に関連する下記文書の中に、次のような文言がある。
  ……to creat a situation for the handicapped as near to the normal as possible, irrespective of whether it occurs entirely or partly within the institution or out in the community (Socialministeriet, 1959, *Cirkul-Ere om forsorger for åndsvage*

og andre særlig svagtbegavede. Köpenhamn: Socialministeriet、英文は前掲書：Ericsson, 2002. p51 より引用)。
16) Lag om omsorger om visa psykiskt utvecklingsstörda. (1967:940)
17) Nirje, B., 1992. Introduction. In B. Nirje., *The Normalization Principle Papers.* Uppsala universitet. (＝河東田博他訳編、1998年『ノーマライゼーションの原理』現代書館、pp5-21.)
18) Nirje, B., 1969. The Normalization Principle : Its Human Management Implications. In R. B. Kugel & W. Wolfensberger (eds.)., *Changing Patterns in Residential Services for the Mentally Retarded.* Washington D.C.: President's Committee on Mental Retardation. (＝前掲河東田他訳編、1998年、pp22-32.)
19) Wolfensberger, W., 1972, *Normalization: The Principle of Normalization in Human Services.* Toronto: National Institute on Mental Retardation. (＝中園康夫・清水貞夫編訳、1982年『ノーマリゼーション』学苑社、p48.)
20) 同上（1982年訳）、p49.
20) 前掲書（Bank-Mikkelsen. 1969. DHM:Library, Full Text 1 no.10）.
21) Kugel, R. B. & Wolfensberger, W. (eds.)., 1969. *Changing Patterns in Residential Services for the Mentally Retarded.* Washington D.C.: President's Committee on Mental Retardation.
22) Dybwad,G., 1969. Action implications, U.S.A. today. In R. B. Kugel & W. Wolfensberger (eds.)., *Changing Patterns in Residential Services for the Mentally Retarded.* Washington D.C.: President's Committee on Mental Retardation. Full Text pp1-13.
23) 同上。Full Text p1, no.5.
24) 前掲書（Nirje., 1969, pp22-23.）。
25) 同上、pp23-28.
26) Nirje, B., 1993. The normalization principle - 25 years later, In Lahtinen, U. and Pirtimaa, R. (eds.) *Arjessa tapahtuu! - Comments on mental retardation and adult education.* pp.1-21. The Institute for Educational Research, University of Jyväskyla, Finland,, (＝前掲書：河東田他訳編、1998年、p127.)
27) 同上（1998年訳）、p130.
28) 同上、p125.
29) 同上、p130.
30) 同上、p127.
31) 同上、p132.
32) Bank-Mikkelsen, N. E., 1969, A metropolitan area in Denmark. In Kugel, R.B. & Wolfensberger, W. (eds.), *Changing Patterns in Residential Services for*

the Mentally Retarded. Washington D.C.: President's Committee on Mental Retardation. (DHM:Library, Collection: Documents – Full Text p1, no.10)
33) Bank-Mikkelsen, N. E., 1976, The principle of Normalization. In Nielsen, B. (ed.), *Flash on the Danish National Service for the Mentally Retarded II*. No.39. Copenhagen: Personal Training School. (＝中園康夫訳、1978年「ノーマリゼーションの原理」『四国学院大学論集』42号、pp43-153, p146.)
34) 同上（1987年訳）、p153.
35) Nirje, B., 2003. *Normaliseringsprincipen*. Lund: Studentlitteratur AB.
36) Söder, M., 2003. Bakgrund (Kap.1). In B. Nirje, *Normaliseringsprincipen*. Lund: Studentlitteratur AB.（＝ハンソン友子訳、2008年『再考・ノーマライゼーションの原理——その広がりと現代的意義』現代書館、p24.)
クリスチャンセンについては、以下の文献から引用されていた。
　Kristiansen, K., 1994. *Normalisering og Verdesetjing av Social Rolle*. Oslo: Kommuneforlaget.
37) Söder, M., 2003. Normalisering, handikappolitik och forkning (kap. 9). In Nirje, B., *Normaliseringsprincipen*. Lund: Studentlitteratur AB.（＝前掲ハンソン訳、2008年、p222).
38) 同上、p223.
39) 同上。
40) 同上（SOU 1980, p79)
41) 同上、p224（SOU 1981, p9)
42) 同上。
43) 同上。
44) 同上、p225.
45) 同上。
46) 同上、pp225-227.
本稿では、日本語訳24-25頁を引用・要約し、訳上意味不明と思われた箇所を原文と照らし合わせ修正を行った。
47) Ratzka, A. D., 1991. *Independent Living and Attendant Care in Sweden: A Consumer Perspective*. New York: World Rehabilitation Fund.（＝河東田博・古関-ダール瑞穂訳、1991年『スウェーデンにおける自立生活とパーソナルアシスタンス——当事者管理の論理』現代書館).
48) 同上（1991年訳）、p88.
49) 同上、p87.
50) 前掲書（Söder. 2008年訳、p242.)
オリバーについては、以下の文献から引用されていた。

Oliver, M., 1999. Capitalism, disability and ideology: A materialist critique of the Normalization principle. In R. J. Flynn & R. A. Lemay (eds.). *A Quarter-Century of Normalization and Social Role Valorization; Evolution and Impact.* Ottawa: University of Ottawa Press.

第2章　スウェーデンにおける脱施設化と地域生活支援

第1節　ノーマライゼーション原理の法的具体化と脱施設化・地域生活支援

1　スウェーデンの法制度の変遷と脱施設化・地域生活支援策

　福祉国家として知られているスウェーデンでも、1960年代末までは、知的しょうがい者を取り巻く社会的環境は満足のいくものではなかった。入所施設全盛の時代で地域福祉サービスは整っておらず、全員就学も保障されていなかった。就労や余暇活動の保障もはなはだ不十分なものであった。知的しょうがいがあることを理由に、常に社会の片隅に追いやられ、社会の中で生きていくための諸権利をことごとく奪われてきたからである。例えば、1944年制定の「教育可能な精神薄弱児の教育と保護に関する法律」(以下、「1944年法」) [1]では、「教育可能」な知的しょうがい児にのみ教育権を保障し、「教育困難」な知的しょうがい児には私立の「労働ホーム」や「収容院」(いずれも今日の入所施設に相当) に措置するという内容になっていた。[2] 1954年制定の「精神薄弱者の教育と保護に関する法律」(以下、「1954年法」) からは「教育可能」という用語がなくなり、教育の対象者が中度の知的しょうがい児にまで拡大されるようになった。[3][4] 1954年法では、入所施設の公立化も制度化された。しかし、施設の公立化はやがて入所施設の巨大化をもたらすことになっていった。

　1950年代後半から1960年代にかけて、スウェーデンに (1940年代後半から1950年代前半にかけて公的委員会で論議されて以降) 再びもたらされたノーマライゼーション原理に関する議論は、ほどなく質的に高い新たな法律を求めることになっていった。それが、1967年に制定された「精神発達遅滞者援護法」(以下、「援護法」) である。[5]

　援護法は、スウェーデンで初めてノーマライゼーション原理の内容を盛り込

んだ法律と言われている。援護法の歴史的意義は、全員就学を制度的に確立した点であり、居住環境の質的改善を図り（グループホームの試行・小グループ制・個人処遇プログラムなど入所施設中心の処遇の見直し）、「保護」から「援護」へという知的しょうがい者福祉の新しい概念を提示した点にある。ニィリエの論文「ノーマライゼーションの原理[6]」巻末資料に援護法全文（英訳）を紹介していたことからもわかるように、ニィリエが援護法をノーマライゼーション原理の法的具体化の例と見ていたことが分かる。

　援護法施行（1968年）後、試行的に特別学校から普通学校への場の統合、施設から地域グループホームへの動きが徐々になされるようになると、①グループホームが入所施設居住の下位規定にとどまっていること、②サービス提供の責任母体が国・県・市に分散し整合性がないこと、③「特別法」ゆえの権利保障の不十分さなどの問題点が指摘されるようになってきた[7]。そのため政府は、1977年、「援護調査委員会[8]」を設置し、ノーマライゼーションの考え方に基づくより具体的な援護のあり方を模索することになった。

　1977年の援護調査委員会における論議が1980年に制定された社会サービス法（1982年施行、2001年改正）の内容にも影響を与えた。それは、1979年に国会に提出された社会サービス法草案[9]を見てみるとよく分かる。社会サービス法草案には次のように書かれていたからである。

　　「良い住居とは、障害をもつ人々が社会共同体に参加でき、他の人々と同様に生活できるための前提条件である。住宅政策の目標は全ての人々が自分の住居をもつことにある。障害をもつ人々の生活形態としての入所施設は、明らかに時代遅れのものである。これらは、基本的な評価に対する避けることのできない特徴的な争点なのである。入所施設居住をなくそうとする長年の努力は今後とも続けられるべきである[10]。」（社会庁報告書 1990：11, p.9）

　援護調査委員会の検討の結果制定されたのが、1985年に制定された「精神発達遅滞者等特別援護法[11]」（以下、「新援護法」）である。

　新援護法には、いくつかの特筆すべき点が見受けられる。知的しょうがい者だけでなく中途知的しょうがい者や小児精神病者（自閉症児などもこの範疇に

入ると思われる）にも対象枠を広げたこと、特別な権利とその内容を明示したこと、対象者の自己決定権や上訴権（援護の内容に満足できないときの対応）の行使を認め諸権利実現の具体策を明示したこと、施設ケアから地域ケアへと福祉のあり方を示し、入所施設解体・閉鎖の方針を明確にしたこと、地域生活支援のための物的・人的援助の具体策を明示したこと、各種施策の市移管の方向性を打ち出したことなどである。これらの内容からわかるとおり、ノーマライゼーション原理の具体化を法的に目に見える形で取り入れ、援護法で指摘されていた問題点の①②をクリアしたものとなっていた。問題点の③については特別な援護が対象者を差別することにはならないという整理を行っているが、特別な援護の具体的な保障の中身や罰則規定が打ち出されていないなどの問題点は解消されずに残されることになった。ともあれ、新援護法は、知的なしょうがいのある人々も可能な限り一般の人々と同じような生活のリズムや環境・経済水準を維持し、特別なサービスを受けながら、一般社会の中で生活できるように、住居・教育・労働・余暇等日常生活のあらゆる面での改善を図ろうとしていたのである。

　これまでのノーマライゼーション原理の展開の経緯を踏まえ、次代を展望する新しいしょうがい者対策を模索し具体策を提言することを課題として、1989年、「しょうがい問題調査検討委員会[13]」が発足した。委員会は数多くの報告書を出しているが、これらを集大成した1991年の答申「ハンディキャップ・福祉・公正[14]」と1992年の最終答申「全ての人たちのための一つの社会[15]」は、1993年に制定された「一定の機能的なしょうがいのある人々の援助とサービスに関する法律[16]」（以下、「LSS」）の根幹部分を形づくることになった。

　LSSは、新援護法に代わり、1994年1月1日から施行された。LSSには、新援護法には見られなかった種々の特徴を見出すことができる。第1の特徴は、「援護」から「権利の達成」へと援助とサービスの内容に関わる新しい概念を示し、「自己決定権」に関わる主体とその内容をさらに明確にしたという点である。第2の特徴は、「機能しょうがい者」という表現を用いて対象範囲の拡大をはかった点、つまり、新援護法に盛り込まれた対象者に加え、重度の身体しょうがい児・者及び重症心身しょうがい児・者をはじめとする援助とサービスを必要とする全てのしょうがい者が含まれることになったということである。

第3の特徴は、特別病院や入所施設の解体計画を各県に1994年12月31日までに提出するように命じたことである。この命令により、新援護法で打ち出されていた入所施設解体・閉鎖の方針がさらに強化されることになった。第4の特徴は、福祉の一部有料化が打ち出されたことである（社会サービス法の一部サービスでも有料化された）。援護法から新援護法まで特別な援護に関わるものが全て無料とされていたことを考えると、スウェーデン社会福祉における大きな変化の一つと言える。第5の特徴として、個人的な活動への援助システム（または個別介助制度）、いわゆるパーソナルアシスタンス制度を導入し、当事者主体の援助とサービスのあり方を追求しようとしている点である。これまで部分的に身体しょうがい者の分野で試行されていたこの種の試みは、当事者管理として注目を集めその輪を広げつつあったが、本制度の導入はしょうがい者福祉の分野全体に拡大し、援助とサービスのあり方を革命的と言わしめるほど大きく転換させることになった。

なお、本制度導入にあたり、「アシスタンス補償法」[17]（以下、「LASS」）が制定された。その他の特徴として触れておかなければならないことは、一般の交通機関へのアクセスやしょうがい者差別をなくすために「しょうがい者オンブズマン法」[18]が1994年7月1日に施行されたことである（本法は、2009年1月1日に施行された「差別禁止法」[19]で「差別オンブズマン」[20]と名称変更された）。これらの諸制度が内実を伴って具体化されることにより、機能的なしょうがいのある人々の「権利の達成」がさらに現実味を帯びてくることになった。

入所施設解体に繋がる見解を示した社会サービス法草案や入所施設解体・閉鎖方針を明示した新援護法、各県に（1994年12月31日までに）特別病院・入所施設解体計画書の提出を命じたLSSは、1997年の「特別病院・入所施設解体法」[21]制定・施行を導き、1999年12月末日までの特別病院・入所施設の解体が決定づけられた。そして、特別病院・入所施設解体後の地域生活支援策は、総合立法・社会サービス法（1980年制定、1982年施行、2001年改正）やLSS、LASSによって担われることになった。

2　入所施設はなぜ解体されたか

社会サービス法草案からLSS、LASS、特別病院・入所施設解体法に至るま

で、入所施設解体及び地域生活支援策の充実に大きな影響を与えた考え方に、ノーマライゼーションの原理があることは言うまでもない。本来、誰もがしょうがいの有無に関わらず、自分の住居をもち、労働（または日中活動）の場を確保し、余暇活動を楽しむなど他の人々と同様の生活条件を得る権利をもっている。つまり、誰しも意図的に特別な環境下におかれてはならないのである。しかし、実際問題、入所施設という特別な環境では、住宅・労働・交際・余暇など日常生活のあらゆる場面・事柄がそこで全て完結してしまっている。スウェーデン社会庁がなぜ入所施設を解体することにしたのかを、入所施設と地域での援護活動の比較を通して次のように整理している。[22]

（1）目に見えないものから目に見えるものへ

　入所施設では、入所者が大きな集団で処遇されることが多い。施設では入所者を個人として見たり理解することが難しく、集団で扱われることが多くなる。

　地域では、集団の小さい家に住み、個人として尊重されるようになる。情緒的安定がはかられ、問題がより理解され、改善されるようにもなる。知的しょうがいのある人たちも職員も、共に社会の一員となり、一般の人々からより大きな関心をもって見られるようになる。

（2）隔離された状態から社会の構成員として

　入所施設は、地域から遠く離れ、隔離された所にあることが多い（街中にあっても状況は変わらないことが多い）。そのため、独特の規範と運営システムをもつ特殊な施設文化が形成されてしまい、社会的コントロールがきかなくなってしまう。

　地域では、コミュニケーションが取りやすくなり、社会参加が容易になる。日常生活の中で自然にコンタクトが取れるようになる。また、いろいろな協力が得られるようになると、社会的資源を利用する条件が増してくる。

（3）機械的な仕事から変化のある仕事へ

　入所施設では、施設利用者の居場所がなくなり、介助の仕事を決まりきったものにすることが多く、自然な活動を生み出す可能性が少なくなってしまう。

やがて決まりきった仕事をすることが利用者の個人的ニーズに応えるものだと錯覚してしまう。

　地域での援護活動では、決まりきった仕事よりも個人的なニーズや関心に重点をおいた活動が必要とされるようになる。

　　（4）集中管理から地域分散化へ

　入所施設では集団指導体制がとられ、完結された環境になりやすい。官僚主義的な構造がつくられ、各生活棟に主体性を与えず、上部の意向によって活動が左右されることが多くなる。

　地域での援護活動では、様々な場所・生活環境下で余暇活動や日中活動が行われ、職員もいろいろな役割をもっている。地域では、職員は仕事以外でも新しい期待に出会うようになる。

　　（5）保護から社会的援助サービスへ

　入所施設は、医療中心の考え方に左右され、職員が活動の内容を決めることが多い。社会的なものよりも物理的な要因に規定されることが多く、合理性優先の保護となってしまう傾向がある。

　地域では、形態や内容を自分で決めることが必要となり、職員の役割も変質していかざるをえなくなる。しかし、相談員やスーパーバイザーとしての新しい役割をもつようになると、仕事に自信がもてるようになり、社会的関係がもて、変化があって面白く、満足感を得られるようになってくる。また、職員の労働そのものが社会的に評価されるようになってくる。

　　（6）不平等から意思の尊重へ

　入所施設では、生活棟が職員の基本的な労働の場となり、利用者のニーズをコントロールしたり、制限をすることが多くなる。利用者の個人的な物はほとんどなく、多くの物が共通の物となっており、自分のベッドをもつ権利ももっていない。

　地域では、知的しょうがい者の意思や関心が尊重されるための条件が増えてくる。自分の住居をもち、質の高い物質的基準・より良い一人あたりの経済水

準・より広い居住スペースを得る権利が提供されるようになる。様々な日中活動の中で住居や利用者相互の交流が容易になり、希望がもてるようになる。職員は、一人ひとりのニーズや願いをよりよく解釈してくれるようになる。

　6点の入所施設解体理由は、入所施設の構造的特徴を余すところなく整理し、入所施設の存在意義そのものへの問いかけともなっている。入所施設改革には入所施設のもつ構造的枠組みを打破するところまではいかないという限界があり、入所施設解体へと考え方の軸足を移さなければならないということも示唆しているのである。

3 「共働」の取り組みを通して地域における「共生」への取り組みを

　1944年法以降今日まで約70年間のスウェーデンにおける知的しょうがい者福祉の歩みを概観してみると、次のように要約できるであろう。

　第1に、差別から平等へ、という流れである。ノーマライゼーション原理の骨格を形づくり、原理そのものを導き出した基本的な考え方でもある。第2に、施設から地域へ、という流れである。この流れの中で、スウェーデンは、特別病院や入所施設を解体・閉鎖し、多様な在宅援助サービスシステムの確立へという大胆な道を選んだ。第3に、代弁者中心の福祉のあり方から当事者中心の福祉のあり方へ、と福祉サービス計画立案の主体を大きく転換した点である。第4に、保護から援護さらには権利の達成へ、と福祉サービス受給者の権利性を明確にした点である。権利の達成をはかるために打ち出された当事者参加と自己決定という考え方は、ノーマライゼーション原理具体化の極致とも言える。第5に、福祉サービス提供の地方分権化を打ち出したことである。援助・サービスの地方分権化は、合理的で整合性のあるサービス提供を意図したものだが、きめ細やかな福祉サービスと統合の実現を具体化するための一つの道筋を示している。

　これらの特徴と到達点は、1940年代以降、ノーマライゼーションとは何か、法的具体化のためには何が必要か、脱施設化と地域生活支援策には何が必要とされているのか、などをスウェーデンの関係者が長年にわたって積み上げてきた結果なのであろう。

なお、1997年制定の特別病院・入所施設解体法には、「1999年12月31日までに全ての入所施設を解体する」と明記されていたが、2000年のスウェーデン統計局発行資料には入所施設の表記が見られず、統計上は入所施設が完全になくなった。統計上カウントされなかった入所施設敷地内のグループホームに暮らす元入所施設居住者も徐々に街中のグループホームに移転し、元施設居住者は本当の意味で地域で暮らし始めている。また、当然のことながら、入所施設解体の動きは、住まいだけでなく、日中活動の場や余暇・文化的活動、さらには人間関係のあり方にまで変化を与えてきている。生活の質のさらなる向上を求めて「個別生活計画書」の強化と充実がなされてきているからである。

　ところで、しょうがいのある人々に地域でごくあたり前の生活が保障され、種々の権利が達成されるためには、当事者・関係者（社会をも含む）相互の関わり合いと環境改善に向けた絶え間ない努力が求められてくる。その努力の一つに、脱施設化後の地域生活支援策構築のための人的・物的社会的支援システムづくりがある。

　しかし、社会的支援システムづくりだけでは社会的諸問題を解決し、人の心や関係性を変えていく力にはならない。「共働」の取り組みを通して「理解」「関心」が生まれ、一人ひとりの当事者への(1)尊厳、(2)社会的受容、(3)ニーズの奨励、(4)社会的役割・期待、(5)社会的評価・満足感、(6)意思の尊重、などが育まれ、「共生」へと発展していくのではないだろうか。

第2節　施設カールスルンドの解体とスウェーデンにおける脱施設化政策

　本節では、1940年代以降のノーマライゼーション原理の法的具体化と脱施設化・地域生活支援策構築過程に、スウェーデン・ストックホルムの北西部に位置していた施設カールスルンドがどのように位置づけられていたのか、施設カールスルンドの解体がスウェーデンのしょうがい者福祉政策にどのような影響を与えてきたのか、そもそも施設カールスルンドの解体はなぜ成し遂げられたのか、また、どのようなプロセスを経て施設解体がなされていったのか、などを明らかにしたい。そのために、(1)スウェーデンにおける脱施設化に向けた

歴史的展開を公文書を通して概観する。(2)スウェーデンにおける入所施設解体のモデルケースとなった施設カールスルンドの解体プロセスを概観する。(3)施設カールスルンドの解体から学ぶことのできる入所施設解体のための条件とは何かを検討する。

1　公的文書にみるスウェーデンにおける入所施設解体

　スウェーデンでノーマライゼーション原理への言及や入所施設解体に繋がる提案をした公的文書の一つを1958年のストックホルム県精神遅滞者教育保護支援本部の資料の中に見出すことができる。資料の書き手は、ヤルマル・メール（Hjalmar Mehr）である。

　　「幸福なコミュニティ……一般のコミュニティと同様、生活は余暇と仕事から成っている。子どもは学校に行き、大人は仕事に行く、……彼らには、他の人々と同様、安全で充実した生活を送る権利がある。……資力を提供して、全ての人の生活ができる限り順調になるようにするのが、社会の義務である。[23]」

　メールの提案はノーマライゼーション原理の内容そのものである。しかし、彼の提案はまだ時期尚早だったようで、ストックホルム県、さらには、スウェーデンの関係者に受け入れられるまでには10年近い歳月を必要とした。しかし、1968年にノーマライゼーション原理に基づく援護法が施行され、急速に入所施設から地域へという取り組みがなされるようになっていった。この法律のもとで、教育権保障が進められ、しょうがいの程度に関わらず、誰もが学校へ通うことができるようになった（cf. 援護法以前に施行されていた1944年法では軽度の人にのみ教育権を保障し、1954年法では中軽度の人にのみ教育権を保障していた）。また、数多くのグループホームも造られていくようになった。

　1970年代に入ると入所施設のあり方が盛んに論議され、入所施設改善から入所施設解体への動きが次第に明確になってきた。そして、入所施設解体に言及した国レベルの公的文書が見られるようになる。第1節で示した1979年の

社会サービス法草案では、入所施設解体に繋がる「入所施設居住をなくそうとする長年の努力」という表現が見られていた。この内容は1980年に制定（1982年に施行）された社会サービス法に受け継がれ、入所施設という言葉こそ使われなかったものの、「ノーマライゼーション原理の具体化＝入所施設閉鎖・解体＝地域への移行・地域での生活」としてこの法律の各条項に盛り込まれていった。

　「公的な公共サービスは、経済的・社会的保障、生活条件の平等および地域社会生活への積極的な参加を促進するという観点をもち、民主主義と連帯とを基礎として確立されるべきである。また、社会サービス活動は、個人の自己決定とプライバシーの尊重を基礎としてなされるべきである[24]。」
　「身体または精神にしょうがいのある人々は、地域社会の生活に参加をし、できるだけ普通に生活をする機会が与えられるべきである[25]。」

また、1982年に社会庁から発行されたしょうがい者問題に関する手引きの中では、次のようにも述べられていた。

　「社会は、不平等が解消され、人々が同等の生活条件を得、全ての人が発達に寄与し、社会共同体に何らかの形で関与することができるように、発展していくべきである。……しょうがい者政策は、一般の政策目標が機能しょうがいのある人々に適用できるようにするために、様々な社会の領域を通して対策を講じ、他の政策と相違がないようにしなければならない[26]。」

入所施設解体はノーマライゼーション原理具現化の帰結であるという考え方が、知的しょうがいの分野でも取り入れられ、1985年に制定された新援護法と新援護法施行法で初めて入所施設・特別病院解体が明文化されることになる。

　「児童・青少年を対象とする入所施設は速やかに閉鎖される。新たな入所者をとらないこととする。成人用入所施設および特別病院は、経済状態および居住者への配慮が許す時期に閉鎖される。新たな入所者は、特別な理由が

ある場合にのみとることができる。ファミリーホームは、児童のみを対象とする。」[27]

1989年には新援護法を改訂するために、しょうがい者特別サービス検討委員会[28]が設けられた。この委員会から出された答申に、入所施設・特別病院解体に関する提案が次のようになされていた。

「入所施設の解体は、多くの県において、検討の途上にある。……入所施設に代わる居住形態の保障は、1998年1月1日がタイムリミットである。入所施設解体計画は……遅くとも1993年12月31日までに作成されなければならない。」[29]

しょうがい者特別サービス検討委員会から出された最終答申[30]を受け、1993年5月に制定（1994年に施行）されたのが一定の機能的なしょうがいのある人々のための援護とサービスに関する法律（「LSS」[31]）およびLSS施行法[32]であった。LSS施行法には、入所施設解体に関して次のように記されていた。

「県および市は、現存する特別病院と入所施設の解体を共同して計画しなければならない。解体計画は、1994年12月31日までに作成し、社会庁に届け出なければならない。」[33]

LSSの施行により、援助とサービスを受ける権利が明確化され、権利の内容もより具体的になっていった。居住形態が変わり、グループホームなどでは一人ひとりが個室をもてるだけでなく、一軒の家に近い機能的な生活空間をもてるようになった。このLSSでは、介助を必要とする人が個別介助者を24時間もつことができるパーソナルアシスタンス制度も導入された。この制度は、重度の機能的なしょうがいのある人々に対して、個別介助者を必要に応じて必要なだけ自治体及び政府の費用で利用することができるというものである。

1997年には入所施設・特別病院解体法が制定・施行され、入所施設解体に向けた動きが決定的となった。この法律に「1999年12月31日までに全ての

入所施設を解体する」と明記されていたからである。その結果、1964年の入所施設居住者数19,000人から、1985年には約40％の8,000人に、1995年には約10分の1の1,785人へと急激に居住者数が減っていった。そして、2000年1月1日には86人の人たちだけが入所施設内の敷地にグループホーム居住という形で残るだけとなった。現在そのほとんどが地域に移行し、地域のグループホームで暮らしている。

　入所施設解体は1986年の新援護法で具現化の一歩を踏み出し、強制力をもつ二つの法律（1994年のLSS、1997年の入所施設・特別病院解体法）で完結した。新援護法に入所施設解体の息吹を与え、入所施設解体のモデルとなったのが、ストックホルム県北部にあった施設カールスルンドであった。1970年代から入所施設定員を減らし、施設カールスルンドを閉鎖・解体するために「解体プロジェクト」が組織され、1981年から脱施設化が計画的に進められていった。そこで、次に施設カールスルンドの誕生から解体に至るまでのプロセスを見ていくことにする。[34]

2　モデルケースとなった施設カールスルンドの解体

　施設カールスルンドは、マリア・クランツォン（Maria Krantzon）によって1901年に建てられた。創設当時は8人の利用者と4人の看護師がいただけで、創設者クランツォンの努力で内容も充実していった。1925年に創設者が亡くなり、施設カールスルンド経営にストックホルム市（後に県）が関わるようになっていった。その結果1931年には42人、1940年代末には172人になるなど、施設規模が次第に大きくなっていった。この動きは1954年の教育保護法の施行と入所施設の公立化とも関係していた。そして1964年には522人もの知的にしょうがいのある人たちが収容されるに至った。一方で、施設の大規模化にかかわらず、施設内グループホームの試みが徐々に始められていった。しかし、いかに小規模居住化の試みとは言え、居住者の生活は一般の人たちの生活と大きくかけ離れていた。当時の施設カールスルンドをコロニー建設のモデルにしようとアメリカ、ソビエト、日本などの関係者が訪れていたという。[35]しかし、皮肉なことにスウェーデンでは、数年後に入所施設の大改革がなされ、入所施設解体へと大きく舵を切ることになる。当時の日本を含む世界の

福祉関係者はこのことを知る由もなかった。

　1968 年に援護法が施行されてからは、入所施設利用者数が年々減ってくるようになった。援護法がノーマライゼーション原理に基づいており、旧法により既に施設内グループホームが定着していたため、次第に、街中の小規模共同住宅＝地域グループホーム[36]に職員ごと移り住むようになってきていたのである。そして、いち早く解体を成し遂げた施設カールスルンドは、いつしか施設から地域に移行していくモデルケースとなっていった。また、施設カールスルンドでは、施設内グループホームの試みだけでなく、施設内デイセンターでの社会化に向けた様々な社会的トレーニング、本人活動なども社会化のプロセスとして大切にしていたことが分かっている。

　施設内グループホームも、1 人用、2 人用、3 人用、4 人用、5 人用と自立度やしょうがいの程度にあわせて用意され、長屋形式（15 人から 20 人の利用者が居住）の棟でも 5 人を単位とするユニット制に切り替えられていた。筆者が訪れた 1983 年には、居住者は 522 人から 250 人と半分以下に減っており、脱施設化の成果が実証されてきていた。施設カールスルンドを解体するための青写真をつくるなど、施設解体プロジェクトの指導的立場にいたケント・エリクソン（Kent Ericsson）は、筆者とのやりとりの中で、施設内グループホームは解体プロセスの途上にあっただけであり、施設内グループホームを必ずしも経由する必要はないと語っていた。

　1970 年代初めから具体化され始めた入所施設の縮小と地域への移行は、ストックホルム県に知的しょうがい者ケア検討委員会を設置させ、知的しょうがい者ケアの改善に向けて検討を開始させるに至った。1976 年には知的しょうがい者ケア検討委員会から答申が出され、施設カールスルンドの閉鎖・解体が決定された。当時の居住者数は、既に 350 人にまで減っていた[37]。居住者数が 322 人となった 1978 年には、施設解体プロジェクトチームが県の方針に基づき、残された人たちの地域への移転計画を発表した[38]。プロジェクトチームが立てていた青写真は、1981 年に残される予定の 301 人の人たちを徐々に地域に戻し、1988 年には全面解体というものであった。計画どおりに脱施設化は進まなかったものの、具体的な脱施設化は計画立案者・現場担当者・利用者代表・管理者との共同の話し合いによりなされていった。

1985年には施設カールスルンドの敷地の半分近くが一般住宅として売りに出され、街カールスルンドに生まれ変わることになった。そしてとうとう、1988年3月11日に施設カールスルンドはなくなった。この日筆者は、施設カールスルンド訪問のために施設カールスルンドしょうがい者センターに電話を入れた。すると、「施設はもうありません。今日新しく2人が街の地域グループホームに移ります。この2人が移ることで完全に施設がなくなるのです」という答えが返ってきた。1988年4月22日～24日には、現地で、「施設カールスルンド解体記念講演・展示会」が行われた。このイベントに参加することにより、施設カールスルンド解体の全貌が分かってきた。

　施設カールスルンドの敷地は、小高い丘と林を含めた広大なものであった。施設の古い建物を改装し、その周辺の林を切り開いて新しい建物を造っていた。小高い丘の反対側の建物はまだ残されており、北西地区援護事務所や食堂・職員研修所などとして利用されていた。新しい街カールスルンドと古い建物や施設設備が残る敷地との間は、丘で隔てられているために、残されている古い建物が一般の見学者の目に触れることは少なく、施設カールスルンドが全て新しい街になったと見間違う人がいるかもしれない造りになっていた。今でもこの構造は大きくは変わらない。

　街カールスルンドは、若者や高齢者、知的しょうがいのある人々、車イス利用者などいろいろな人たちが混在する統合居住モデル地域として検討された。また、一つの居住地域（当時街カールスルンドには320世帯が住んでいた）に知的しょうがいのある人たちが1％を超えないようにも計画されていた。

　街カールスルンドに残された施設カールスルンド元居住者は17人であった。他の人たちは、全てストックホルム県内の地域グループホームに移って行った。施設解体プロジェクトの構想では、できるだけ親が居住している地区か、かつて居住者が長年住んでいた地区に戻す予定であった。しかし、これはあまり実現されず、多くが新設の地域グループホームに移って行った。高齢の親、土地確保の難しさ、住民感情などを考慮した結果だった。

　街カールスルンドの17人は、当時、5人が5人用地域グループホーム（1カ所、職員6人）に、8人が4カ所の2人用の地域アパート（職員4人）に、4人が4カ所の1人用の地域アパート（必要に応じて5人用・2人用から職員の応

援を受ける）に住んでいた。街カールスルンドには、当時のストックホルム方式地域グループホームの全てのタイプ（07・06・05）が配置されていた。ストックホルム方式地域グループホーム05タイプとは、概ね8人（個室所有）の居住者が暮らし、1～2人の職員（同じ建物に住んでいるか近くの事務所に配置されている）の援助を受け、困ったときに必要な援助が受けられる半自立の生活をしているタイプのものである。06タイプとは、概ね8人の居住者（個室所有）が、朝と夜を中心に3～4人の職員の援助を受けながら生活をしているタイプのものである。07タイプとは、24時間の介護を必要としている人たちが生活をしているタイプのものである。通常5人の居住者（個室所有）が、6人の職員の援助を受けて街中の住宅で生活をしている。07タイプの地域グループホームにはかなり重いしょうがいのある人たちが住んでおり、しょうがいの程度に応じて、多い所では、職員が13人まで配置されていた。なお、現在街カールスルンドで暮らす元施設カールスルンド居住者は高齢のため亡くなるなどして数えるほどしかいない。代わりに、特別学校卒業生や他の地区から来た知的しょうがい者が入居するようになってきている。また、今日では、グループホームのあり方も大きく変わり、上記のようなタイプの地域グループホームはなくなった。そして、多くの知的しょうがい者（2007年現在、76％）が専用の広い機能的な生活空間（35～47㎡、入口・台所・寝室・居間・浴室・トイレのついた部屋）をもつ地域グループホームで暮らすようになってきている。

　地域グループホームに住むようになった多くの居住者は、それぞれの地区の社会企業（SAMHALL、日本の福祉工場に相当）やデイセンターに通い、仕事やトレーニングを受けていることが多く、各種成人教育講座を受講して、教育や余暇を楽しむこともできるようになっている。

　地域グループホームに住むようになった知的しょうがいのある人々を長年見ている職員の多くは、次のように答えることが多い。「急激に環境が変わり、地域グループホームになじまなかった人も何人かいますが、ほとんど多くの人たちはとてもうまくいっています。彼らは施設という限られた環境にいるよりも、街の中の地域グループホームに出られて本当によかったと思います」。

　大規模入所施設の解体は、当時、施設カールスルンドがスウェーデンだけでなく世界でも初めてのケースだと言われていた。マスコミでも大きく報道され

た。既に、他の国にも大きな影響を与え、施設解体のケースが相次いだ。施設カールスルンドは、まさに、しょうがい者福祉施策のあり方を検討していく上でのモデルケースとなっていったのである。

3　施設カールスルンドの解体から学ぶ入所施設解体のための諸条件

　1901年にわずか8人の利用者と4人の看護師で始められた施設カールスルンドは、公的援助を受け、やがて公立化していく。1946年にはコロニー化案が出され、着々とコロニー化がなされていった。そして1964年には522人もの人たちを収容する巨大な入所施設となってしまった。やがて巨大施設批判がなされるようになっていった。施設カールスルンドも例外ではなかった。入所施設批判を受け止めながら施設内グループホームの取り組みや地域移行が開始され、やがて入所施設解体に至る。入所施設解体に至るプロセスの中で、入所施設解体のための諸条件も生まれてくるようになった。2002年に発表されたエリクソンの論文[40]を引用・要約しながら、施設カールスルンドの解体を通して垣間見られた入所施設解体のための諸条件を見ていくことにする。

　入所施設批判は1960年代後半から1970年代にかけてなされ、1970年代から1980年代にかけて入所施設のあり方が盛んに論議された。マスコミでも入所施設批判に関する記事が数多く見られるようになっていった。職員が少ないために居住者が放置され、絶望的な状況に置かれている実態、百害あって一理なしの方策、認められることのない釈明や入所施設側の苦しい胸の内が伝えられ、施設のあり方についての議論が盛んになされていた。実態調査がなされ、地域福祉サービスの有効性や重度しょうがい者への適用、グループホーム居住、日中活動の必要性が指摘された。

　1971年の行政査察後しばらくして、入所施設の改善と脱施設化の推進のために、ストックホルム県は1975年に施設カールスルンド将来計画検討委員会[41]を立ち上げた。この委員会は、入所施設経営者代表、職員代表、県管理者、政治家（3人）から成っていた。委員会設置の目的は、重度・最重度の人たちの生涯発達保障の場とするために施設を全面改築し、200人用の近代的な入所施設を建設することにあった。しかし次第に、入所施設を閉鎖し、全員が施設を退所の上地域福祉サービスを利用できるようにすべきだという意見が台頭して

きた。生活条件さえ整えてあげれば、誰でもサービスを利用しながら地域で暮らしていくことができるという理由からであった。最終的に委員会は、(1)財源を十分に確保すること、(2)十分な地域生活支援サービスを提供すること、(3)職員の雇用を確保すること、という前提条件をつけ、施設カールスルンドを閉鎖し、地域に分散させるという決定を行った。そして、施設カールスルンド解体プロジェクトのメンバーが選任され、各種問題への対応がなされることになった。

どんなサービスが施設に取って代わるのかという問題は重要であり、地域移行していく人々に適切なサービスが提供された場合のみ入所施設の閉鎖・解体は可能であった。したがって、このプロジェクトの最初の仕事は、サービスを利用する一人ひとりのサービスのニーズを特定するという調査を行うことであった。次いで、職員が入所施設を離れて地域で様々な生活支援や就労支援のサービスで仕事を続けることに関心と機会があるかという調査を行うことであった。一連の調査に基づいて報告書が作成され、施設カールスルンドの閉鎖・解体が可能であるという結論を導いていった[42]。

入所施設閉鎖・解体に関する取り組みがいつ始められたのかを特定するのは困難である。施設カールスルンドの居住者定数を600人にまでしたいというのが当初の計画であったが、この計画は幸いにも実現されなかった。1965年の522人という最大居住者数を最後に施設居住者は他の施設に移され、グループの規模を縮小する努力が継続的になされてきた。入所施設を閉鎖するという1976年の決定の後、居住者は次第に減り続けた。そして、解体計画が1981年に提示されたときには、支援法や制度を整えながら、財源を確保し、支援サービス（多種多様な小規模グループホームや日中活動の場の確保、余暇サービスの充実等）が確保されれば、入所施設解体が可能であるということを明示していたのである。

第3節　スウェーデンにおける地域生活支援策

筆者は2008年4月1日から2009年4月1日までスウェーデン・ウプサラに滞在し、1988年に解体された旧施設カールスルンドの元利用者を対象に、施

設解体20年後の元施設利用者のその後を追う旅に出た。果たして、施設解体は、本当に「施設の弊害からの脱出[43]」(孫、2007, p83)だったのか、地域への移行後、本当に「『障害のある人の普通の生活の保障』と同時に『障害のある人も障害のない人も共に暮らせる社会』」[44](岸田、2008, p37)ができているかどうかを検証してみたいと思ったからである。その検証の中から、脱施設化に伴う法制度の整備のあり方や地域生活支援・自立支援・就労支援等のあり方が見え、わが国の法制度やサービス体系のあるべき姿も浮き彫りになってくるものと思われたからでもある。元施設利用者のその後を追う旅の結果がどうなったのかは第4章に譲り、本節では、その旅の途中で見えてきたスウェーデンのしょうがいのある人たちのための地域生活支援策の概要を伝えることにする。

1　しょうがい者福祉サービスの基本法制とサービス受給の対象者

(1) 基本法制

スウェーデンには、社会サービスを必要とする人たちのための(新)社会サービス法[45]と機能しょうがい者のためのLSS、LASSがある。医療サービスは、保健医療法[46]に基づき提供されている。なお、社会サービス法、LSS、LASSの相互関係を図示すると図1のようになる。

```
┌─────────────────────────────┐
│  社会サービス法              │
│   ┌──────────────────────┐  │
│   │  LSS                 │  │
│   │   ┌──────────────┐   │  │
│   │   │  LASS        │   │  │
│   │   └──────────────┘   │  │
│   └──────────────────────┘  │
└─────────────────────────────┘
```

図1．社会サービス法、LSS、LASSの相互関係

社会サービス法は、社会サービスを必要とする人々のための総合立法かつ基幹法で、地域生活支援に関わるあらゆるサービス(在宅介護、施設介護、現金給付等)が各自治体によって提供されることが明示されている。社会サービス法第1章第1条に目的が、第5章に要介護者の定義・範囲等が示されている。第

1章第1条の目的には、次のように記されている。

　「社会サービスは、民主主義と連帯の観点から、国民の経済的・社会的保障、生活条件の平等及び地域社会生活への積極的な参加を促進するために提供されるべきである。また、社会サービスは、自己の及び社会的な責任に配慮しながら、個人的・社会的資質の向上と発達のために提供されるべきである。さらに、社会サービス活動は、個人の自己決定とプライバシーの尊重を基礎としてなされるべきである。」

同様に、第5章には、要介護（被援助）の対象者を次のように明示している。

　「児童・青少年、高齢者、機能しょうがい者、麻薬乱用者、長期療養者・高齢者・機能しょうがい者の世話をしている親族、犯罪被害者」

また、第5章第7条のしょうがい者の項には、次のように記されている。

　「身体または精神的にしょうがいのある人々は、地域社会の生活に参加をし、可能な限り普通に生活をする機会が与えられるべきである。」

　以上のことから、社会サービス法における対象者は「経済的・社会的保障がなされず、生活条件の平等も保障されず、地域社会生活への積極的な参加がしにくい人」で、社会サービスを必要とする全ての人たち（児童・青少年、高齢者、機能しょうがい者、麻薬乱用者、長期療養者・高齢者・機能しょうがい者の世話をしている親族、犯罪被害者）のことを指していることがわかる。
　LSS、LASSは、社会サービス法の補足法である。LSSには、全てのしょうがい者に対する福祉サービス受給の権利とその具体策が明示されている。第7条、第8条には特別な援助とサービスを受ける権利が、第9条から第13条には特別な援助やサービスの具体策が明示されている。特に第9条では、相談・個別援助、さらには、パーソナルアシスタンス等による具体的な特別な援助やサービスについて明示している。LASSには、パーソナルアシスタンス制度

に係る現金給付の取り扱い内容が示されている。具体的には、LSSで示されているパーソナルアシスタンス費用については、週20時間を目安とし（第3条）、その利用が週20時間を超える場合、20時間までは各市（コミューン）から給付され（第19条）、それ以上の場合は社会保険庁（事務所＝国）から給付される（第20条）旨の内容が記されている。

なお、社会サービス法及びLSSが各市（コミューン）、LASSが各市（コミューン）または社会保険事務所[47]、保健医療法については県（ランスティング）[48]が責任部署となっている。

また、LSS第16条には、転居に関する内容が明示されており、各市（コミューン）からの事前通達（6カ月間有効）があれば、どこの市（コミューン）に転居しようとも同じ権利を保持し、同じ特別なサービスが受けられることになっている。なお、県民への情報提供・指導助言、市（コミューン）への指導助言等を行う権限を県（ランスティング）がもち（第26条）、LSSの特別なサービスの全てを監督し、業務内容の調査・援助・評価・情報の提供・業務進展への働きかけを行う権限は社会庁がもっている（第25条）。

さらに、保健医療のうち、しょうがいのある人たちを対象とした特別な住居・デイケア・サービス付住居における保健医療、リハビリ、補助器具の貸与等については市（コミューン）の責務であり、在宅訪問看護については県（ランスティング）との合意のもとに市（コミューン）が提供の主体となることができるようになっている。

（2）サービス受給対象者としてのしょうがい者

社会サービス法における対象者のうちしょうがいのある人たちに関しては、同法第5章第7条・第8条でその詳細が明記されている。本法に基づく対象者数は不明だが、社会庁2008年の統計[49]によると、在宅でホームヘルプサービスを受けている65歳未満の機能しょうがい者数が16,776人（20歳未満351人、20～44歳3,621人、45～64歳12,804人）で、特別住宅に入居している65歳未満の機能しょうがい者数が4,405人（20歳未満38人、20～44歳940人、45～64歳3,427人）であることを考えると2万余人（2007年10月1日現在21,181人）が対象になっていると思われる。

LSSでは、しょうがいのある人たちは「機能しょうがい者」と呼ばれ、一般的にもこの名称が定着しつつある。LSSによると、機能しょうがい者とは全ての身体・知的・精神しょうがい者等を指し、三つの区分[50]に分けて援助とサービスを提供している。なお、福祉サービスは保険ではないため、全ての国民が国籍を問わず利用できる。

区分1：発達遅滞者、自閉症または自閉症的症状を示す人々。
区分2：成人に達してからの外傷または身体的疾患に起因する脳の疾患により、重篤かつ恒久的な知的機能しょうがいのある人々。
区分3：明らかに通常の高齢化にはよらない、他の恒久的な身体的または精神的機能しょうがいのある人々。つまり、しょうがいの程度が重く、日常の生活を送る上で著しい困難さが見られるため、広範な援助とサービスを必要とする人々。

　LSSサービス受給者総数[51]は、2007年時点で、56,829人（男32,347人、女24,482人）、各区分のサービス受給者概数は、区分1：46,800人、区分2：1,700人、区分3：8,300人であった。

（3）提供されるサービス内容
　1）社会サービス法に基づくもの
　在宅サービス[52]として、次のようなものがある。
・ホームヘルプサービス：在宅しょうがい者等に対し、援助が必要と認定された場合、家事援助や対人介助などの介護によって、自立生活を支援するサービス。
・訪問看護：介護や看護が必要な人が自宅に住み続けられるように、地域看護師の責務において提供される。
・訪問リハビリ：作業療法士等が訪問してリハビリを行うサービス。
・日中活動：日中活動が必要な人を対象に、日中活動センターなどで受けるサービス。特別住宅の居住者も補完的サービスとして利用可能。
・ショートケア・ショートステイ：短期間リハビリや在宅医療を特別住宅で受

けるサービス。家族の負担軽減、入居待ちケア、退院後すぐの中間的利用のために利用される。短期のものをショートケア、やや期間の長いものをショートステイという。
- 夜間巡回サービス：夕方から夜間、朝にかけ、必要に応じ、主に対人介護的ケアを供給するサービス。
- 緊急通報アラーム配布：在宅しょうがい者等に対して支給される腕時計型などの緊急アラーム装置。呼出ボタンを押し、助けを求めるためのもの。
- 移送サービス：通常の公共交通機関が利用できないしょうがい者等の移動を支援するサービス。タクシーの利用が多いが、特別車の利用もできる。
- 福祉機器貸与：日常生活が困難な人に、福祉機器を貸与することにより、本人の自立生活を支援するサービス。
- 住宅改修手当：自宅で自立生活を送るために必要な住宅改造の資金を給付する制度。例えば、段差をなくしたり、入口にスロープをつけるために利用される。
- 住宅付加手当：低所得者でも標準的な水準の住宅に住めるように、その収入に応じて家賃の一部が住宅手当として国から支給されるサービス。
- 雪かきサービス：雪深い地域で生活するしょうがい者等に対して提供される社会サービスの一つ。

なお、各市（コミューン）では、医療や介護、24時間の支援が必要な人々に対して特別住宅を提供している。特別住宅には、しょうがい者用グループホームも含まれる。

また、親族や親しい友人などが介護している場合、親族雇用（親族ヘルパー）という制度がある（その人をコミューンが雇用し、ヘルパーと同じ給料や手当を支払う形態）が、しょうがい者の場合、パーソナルアシスタンス制度の利用が多くなってきている。

　2）LSS、LASSに基づくもの

LSS、LASSで提供されるサービス[53]は、次のとおりである。
- 相談・個別援助：専門的な技術に加え、機能しょうがいに関する特別な知識を有するスタッフからの支援。

・パーソナルアシスタンス：生活上多くの援助が必要な者に対する1人または複数の個別介助者による援助。施設入所者及びグループホーム入居者は除く。
・ガイドヘルプ・サービス：パーソナルアシスタンス制度を利用しない者に対する付き添いサービス。社会生活に参加するために必要な支援を提供。
・コンタクトパーソン（KP）：主に知的しょうがい者への相談・余暇等の個別援助サービス。友人のような存在で、社会との橋渡し役となる。ＫＰには手当が支払われる。
・レスパイトサービス：介護者の介護負担を軽減するために定期的あるいは一時的に利用できる在宅での介護サービス。終日利用できる。
・ショートステイ：レクリエーション、気分転換、介護者の休息のために、ある特定の施設などで提供される短期滞在サービス。
・延長学童保育：通常の学童保育サービスでは給付されない12歳以上の学童に対して、授業前、放課後、休日に提供されるサービス。
・児童青少年用特別住宅：親と同居困難な児童・青少年に対して、養育家庭または学童グループホームで生活できるサービス。ショートステイ利用も可能。
・成人用特別住宅：グループホームを含む特別住宅、ケア付き住居で生活できるサービス。住宅法が適用され、一般国民と同じ住まいが提供されている。
・日中活動：就労可能な年齢にある人々で、職業をもたず学業にもついていない人々のための日中活動。LSS区分１及び２に相当する者のみ。

　なお、児童・青少年のためのホームは、成人（20歳）まで利用でき、その後は成人のための住居に移行することになる。成人のための住居は、65歳になるまで入居することができる。成人用グループホームには様々なタイプのものがあり、１人用住宅や２人用住宅を組み合わせてグループホームとしているものや、４人用グループ（各自が広い占有空間を有す）のものまである。グループホームには原則として24時間介護の必要な重度の人たちが住んでおり、近年余程のことがない限り、各自が機能的な広い空間〔40㎡前後のスペースに台所（食堂）・居間・寝室・トイレ・浴室・ＷＣを有する「家」的機能をもった住まいのことを指す〕に住むことができるようになってきている（図２参照）。

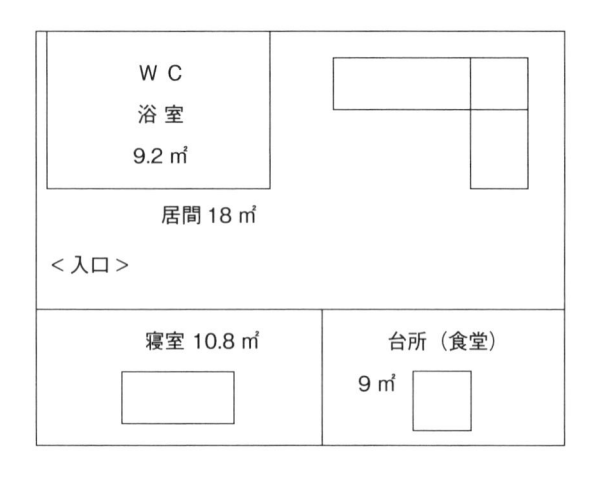

```
          ┌─────────────┬──────────────┐
          │  WC         │              │
          │  浴室       │              │
          │  9.2㎡      │              │
          ├─────────────┤              │
          │  居間 18㎡                 │
          │                            │
          │ <入口>                     │
          ├─────────────┬──────────────┤
          │  寝室 10.8㎡│  台所（食堂）│
          │             │  9㎡         │
          └─────────────┴──────────────┘
```

図2．「家」的機能を持ったグループホームの例[54]

　社会サービス法には、市（コミューン）がしょうがい者の生活状況等を十分に把握すること、潜在的なニーズを掘り起こす訪問活動を通じて社会サービス活動に関する情報を提供することに努めなければならないことが明記されている（第2章）。一方、LSSには、「対象者が要求する場合にのみ提供される。対象者が15歳以下で明らかに自分で意思決定を下せない場合には、保護者や代理人・後見人・管財人が代わりに特別な援助やサービスを要求できる」（第8条）としている。

　また、福祉・介護サービス（第9条の特別な援助やサービス、第11条の対象者以外の人への支払い、第12条の返済、第16条の事前通達、第23条の民間業務の許可、第24条の是正命令・認可取消）に対する判定結果に不服な場合は、行政裁判所に訴えることができるようにもなっている（第27条）。

3）LSS 関連サービス受給内容

　2007年のLSS関連サービス受給者総数約56,800人のサービス受給内容を年齢構成別に示したものが表1である[55]。

　表1によると、サービス受給内容を多い順に並べてみると、日中活動（26,988人）、次いで、成人用特別住宅（21,599人）、コンタクトパーソン（18,002人）、

表1　LSS各サービス別受給者数（2007年10月1日）

サービス内容	0～22歳	23～64歳	65歳以上	合　　計
相談・個別援助	2,126	5,926	523	8,575
パーソナルアシスタント	767	2,267	317	3,351
ガイドヘルパー	3,889	4,808	966	9,663
コンタクトパーソン	3,281	13,227	1,494	18,002
レスパイトサービス	3,159	161	53	3,373
ショートステイ	8,805	1,263	53	10,121
延長学童保育	5,078	0	0	5,078
児童・青少年用と区別住宅	1,269	23	0	1,292
成人用特別住宅	926	18,275	2,398	21,599
日中活動	2,152	23,914	922	26,988

ショートステイ（10,121人）、ガイドヘルパー（9,663人）であった。これらを年齢構成別に見てみると、22歳以下ではショートステイ（8,805人）、延長学童保育（5,078人）、ガイドヘルパー（3,889人）の順となっていた。23～64歳では日中活動（23,914人）、成人用特別住宅（18,275人）、コンタクトパーソン（13,227人）で受給内容全体に影響を与えていた。65歳以上では成人用特別住宅（2,398人）、コンタクトパーソン（1,494人）、日中活動（922人）の順になっていた。

4）アシスタンス補償費受給者数

LASSのアシスタンス補償費を受けている人数は、2006年現在で合計15,183人となっている。その内訳が表2[56]に示してあるが、児童期（14歳未満、1,972人）、前期高齢期（60～64歳、1,887人）、高齢期（65歳以上、1,687人）でパーソナルアシスタンス制度を比較的多く利用していることがわかる。また、特別学校高等部を卒業するまでの24歳未満が28％（4,302人）に比べ、自立（自律）期の20～49歳以下が39％（5,849人）、衰退期に向かう50歳以上が40％（6,144人）となっており、どの年代も満遍なくパーソナルアシスタンス制度を利用していることがわかる。

2007年の市（コミューン）の支出額全体（4519億クローネ）に占めるしょうがい者関連支出額は481億クローネで、10.6％を占めていた[57]。また、市（コミューン）からの社会サービス法関連施策給付額は、社会サービス法・保健医療法関連施策76億クローネ（15.8％：在宅サービス9.1％、特別住宅6.7％）[58]、LSS関連施策給付額は、LSS、LASS関連施策400億クローネ（83.2％：ケア付き特

表2　アシスタンス補償費年齢構成別受給者数（人）

年齢構成	男　性	女　性	合　計
0～14歳	1,156	816	1,972
15～19歳	704	514	1,218
20～24歳	630	482	1,112
25～29歳	542	409	951
30～34歳	503	416	919
35～39歳	482	401	883
40～44歳	537	486	1,023
45～49歳	469	492	961
50～54歳	543	592	1,135
55～59歳	703	732	1,435
60～64歳	896	991	1,887
65歳以上	837	850	1,687
合　計	8,002	7,181	15,183

別住宅34.9％、パーソナルアシスタント29.9％、日中活動他18.3％）であった。

　なお、福祉サービスの申請は、本人または親族が市（コミューン）の福祉担当区事務所に行う。福祉サービス利用の申請があった場合には、申請者の申請内容をLSS査定員[59]が査定し、必要なケアの種類・量・内容などが決定される。なお、その際、知能検査などは原則として行われない[60]。査定結果に不服があるときには、行政裁判所に訴えることができる（LSS第27条）。LASSについては、社会保険事務所に直接本人が申請するか、市（コミューン）が本人に代わり申請する。

5）利用者負担

　先行研究で使用されたもの（やや古い資料が使われているため、この10年間に変更が生じているかもしれない）[61]を基に整理しながら、以下利用者負担について記していきたい。

　社会サービス法に基づくサービスの利用者負担については各市（コミューン）が決定できるものとされ、利用者本人の収入に応じた費用徴収が認められている。ただし、「実費を超えてはならないこと」「全ての利用料を支払った後に生活費が残らなければならないこと」「夫婦の一人が特別な住居に入居した場合、在宅で住んでいる配偶者の生活が経済的に悪化しないようにコミューンは保障しなければならないこと」が定められている。さらに、2002年より最高負担額・最低保障額が定められ、その範囲を超える利用者負担は求められなくなっ

た。

　LSSに基づく諸サービスは原則無料だが、家賃・余暇費などについては、実費を市（コミューン）が徴収することができる。LASSによる雇用助成金については、同金額を上限とした料金を徴収することができる。

　特別住宅やホームヘルプサービス等在宅介護サービスにおける利用者負担額については、各市（コミューン）が決定しているが、収入が考慮され、低所得者でも最低手元に一定額が残るような料金設定となっている。また、特別住宅の場合も一般の住宅と同様に、全てのしょうがい者が一定水準の家に住めるように家賃補助をする住宅付加手当が支払われるため、家賃を支払えずに入居できないということはない。逆に、高収入のしょうがい者の場合、高額なケア使用料やアパート賃貸料が課せられることになる。洗濯、掃除といった介護サービスにも自己負担を導入しているのは、できるだけ自立を促し、コスト意識をもたせるためであるという。

　2002年7月から、特別住宅、介護サービス費については低所得者のみならず、全しょうがい者・高齢者を対象に、自己負担上限と手元に残すべき最低保証額が設定された。また、最高負担・最低保証制度は、「高齢者・しょうがい者の援助に関する費用」と題する政府法案として2001年に可決され、これにより社会サービス法第8章が改変された[62]。これは、高齢者・しょうがい者の援助費用を補助する新しい給付制度であり、2002年7月1日から導入されている。それまで利用者の費用負担については市（コミューン）が独自に定めていたため、費用格差、収入の定義の違い、財産の考慮の仕方、最低額の対象範囲の違いなどが問題として指摘されていた。新しい制度では、国が最高負担額・最低保証額を決定することとなった。なお、この範囲内であれば自己負担をいくらにするかについては、市（コミューン）の決定に委ねられている。

　この制度の最高負担額として、高齢者・しょうがい者が市（コミューン）の提供する援助を受ける際の利用者負担額の上限が決められており、これ以上の額は請求されない。一方、最低保証額として、本人の収入・年金総額から援助サービス利用料を差し引いた残りの額として最低でも残すべき金額が定められており、最低限の生活費を保障するものである。なお、これらの金額は、物価基礎額の何パーセントというように決められており、物価基礎額自体は物価変

動などに準じて国が毎年見直すことになっている。

　この制度とともに、本人負担可能額を決定する際に根拠とされる本人収入の定義も国として統一された。本人収入は、1年間のみなし収入とし、年金や住宅手当（家賃補助）、預貯金の利子収入などが含まれるが、財産や子どもの収入は加味されない。また、夫婦の場合は、世帯収入を半分にしたものが本人の収入、家賃についても折半したものが本人の支出となる。したがって、「本人負担可能額（負担上限＝最高負担額）＝収入総額－支出総額」となる。

　なお、特別住宅の自己負担分の家賃や食費については市（コミューン）によって異なっており、補助額についてもまちまちである。

　　6）付加サービス

　上記同様、先行研究[63]を基に整理しながら、付加サービスについて記す。

　　ⅰ）社会参加支援

　社会参加のためのサービスが以下のとおり用意されている。

・ハビリテーション：しょうがいを負った機能を可能な限り発達させるために行われる。
・リハビリテーション：失われた機能を可能な限り回復させるために行われる。
・補装具の支給：本人に合った補助器具の給付。必要な期間、無料で貸し出される。
・手話等通訳サービス：聴覚・視覚しょうがい者に対する日常的通訳支援。異文化言語通訳も使用可。
・カウンセリング・助言・個別相談：生活条件や問題に対して特別な知識を必要とする助言や人的援助。専門家による医学的・心理学的・社会学的・教育学的助言が本人及び家族に与えられる。
・レクリエーション：文化活動へのアクセスを平等に保障するために、助成金が支払われる。
・交通サービス：医師の診断に基づく送迎サービスの提供。車イス利用者にはミニバスが、それ以外はタクシーが送迎にあたる。利用は無料に近い。要否認定基準、利用回数、利用距離、費用負担などは、市（コミューン）により多少の違いがある。国内旅行の送迎サービスも市が提供。市（コミューン）間の移送サービスには国が補助金を出している。

・自動車購入・改造：自動車、オートバイ、原付自転車の購入・改造費用補助。児童の親にも給付。

なお、ハビリテーション、リハビリテーション、補装具の支給、手話等通訳サービスは保健医療法で県（ランスティング）によって、カウンセリング、助言、個別相談などは県（ランスティング）が、レクリエーションは国がLSSに基づいて、交通サービスは市（コミューン）・県（ランスティング）・国が社会サービス法、移送サービス法、全国移送サービス法に基づいて、自動車の購入・改造費補助は国がしょうがい者自動車補助令に基づいて提供している。また、財源は税金で、県（ランスティング）または市（コミューン）の税収があてられる。その際、各県（ランスティング）・市（コミューン）に対して、使途が限定されない補助金（一般補助金）が給付される。

　ⅱ）就労支援

スウェーデンの労働市場政策は、最終的には全ての人が仕事をもつことを目標に掲げている。就労能力の低いしょうがいのある人たちに対して、社会保険給付による所得保障よりも、積極的な労働市場政策による就労保障を重視している。職場環境法では、雇用主は機能しょうがい者のニーズに対応した環境を整備することを義務付け、職場における機能しょうがい者に対する差別禁止は、他の差別同様「差別禁止法」で包括的に禁じている。[64]

就労支援は、「雇用の助成」「就業支援」「保護雇用」に分けられ、賃金補助法（しょうがい者雇用による雇用主への補助金支給。職場適応補助金の支給）、保護雇用法（保護雇用提供とSAMHALLにおける就労移行）等の法律により規定されている。なお、スウェーデンに割当雇用制度はない。また、市（コミューン）のレベルでは、機能しょうがい者で、仕事をもたない者に対して意味のある仕事、あるいは、日中活動を各コミューンが提供することを社会サービス法、LSSの両方で規定している。さらに、就業能力の査定、職業リハビリ、職業訓練指導は、雇用促進機関によって国の労働行政の一環として提供されている。この機関は、就労準備・職業訓練機関として位置づけられている。

主な就労支援の内容と対象者、受給者数は、次のようになっている。[65]

- 雇用助成金：他に就業の場がない身体的・精神的・知的・社会医療的なしょうがいのある人を雇用した場合、雇用主に対して賃金補助がなされる。期限は4年。その後は、3年ごとの審査を経て継続の有無が決定される。（支援対象者：身体的・精神的・知的・社会医療的なしょうがいにより就業能力がかなり低下した者で、他に就業する場がない者。2005年末受給者数：月平均58,600）
- 保護雇用・就労移行機会（SAMHALL）の提供：就業可能な者に対するSAMHALLでの雇用。65歳まで。SAMHALLは国営会社で、一般労働者と同等の給与を支給。発達支援や訓練が受けられる。従来は長期雇用だったが、現在は就労移行事業を行い、一般労働市場での雇用を目標としている。全国250カ所のSAMHALLで約22,000人が働いている。（支援対象者：同上。2005年末受給者数：20,700人）
- 公共部門における（公的）保護雇用：精神的・社会医療的なしょうがい者で、就業経験が全くないか、相当以前にしか就労したことのない者を対象に、公共部門での仕事とリハビリを提供。65歳まで。300カ所で、800の就労の場を提供。（支援対象者：同上。2005年末受給者数：月平均5,400人）
- 補助者付雇用：就労見通しのある一般の職場での試用期間中におけるジョブコーチによる特別な支援。期限は6カ月。12カ月まで延長が可能。（支援対象者：就労可能しょうがい者。2005年末受給者数：3,600人）
- 特別職業訓練所：職業適性検査、職業教育、労働環境整備、職業開拓など、しょうがい者一人ひとりに合わせた訓練と援助の実施。（支援対象者：就労可能しょうがい者。職業リハビリ：2005年末受給者数49,298人）
- 日中活動の提供：社会サービス法では機能しょうがい者。LSSでは全対象者（区分1～3）。就業可能な年齢の者で、職業をもたず学業にも就いていない者を対象にした仕事や日中活動。活動に対して日当に相当する手当が支給される。（支援対象者：社会サービス法では機能しょうがい者。LSSでは区分1～3の全対象者）

なお、就労に関する財源・保険料負担は、社会サービス法、LSSに基づき、全て税金でまかなわれており、保険料負担はない。また、社会サービス法、

LSSに基づくものは市(コミューン)、それ以外は、国のAMS(労働市場庁)が主体となり、各県(ランスティング)の労働市場局、市(コミューン)にある国の公共雇用サービスや雇用促進機関を通じて実施されている。若年向けプログラムは、各市(コミューン)が担っている。

また、2004年に実施されたしょうがい者就労状況調査によると、16～64歳のうち、しょうがいがある人が18.8%(100万人)おり、10.8%(623,000人)がそのしょうがいにより労働能力が低下したと答えていた。一方、スウェーデンの16～64歳人口全体の雇用率は72.9%、しょうがいがない人の雇用率は75.5%、しょうがいがある人で、労働能力が低下していない人の雇用率は76.8%、労働能力が低下している人の雇用率は50.4%という結果になっていた。すなわち、労働能力が低下していて雇用されている人は、30～32万人程度いることになる。

認定主体は、日中活動については市(コミューン)の福祉担当区事務所で、それ以外については国の労働市場庁の出先機関である職業安定所で行われる。就労支援を受けたい場合は、これらの事務所に登録を行う。就業しょうがい者として登録するかどうかはあくまでも本人の自由意志であり、就労年齢(16～64歳)が対象となる。

日中活動については、市(コミューン)により認定基準が異なる。それ以外の就労支援については、職業安定所の職員がしょうがいコードに基づき判断する。このしょうがいコード[66]は、しょうがい診断及び欠損状況の事項からなる。これにより就業不能とされた場合、雇用促進機関に送られ、判定テスト(様々な労働・心理的性向テスト、実践訓練)が実施される[67]。

ⅲ)所得保障

制度名・準拠法:何らかの理由(しょうがいも含む)により、就労が一時的に不可能になったとき、所得保障として支給されるのが、傷病手当、労働災害手当、失業手当などである。これらは一時的なものであるが、年金受給前に、中長期的に給付されるものとしては、老齢年金受給以前(16～64歳)の労働能力が低下した人に対して給付される「活動/疾病補償」がある。また、恒久的なしょうがい者に対しては「しょうがい手当」、しょうがい児の介護にあたる親に対しては「病児・しょうがい児介護手当」や「特別年金加算」が支給さ

れる。

　　a）給付内容
・活動／疾病補償：これまでのしょうがい年金・一時的しょうがい年金に置き換えて 2003 年 1 月から導入された制度である。これまでは年金保険の一給付であったが、長期疾病にある者の急増に伴い、新たな制度となり、疾病保険に移された。疾病やしょうがいのために労働能力が 4 分の 1 以下に低下し、その状態が 1 年以上続いている 19 歳以上の者に対して給付される。19 〜 29 歳には活動補償金、30 歳以上は疾病補償金として支払われ、いずれも所得比例あるいは補償額（定額）の形で支払われる。給付額は半額、3/4、満額の 3 通りある。

　所得比例の場合は、推定収入に基づき支払われる。推定収入とは、年齢毎に設定された期間（5 〜 8 年）における、その人の最高年収及び 2 番目、3 番目に高かった年収の平均額で、満額でこの 64％が支払われる。設定期間は、46 歳未満であれば 8 年間であり、それ以上の年齢であれば短くなる。

　補償額（定額）は、所得が低い者に適用され、疾病保険に 3 年以上加入していた場合のみ給付される。満額を受け取るには、将来の（65 歳定年までの）保険加入期間も含め、40 年以上の加入期間を要する。30 歳までは年齢に応じてスライドする。20 歳は年に物価基礎額の 2.1 倍が支給され、この倍率が徐々に上がり、29 歳で 2.35 倍となる。30 〜 64 歳については 2.40 倍となる。若年の受給者は若くしてしょうがいを負うため、年金制度において自分を保障するに足る所得が得られるような職業に就く機会がなく、そのため大多数が基礎水準の補償額しか受け取れない。活動補償を受給する人のうち 71％がこの補償額（定額）のみの受給となっている[68]。

　なお、活動補償を受給している間も就労し続けることができるが、給付期間は限定されている。しょうがいのために初等教育あるいは中等教育を終了していない若者については、その学業の期間中も給付される。疾病補償については、一定の期間あるいは雇用主からの通知があるまで受給することができるが、通知された後は打ち切られる。

・しょうがい手当：病気やしょうがいにより、日中活動、労働、学業などにおいて、相当程度の介護を要する、あるいは、しょうがいに伴い追加費用がか

かる19～64歳の者に給付される。追加費用としては、医薬品、衣類の消耗、旅行などが含まれる。しょうがい手当の支援内容としては、日中活動、仕事、学業などにおいて、より一層の時間を消費する人手を必要とする場合、あるいは、相当額の追加出費が必要な場合、そのニーズに応じて物価基礎額の36、53、69％のいずれかが年あたり給付される。2006年の物価基礎額の場合は39,700クローネであるため、この金額は1,191、1,753、2,283クローネとなる。

　しょうがい手当は、活動／疾病補償の代わりに、あるいは、これに加えて支給される。なお、施設でケアを受けている場合は、給付されない。
・病児・しょうがい児介護手当：重度重複児・重症児、あるいは、しょうがい児をもつ親に対して給付される。この手当の目的は二つあり、一つは子どもの世話を見たり付き添うという親の行為を補償するもので、もう一つは子どもの病気やしょうがいにより発生する追加的コストを補償するものである。さらには、親が子どもの世話や付き添いをしたことで、働くことができなかった分の所得の損失を補償するものである。この手当は、フルタイムで働いたとしても受給できる。受給額はその子どものニーズに応じ、1/4、半額、満額のいずれかが受け取れる。満額で1年につき物価基礎額の250％と定められており、2006年現在、満額で8,271クローネである。在宅であれば19歳まで受け取ることができる。また、施設や病院などで介護されている場合は、最大で6カ月まで受給することができる。病状が非常に悪い場合は、さらに6カ月受給することができる。

　b）財源・保険料負担・認定等

　制度ごとに各社会保険が財源となっており、傷病手当、しょうがい手当、活動／疾病補償、病児・しょうがい児介護手当についてはいずれも疾病保険から給付される。各手当の対象者・支給条件は以下のとおりである。なお、財源は保険料、利子収入、県（ランスティング）の税金、雇用主負担金（拠出金）からなる。保険料については被用者の場合本人負担はなく、雇用主のみの負担であり、自営業者の場合は本人のみの負担となる。なお、自営業者の疾病保険保険率は、傷病手当の給付までの待機日数（無給付期間）を長くすることにより、その料率を下げることができる。[69]

・**傷病手当**：傷病で労働能力が 1/4 以下に低下した者で、国民保険に加入し、就労所得が一定額（2005 年現在 9,500 クローネ）以上の場合。被用者の場合、最初の 14 日間は雇用主から傷病賃金が支給される。
・**しょうがい手当**：病気やしょうがいにより日中活動、労働、学業で相当程度の介護を要する、または、より費用がかかる場合で、65 歳より前にしょうがいや病気になり、かつ介護を要する状態が 1 年以上続いている場合。19 歳から 64 歳まで給付。
・**活動／疾病補償**：傷病により労働低下が 1/4 以下に低下し、かつその低下が少なくとも 1 年間続くことが予想される場合。19 歳から支給され、19 〜 29 歳に対しては活動補償、30 〜 64 歳に対しては疾病補償を給付。給付額は、所得比例。低所得者の場合は、定額で支払われる。
・**病児・しょうがい児介護手当**：病児・しょうがい児の介護にあたる親が対象。しょうがいのために子どもが少なくとも向こう 6 カ月間特別なケアを必要とするか、相当の費用負担を伴う場合。子どもが 19 歳になるまで支給される。

　認定等はいずれも社会保険事務所でなされ、しょうがい手当、病児・しょうがい児手当に関しては、先述の LASS によるパーソナルアシスタント雇用費用補償と同様、対象者個人のニーズに関する詳細な審査が行われる。家族の状況、住居の状況、身体的状況、しょうがいの特性、様々な日中活動を行うのにかかる時間などについて調査する。いずれについても申請の際に、疾病またはしょうがいに関する医師の意見書を提出する。なお、病児・しょうがい児手当については、特に所得審査は行わないため、フルタイムで働く親にも受給資格がある[70]。

　職場あるいは通勤途中の事故など労働環境に起因する全ての健康しょうがい（労働災害）が生じた人には労働災害手当が労働災害保険から給付され、その財源は雇用主のみ負担の保険料である。失業者を対象とする失業手当は失業保険から給付され、その財源は加入組織の会員の会費と、国からの補助金からなる。特別補足年金（従前病児・しょうがい児の介護のために 6 年以上就業できない状態が続いたために年金ポイントを確保できなかった年金者に支給。受給するためには、当該病児・しょうがい児が旧しょうがい年金・一時しょうがい

年金としょうがい手当あるいは類似の手当を受けていたことが条件）は年金保険から給付され、被用者の場合は労使双方、自営業者の場合は本人のみ負担の保険料、および、国の税金が財源である。

2　しょうがい児のための地域生活支援策

表3にスウェーデンの入所施設入居者数年次推移[71]が示されている。この入所施設入所者数は1998年当時の社会庁調査によるもののため、1999年度、2000年度の数値は予測値である。1997年の特別病院・入所施設解体法により2000年1月1日から入所施設は全廃された。具体的には、2000年度の統計一覧から入所施設の項が全てなくなり、表3の86人の人たちは施設敷地跡の建物を利用して用意されたグループホームに措置替えになったり、地域のグループホームへと暫時移行していった。

表3　スウェーデンの入所施設入居者数年次推移

年	入所施設入居者数（人）	
	成人施設	児童施設
1974	13,150	2,685
1983	9,504	712
1986		（受入停止）
1990	5,098	71
1992	3,640	
1993	2,500	
1994	2,087	
1995	1,785	
1996	1,269	
1997	959	
1998	717	
1999	631	
2000	86	

1986年に施行された精神発達遅滞者等特別援護法により児童施設への新規入所は認められなくなり、残っていた子どもたちも1990年12月31日をもって全員施設を去り、ある子どもは親元へ、ある子どもはこの子どもたちにあった特別住宅などに移っていった。

上記のことから、入所施設を中心としたしょうがい児施設は、現在、スウェーデンには存在しない。代わりに存在しているのは、社会サービス法や

LSSに基づく様々な種類の在宅サービスであり、しょうがい児施設に相当すると思われるものを取り上げて述べる。

(1) しょうがい児施設の種別と数（または利用人数）
1) 社会サービス法に基づくしょうがい児（0～24歳）へのサービスと施設

表4～7に、社会サービス法及び保健医療法に基づく各市（コミューン）から報告があった対象児童のサービス一覧（2007年10月1日付、一部9月付）を示す[72]。なお、後述する特別諸学校への在籍が24歳まで可能となっているため、しょうがい児の範囲を0～24歳として記す。

表4～7から、社会サービス法の場合、しょうがい児施設に相当するものは、①特別住宅、②日中活動、③ショートケア・ショートステイであることがわか

表4　しょうがい児向サービス利用概数（全体、人）（2007年10月1日）

社会サービス法関連サービス内容	0～19歳		20～24歳		計
	女	男	女	男	
特別住宅	16	22	25	48	111
ホームヘルプサービス	138	213	173	154	678
在宅日中生活援助	55	72	308	322	757
緊急通報アラーム配布	6	9	55	40	110
日中活動	12	8	74	82	176
ショートケア・ステイ	54	116	20	23	213
親族・在宅介護手当	35	49	16	29	129
コンタクトパーソン家族	172	220	116	91	599
その他のサービス	57	97	95	87	336

表5　在宅しょうがい児向サービス利用数（人）（2007年10月1日）

社会サービス法関連サービス内容	0～19歳		20～24歳		計
	女	男	女	男	
ホームヘルプサービス	138	213	173	154	678
在宅日中生活援助	53	68	284	309	714
緊急通報アラーム配布	6	9	55	40	110
日中活動	10	7	62	74	153
ショートケア・ステイ	53	112	18	14	197
親族・在宅介護手当	35	49	16	29	129
コンタクトパーソン家族	168	219	112	83	582
その他のサービス	54	83	58	50	245

表6 特別住宅居住しょうがい児向サービス利用数（人）（2007年10月1日）

社会サービス法関連サービス内容	0～19歳 女	0～19歳 男	20～24歳 女	20～24歳 男	計
ホームヘルプサービス	3	7	6	13	29
日中生活援助	1	1	5	1	8
日中活動	1	0	6	3	10
ショートケア・ステイ	0	1	0	6	7
コンタクトパーソン家族	0	0	3	3	6
その他のサービス	3	6	5	7	21

表7 その他の住宅居住しょうがい児向サービス利用数（人）（2007年10月1日）

社会サービス法関連サービス内容	0～19歳 女	0～19歳 男	20～24歳 女	20～24歳 男	計
ホームヘルプサービス	9	4	5	3	21
在宅日中生活援助	1	3	19	12	35
日中活動	1	1	6	5	13
ショートケア・ステイ	1	3	2	3	9
親族・在宅介護手当	0	0	0	0	0
コンタクトパーソン家族	4	1	1	5	11
その他のサービス	0	8	32	30	70

る。

　①の特別住宅とは、社会サービス法第5章第7条に規定されているもので、身体的、精神的、または、その他のしょうがいを併せもつ重度のしょうがい者が居住する住まいのことを指している。なお、最大でも4人と小規模のものが多い。

　②の日中活動とは、日中住まいを離れて意義のある活動に従事する日中活動の場のことで、在宅のみならず特別住宅の居住者も補完的サービスとして利用可能なものを指す。

　③のショートケア・ショートステイとは、短期間のリハビリや在宅医療を特別住宅で受けるサービスのことを指しており、家族の負担軽減、入居待ちケア、退院後すぐの中間的利用のために利用される。短期のものをショートケア、やや期間の長いものをショートステイという。[73]

　①の特別住宅に関連し、児童から成人に至るまで（0～64歳）の特別住宅の形態とその割合を表8に示しておく。[74] 0～24歳までのしょうがい児もこのタイプの特別住宅に居住していることになる。

表8　特別住宅の形態とその割合

特別住宅のタイプ	割合（％）
1室に複数のベッド	1
1室のみ（台所・トイレ・浴室は共有）	5
1室のみ（台所のみ共有）	14
1～1.5室と占有の台所・トイレ・浴室	47
2室と占有の台所・トイレ・浴室	28
3室以上と占有の台所・トイレ・浴室	1
その他のタイプ	3

　施設設置数は2）のLSSのサービスと重なり合う部分が相当あると思われるため、2）で示す表9のLSSに基づくしょうがい児用サービス利用数一覧から推測していただきたい。なお、スウェーデンのしょうがい児用特別住宅は、LSSに基づく養育家庭と児童用グループホーム（特別住宅）からなっていることが多く、児童用グループホーム（特別住宅）のように24時間介護体制を取っている場合でもグールプの人数は原則として最大4人までとされており、最低でも6人以上（利用者のしょうがいの程度により加算されていく）の職員が配置されることになっている。

　2）　LSSに基づくしょうがい児（0～22歳）へのサービスと施設

　表9に、LSSに基づく各市（コミューン）から報告があったしょうがい児が利用しているサービス一覧（2007年10月1日付）を示す[75]。なお、LSSで児童認定されているのが22歳までのため、しょうがい児の範囲を0～22歳として記す。

表9　LSSに基づくしょうがい児用サービス利用数（人）一覧（2007年10月1日）

LSS サービス内容	0～6歳			7～12歳			13～22歳			合　計		
	女	男	計	女	男	計	女	男	計	女	男	計
相談・個別援助	65	87	152	122	214	336	659	979	1,638	846	1,280	2,126
ＰＡ	45	51	96	79	134	213	187	271	458	311	456	767
ＬＳサービス	9	15	24	176	315	491	1,320	2,054	3,374	1,505	2,384	3,889
ＫＰ	1	4	5	45	70	115	1,422	1,739	3,161	1,468	1,813	3,281
ＡＬサービス	228	405	633	472	916	1,388	405	733	1,138	1,105	2,054	3,159
ショートステイ	217	310	527	863	1,605	2,468	2,345	3,465	5,810	3,425	5,380	8,805
延長学童保育	0	0	0	52	84	136	1,932	3,010	4,942	1,984	3,094	5,078
学童用特別住宅	10	7	17	21	80	101	422	729	1,151	453	816	1,269

（注）ＰＡ：パーソナルアシスタンス、ＬＳサービス：ガイドヘルプサービス、ＫＰ：コンタクトパーソン、ＡＬサービス：レスパイトサービス、学童用特別住宅：児童・青少年用特別住宅

表9からは、LSSに基づくしょうがい児施設に相当するのは、①延長学童保育、②学童（児童・青少年）用特別住宅（養育家庭も含む）の2種類であることがわかる。

①の延長学童保育とは、通常の学童保育サービスでは給付されない12歳以上の学童に対して、授業前、放課後、休日に提供されるサービスのことを指している。

②の学童用特別住宅とは、親と同居困難なしょうがい児に対して、養育家庭または児童用グループホームで生活できるサービスのことを指している[76]。ショートステイとしての利用も可能となっている。かつては児童養護施設としての位置づけがなされていたが、今日では一般家庭で養育を受ける養育家庭と家庭的な雰囲気をもつ小規模（集団規模が4人以下で児童用グループホームとも呼ばれている）の特別住宅で構成されている。なお、最大でも4人と小規模のものが多い。

3）学校教育法[77]に基づくしょうがい児（0〜24歳）へのサービスと施設

学校教育法に基づいてしょうがい児も利用していると思われる施設は、①就学前学校型活動、②学童援護活動、③各種特別学校、④その他の特別教育、である。統合保育・教育が推進されているため、就学前学校や通常学校（9年制基礎学校、高等学校）にもしょうがい児が数多く通っているが、しょうがい児数の算出は困難である。

①の就学前学校型活動には、就学前学校（保育園、時間制グループ活動を含む）、家庭（保育ママ）保育、オープン就学前学校がある。オープン就学前学校とは、しょうがいの有無に関わらず利用できる統合された就学前学校または保育の場である。また、6歳になると、学校に慣れるために、全員就学前学校に通うことになっている。これは、教育委員会の責任で行われることになっている。しょうがい児数の算出は困難なため、参考までにしょうがい児も含めた就学前学校型活動の施設数・利用者数を表10に示す[78]。

②の学童援護活動には、学童保育、家庭学童保育、オープン学童保育活動がある。オープン学童保育活動とは、しょうがいの有無に関わらず利用できる統合された学童保育の場である。いずれもしょうがい児数の算出は困難なため、参考までにしょうがい児も含めた学童援護の施設数・利用者数を表11に示す[79]。

表10　就学前学校型活動の施設数・利用者数（しょうがい児も含む）（2007年）

施設の種類	施設数	0歳	1歳	2歳	3歳	4歳	5歳	6歳	7歳	計（人）
就学前学校	9,716	11	49,326	88,217	92,057	93,954	91,441	1,591	344	416,941
家庭保育		0	3,590	5,869	5,932	5,469	4,728			25,588
オープン就学前学校	455	(年齢別利用者数は不明)								

表11　学童援護の施設数・利用数（しょうがい児も含む）（2007年）

施設の種類	施設数	5歳	6歳	7歳	8歳	9歳	10歳	11歳	12歳	計（人）
学童保育	4426	808	79,407	79,344	74,281	64,519	22,932	8,838	4,434	334,563
家庭学童保育			649	534	428	335	183	116	54	2,299
オープン学童保育	605	(年齢別利用者数は不明)								

　なお、①の就学前学校型活動でも、②の学童援護活動でも、特別な援助を必要とする子どもは、特別な援助を要求することができる。その際、各市（コミューン）は、県（ランスティング）のハビリテーションチームと共同で良いサービス（その子どもに合った活動、グループ構成、教育的支援、職員配置など）が提供できるように協議・検討を行うことになっている。

　③の各種特別学校には、基礎特別学校、訓練学校、高等特別学校（職業教育も含む）、（分離）特別学校がある。表12には、2007年の特別諸学校の施設（学校）数・利用者数を示してある。

　基礎特別学校とは、9年制の義務教育課程で、原則として7〜16歳のしょうがい児が在籍しており、18歳まで在籍が可能となっている学校のことを指す。

　訓練学校とは、基礎特別学校と同様の位置づけにあり、比較的重度のしょうがい児が通っている学校のことを指す。高等特別学校とは、高等学校に相当する4年制課程の学校で、原則として17〜20歳のしょうがい青年が在籍しており、24歳まで在籍が可能となっている学校のことを指す。

　（分離）特別学校とは、義務教育課程と高等部をもつ13年制の学校で、原則として7〜20歳までのしょうがい児が在籍しており、24歳まで在籍が可能である。上記特別諸学校が通常学校に敷地内統合されているのに対して、この（分離）特別学校は完全分離型の学校である。

　④その他の特別教育には、学校卒業後に教養を身につけたり資格を得るためなどに通う国民高等学校、就労をしていても日中活動に参加していても週1回は無料で参加できる知的しょうがい者向け特別成人学校がある（表13参照）。特別成人学校とは、基礎特別学校レベル、訓練学校レベル、高等特別学校レベ

表12 特別諸学校の施設（学校）数・利用者数（2007年）

施設・学校の種類	施設・学校数	利用数（人）
基礎特別学校（訓練学校含）	722	13,884
高等特別学校	265	8,693
（分離）特別学校	8	514
視覚しょうがい校	1	10
聴覚しょうがい・言語しょうがい校	7	504

表13 学校卒業後の施設（学校）数・利用者数（2007年）

施設・学校の種類	施設・学校数	利用数（人）
国民高等学校[81]		16,483
2007年秋期長期コース		8,590
2007年秋期短期コース他		7,893
特別成人学校	222	4,990
基礎特別学校レベル	7	504
訓練学校レベル	174	1,550
高等特別学校レベル	150	1,420

ルに分けられている学校で、多くの市（コミューン）に配置されている。これらの教育支援活動は、スウェーデンの福祉サービスを側面的に支える重要な社会参加活動と位置づけられており、わが国でも今後積極的に検討する余地のあるサービスである。

4）保健医療法に基づくしょうがい児（0～24歳）へのサービスと施設

保健医療法に基づき、各県（ランスティング）は、県（ランスティング）内に住む人たちに、平等に良い保健・医療サービスを提供しなければならないとされている（第2条）。また、しょうがいのある人たちには、ハビリテーション、リハビリテーション、福祉機器を、さらには、通訳サービスを提供しなければならないことになっている（第3条b）。このうち、しょうがい児施設に関わる機関は、ハビリテーションに限られているため、以下ハビリテーションに限定して報告をする。

ハビリテーションとは保健・医療的関わりによってしょうがい児の新しい能力や可能性を発達させること[82]を意味しているが、各自治体では医療機関を中心に、何らかの組織的な対応を行い、様々な機能しょうがい（例えば、知的しょうがい、身体しょうがい、自閉症、アスペルガー症候群、自閉的傾向のある人、視覚しょうがい、聾、重複しょうがい、ADHD等の発達しょうがい）のある人たち

に、理学療法、作業療法、特別教育、社会福祉、心理学、医療、看護的な働きかけを行っている。ストックホルム県(ランスティング)のように、21のハビリテーションセンターを設置し、ハビリテーションチームをもって組織的に対応しているところもある。

全国にどのような施設がどのくらいあるのかを把握するのは難しいが、社会庁が2003年に行った調査結果から、ハビリテーションを行っている医療機関の種別・設置数・割合を表14として紹介する。

表14 ハビリテーションを行っている医療機関種別・設置数・割合(2003年)

医療機関種別	設置数	割合(%)
子ども医療センター	20	10
児童精神医療センター	28	14
児童青少年ハビリテーションセンター	40	21
視覚しょうがいセンター	28	14
聴覚しょうがいセンター	4	2
言語治療センター	18	9
聴覚しょうがい支援センター	3	2
その他の医療機関	53	28
計	194	100

(2) 利用の条件

1) 社会サービス法に基づくしょうがい児施設の利用条件

社会サービス法に基づくしょうがい児施設に相当するのは、①特別住宅、②日中活動、③ショートケア・ショートステイ、の3種類だが、いずれもニーズのあるしょうがい児で、認定された者が利用できる。

2) LSSに基づくしょうがい児施設の利用条件

日常的に多くのしょうがい児が求める特別なサービスは、LSSに基づいて給付される。その際、「(2) サービス受給対象者としてのしょうがい者」で示した区分1～3(53頁)で整理されている。LSSに基づくしょうがい児施設に相当するのは、①延長学童保育、②児童・青少年用特別住宅(養育家庭も含む)、の2種類だが、利用条件が次のように制限されている。

①延長学童保育:12歳以上の学童で、通常の学童保育サービスの対象となっていない児童。

②児童・青少年用特別住宅：親と同居困難な児童・青少年（多くが学童）。子どもや家庭の状況に応じて柔軟に利用されている。なお、養育家庭となれるのは、同じような年齢の子どもがいる家庭が望ましいとされている。

3）学校教育法に基づくしょうがい児施設の利用条件

性差、地理的・社会的・経済的等の理由の如何に関わらず、全ての児童・青少年は、教育を受ける権利を有している（第1章第2条）。どの就学前学校、通常の基礎学校、基礎特別学校、訓練学校、高等特別学校、（分離）特別学校へ行くかを決めるのは、本人または親族で、学校側は、本人が十分な教育が受けられるように学校をあげて支援しなければならない。公教育は全て無料で、学校教育を受けるための行き帰り、学校での介護・放課後の活動等は、公教育・教育生活の保障という観点から福祉サービスの併用で無料で行われることになっている（第2章）。したがって、就学前学校型活動、学童援護活動、各種特別学校、その他の特別教育に関わる施設設備等は、いずれもニーズのあるしょうがい児で、認定された者が利用できることになっている。

4）保健医療法に基づくしょうがい児施設の利用条件

保健医療法に基づくしょうがい児施設に相当するのは、ハビリテーションセンターだが、いずれもニーズのあるしょうがい児で、認定された者が利用できることになっている。ただ、各県（ランスティング）によりハビリテーションセンターの設置の仕方はまちまちで、医療機関毎に独自の方法で対応しているところもある。したがって、各県（ランスティング）によって利用条件や質が若干異なっているのが実態だが、平等に良い保健・医療サービスを提供するために（保健医療法第2条）、各県（ランスティング）の努力が続けられている。

（3）予算

2008年度の国家総予算額は9,570億クローネで、2007年度は9,380億クローネであった。また、各領域に振り分けられる予算は、2008年度7,570億クローネ、2007年度7,692億クローネであった。そのうち、社会保障・保健医療に占める予算は2008年度1,676億クローネ、2007年度1,662億クローネ、教育に占める予算（研究費等も含む）は2008年度447億クローネ、2007年度422億クローネであった[85]。これらの国家予算を参考にしながら、しょうがい児施設

（教育施設も含む）関連の予算を見ていくことにする。なお、社会サービス法および LSS に基づくしょうがい児へのサービス（特別住宅、日中活動、ショートケア・ショートステイ、延長学童保育、学童用特別住宅等）関連予算の詳細は把握することができなかった。

1）学校教育法に基づくしょうがい児へのサービスと施設に対する予算

①就学前学校型活動（就学前学校・家庭保育・オープン就学前学校）②学童援護活動（学童保育・家庭学童保育・オープン学童保育活動）：共にしょうがい児数の算出は困難なため、参考までにしょうがい児も含めた就学前学校型活動の予算概要を表 15 に示す。[86]

表 15　しょうがい児も含めた就学前学校型活動・学童援護活動の予算概要

活動の種類	国家予算 （クローネ）	市予算 （クローネ）	人件費 （クローネ）
就学前学校型活動・学童援護活動	58,584,957		
就学前学校	44,616,904	37,934,636	(27,971,981)
家庭保育	2,605,658	2,226,315	(1,882,937)
学童保育・家庭学童保育	10,909,251	10,025,812	(7,282,548)
オープン就学前学校・学童保育	273,526		

（注）予算単位：1,000 クローネ

③各種特別学校：2007 年度の各種特別学校に属する基礎特別学校（訓練学校も含む）、(分離) 特別学校の予算概要を表 16 に示す。[87] なお、高等特別学校予算は高等学校予算に組み込まれているため、参考までに高等学校予算額を示しておく。

表16　基礎特別学校（訓練学校も含む）、(分離) 特別学校の予算概要 (2007 年)

活動の種類	国家予算	市予算	（人件費）
基礎特別学校（訓練学校も含む）	3,623,333	1,907,572	
高等特別学校			
（参考）高等学校総予算	32,541,908	27,109,521	(12,788,492)
（分離）特別学校	418,254	145,876	

（注）予算単位：1,000 クローネ

④その他の特別教育：2007 年度の特別成人学校の予算概要を表 17 に示す。[88]

表 17 特別成人の予算概要 (2007 年)

活動の種類	国家予算	市予算	(人件費)
国民高等学校	(予算額不明)		
特別成人学校		198,990	(115,826)

(注) 予算単位：1,000 クローネ

2) 保健医療法に基づくしょうがい児へのサービスと施設に対する予算

　ハビリテーションに要する国家予算、各市 (コミューン) の予算は不明だが、南ストックホルム医療区の 2001 年度の調査によると、同医療区の各病院を訪れハビリテーションを利用したしょうがい児にかかった費用は 20,997,000 クローネであった (表18)。これは、南ストックホルム医療区[89]の 0 〜 19 歳の子どもたちが医療に費やした費用総額 (421,147,000 クローネ) の 5 ％に相当する額であった。

表18　南ストックホルム医療区の 0 〜 19 歳児のハビリテーション費用 (2001 年)

費 目	医療費 (クローネ)	割合%
ハビリテーション費	20,997,000	5.0
(0 〜 19 歳児童の医療費総額	421,147,000)	

注

1) Lag om undervisning och vård av bildbara sinnesslöa. (SFS 1944:477)
2) 加瀬進、1988 年「スウェーデンにおけるノーマライゼーションに関する研究 I：1967 年援護法の位置づけと初期理念」第 26 回日本特殊教育学会。
3) Lag om undervisning och vård av vissa psykiskt efterblivna. (SFS 1954:483)
4) 前掲書 (加瀬、1988 年)。
5) Lag angående omsorger om vissa psykiskt utvecklingsstörda. (SFS 1967:940)
6) Nirje, B., 1969, The Normalization Principle and Its Human Management Implications. In R. B. Kugel, and W. Wolfensberger, Changing patterns in residential services for the mentally retarded. Washington, D.C.: President's Committee on Mental Retardation.
7) 加瀬進・大井清吉、1986 年「スウェーデンにおけるノーマライゼーションに関する研究 II：1967 年精神発達遅滞者援護法改正をてがかりとして」第 24 回日本特殊教育学会。

8) Omsorgskommittén.
この委員会から出されている次の報告書の中に、新援護法の内容を垣間見ることができる。
Omsorger om vissa handikappade. Betänkande från omsorgskommittén. (SOU 1981:26)
9) Preposition om socialtjänstlag. (prop 1979/80:1) に関する情報源は、下記文献による。
Institutionsavveckling － Utvecklingsstörda personers flyttning från vårdhem. Socialstyrelsen. (1990:11)
10) 同上（p9）。
11) Lag om särskilda omsorger om psykiskt utvecklingsstörda m fl. (SFS 1985:568)
12) 前掲書（加瀬・大井、1986年）。
13) Handikappkommittén.
14) Handikapputredning, 1991, *Handikapp Välfärd Rättvisa.* (SOU 1991:46)
15) Handikapputredning, 1992, *Ett samhälle för alla.* (SOU 1992:52)
16) Lag om stöd och service till vissa funktionshindrade. (SFS 1993:387)
17) Lag om assistansersätning. (SFS 1993:389)
18) Lag om handikappombudsmannen. (SFS 1994:749)
19) Diskrimineringslag. (2008:567)
20) Diskrimineringsombudsmannen.
21) Lag om avveckling av specialsjukhus och vårdhem. (SFS 1997:724)
22) 前掲書（Socialstyrelsen, 1990）。
23) Mehr, H., 1958, *Det nya Carlslund.* Anförande av borgarrådet Hjalmar Mehr vid invigningen av Carlslunds nya vårdavdelningar m.m. den 3 September 1958. Stockholm: Stockholms stads centralstyrelse för undervisning och vård av psykiskt efterblivna. (pp5-7)
24) Socialtjänstlagen. (1980:620)（第1条）。
25) 同上（第6条）。
26) SOU (Statens offentliga utredningar). *Handlingsprogrammet för handikappfrågor.* (1982:46)
27) Lag om införande av lagen om särskilda omsorger om psykiskt utvecklingsstörda m.fl.. (1985:569)
28) Omsorgskommittén.
29) 前掲書（SOU 1991:46, p249）
30) 前掲書（SOU 1992）
31) Lag om stöd och service till visa funktionshindrade. 1993:387

32）Lag om införande av lagen om stöd och service till visa funktionshindrade.（1993:388）
33）同上（第6条）。
34）施設カールスルンドの誕生から解体に至るまでのプロセスは主に下記二つの文献を参考にした。
　　河東田博『スウェーデンの知的しょうがい者とノーマライゼーション』現代書館1992年（第2章：pp58-75）。
　　Ericsson, E., 2002. *From Institutional Life to Community Participation*. Acta Universitatis Upsaliensis: Uppsala Studies in Education 99,（第1章：pp15-32）。
35）Gunnarsson, V., 1989, Så tillkom och utvecklades Carlslunds vårdhem. In: Projekt handikapprörelsens historia (ed.), *Handikapp historia seminarium 1989: Begåvningshandikappades historia*. Arbetarrörelsens arkiv och bibliotek.
36）1986年以降スウェーデンでは、グループホーム（grupphem）を地域グループ住居（gruppbostard）と呼んでいる。グループホームという名称が、保護ホーム（vårdhem）と呼ばれていた当時の入所施設を想起させるといった指摘や施設内グループホームは地域の住居ではないという知的しょうがいのある人たちからの提起による名称変更である。しかし、本稿では読者にわかりやすいように、地域グループホームと記すことにした。
37）Ericsson, K. et al., 1983, *Avvecklingsplan för ett vårdhem*. Psykisk utvecklingshämning nr2.
38）Projekt för avveckling av Carlslund och Klockbacka, 1981, *Plan för Carlslunds och Klockbackas avveckling*. Stockholms läns landsting omsorgsnämnden.
39）ストックホルム県が全国に先駆けて示した地域グループホームのタイプ別分類である。下記文献を基に記述したが、今日では多様な形態の地域グループホームが見られてきており、このような分類はされなくなった。特に4人を基準とする地域グループホームでの（家的機能をもつ）広い機能的な生活空間の保障は、グループホームの概念を大きく変えたと言っても過言ではない。
　　Hellqvist, L., 1982, *Inackorderingshem, bostadsgrupper, vårdhem*. Stockholm läns landsting.
40）河東田博、1986年「障害者福祉に新たな流れ（上）（下）」共同通信社配信。
41）2002年に発表されたエリクソンの文献は注34のEricsson（2002）だが、本稿ではこの文献の第1章（pp15-32）を適宜引用・要約した。
42）Omsorgsnämnden, 1975, *Carlslunds framtida vårdinriktning*. Memo. Stockholm: Stockholms läns landsting. pp11-17.
43）孫良、2008年「イギリスの脱施設化から見られる職員の『脱施設化』プロセス——修正版グランデッド・セオリー・アプローチを通して」『神戸学院総合リハビ

リテーション研究』3(1), pp65-85.
44) 岸田隆、2008年「障害のある人の地域生活を支えるサービスについて――長野市『森と木』の実践から――」『社会福祉学評論』8, pp37-49.
45) Socialtjänstlag, 2001:453.
　今日まで社会サービス法（2001:453）等の改正を受け数多くの法律に加筆・修正が行われてきているが、大筋は変わらないため、本稿のLSS訳は、下記文献を利用した。
　ハンソン友子・河東田博（訳）、2001年「一定の機能的な障害のある人々に対する援助とサービスに関する法律（LSS）」pp222-229、河東田博『スウェーデンの知的しょうがい者とノーマライゼーション』（第3版第2刷）.
46) Hälso- och sjukvårdslag. (1982:763)
47) 社会保険事務所は国の管轄で、その業務単位はコミューン毎に設定されているわけではない。例えば、マルメ市の郊外地区では、幾つかの周辺コミューンに渡って一つの社会保険事務所がその業務を管轄している。だが、分署は概ね各コミューンに設置されており、市民は地元の事務所・分署を利用すればよい。また、各種社会保険の申請は社会保険処理センターに一旦一括して集められ、そこから各担当地区に回される。（以上、ボーレグレーン松井孝子氏の調査による。）
48) http://sv.wikipedia.org/wiki/Sveriges_l によると、ランスティング（landsting）は保健医療担当の県相当の組織であり、各自治体（コミューン）と緊密に連携を取りながら保健医療の充実に努めている。したがって、ランスティング・コミューンという関係が成り立つ。これとは別に国の行政組織としてのレーン（län）があり、福祉・労働・教育・文化等の行政一般を担当している県相当の組織である。ゴットランド（Gotland）のような三つの特別自治体があるため、両者の地理的区画は若干異なっている。ただ、2009年1月1日から、スコーネ（南スウェーデンのランスティング）では、LSSの対象（第1及び第2カテゴリーのみ）で、LSSの支援・サービスである介護付き住宅あるいは日中活動プログラムを受けている場合、その人のハビリテーション・リハビリテーションはコミューンの管轄となった。なお、本書では読者にわかりやすく読んでいただくためにコミューンを市（コミューン）と表記し、ランスティングは県（ランスティング）と表記する。
49) Socialstyrelsen, 2008, *Personal med funktionsnedsättning år 2007*. Statistik socialtjänst. (2008:8)
50) LSSの区分1～3は、下記文献から引用した。
　Socialstyrelsen, 2008, *Personer med funktionsnedsättning – insatser enligt LSS år 2007*. Sveriges officiella statistic: Statistik socialtjänst. (2008:2)
51) 前掲書（Socialstyrelsen, 2008:2）.
52) 下記文献から適宜引用し、加筆・修正した。

財団法人医療経済研究・社会保険福祉協会医療経済研究機構・平成18年度老人保健健康増進等事業研究報告書『介護保険の被保険者・受給者の範囲に関する外国調査報告書』2007年3月.
53) Grunnewald, K. & Leczinsky, C., 2008, *Handikapplagen LSS*. Norstedts Juridik, 及び、LSS（ハンソン・河東田訳、2001年）を利用して修正した．
54) Bakk, A. & Grunewald, K., 1993, *Omsorgsboken*. Liber.（241頁を一部修正）．
55) 前掲書（Socialstyrelsen, 2008:2）．
56) Försäkringskassan, 2007, *Social Insurance in Sweden 2006; On the fringe of Security*.
57) Sverges officiella statistic, 2008, *Kommunernas hushållning med resurser 2007*.
58) 同上
59) 福祉・介護サービスを受けるには、市（コミューン）の査定員によるサービスの必要性の有無と必要量のアセスメントが行われる。社会サービス法(SoL)の下での福祉サービスの査定はSoL査定員が、LSSの下での福祉サービスの査定はLSS査定員が行う。小規模なコミューンなどでは、一人の査定員が両種の査定を行う場合もある。

申請を受けてから査定員と地区担当のソーシャルワーカー、看護師または介護職員が自宅を訪問し、日常生活の自立度、しょうがいの状況、家族による支援の有無などを調べ、どのようなサービスが必要かを判断し、福祉・介護サービスの量や内容を決定する。なお、特別住宅などへの入居の場合は、医師の助言を参考にすることもある。

ホームヘルプが必要となった場合、査定員はその決定を地区のヘルパー主任に連絡（発注）し、介護の必要性に応じた予算を地区のヘルパーグループに配分する。地区ヘルパー主任は連絡を受け、ヘルパーと共に利用者宅を訪問し、詳細なプランを立てる。

特別住宅への入居が決定された場合、管理者に連絡され、ホームヘルプと同様の財政措置がなされる。

LSSの特別なサービスに組み込まれることになったパーソナルアシスタンス制度では、個別介助者の派遣は3通りある。公的に派遣される場合、民間事業所に委託される場合、利用者が自ら雇用・利用する場合である。前者2通りの利用の場合は上記のような利用の流れとなるが、後者の場合は、申請手続きのみ福祉担当区域事務所との間でなされ、被雇用者との関係は直接利用者－被雇用者間でなされる。

LASS（パーソナルアシスタンス制度、週20時間を超える場合）については、利用者本人あるいは市（コミューン）が社会保険事務所に申請し、同所の査定員が家庭を訪問して判定を行う。なお、知的しょうがい者の判定に関しての明確な

基準はなく、基本的には申請者を普段から診ている医師の診断書を基に判定する。必要とされる介護時間について市（コミューン）と社会保険事務所の判断が一致するとは限らない。したがって、市（コミューン）が20時間を超えると判断し、社会保険事務所に申請を行った場合でも、社会保険事務所の判定の結果、20時間を超えないと判断される場合もありうる。

60) 知的しょうがいの場合、これまで、臨床場面ではグンナル・シリェーン（Gunnar Kylén）の定義「知的しょうがいとは、思考プロセスの抽象レベルの発達がしょうがいを受けたために、成人の一般的知的レベルよりも遅れているか滞っている状態のことをいう。したがって、知的しょうがいとは、明らかに、記憶力が乏しく、思考プロセスの抽象レベルが低く、空間・時間・質・量・原因の構造化が単純かつ具体的で、行動の形態や思考操作が単純で、象徴的機能の抽象的レベルが低い状態のことをさしている」に基づき、Ａレベル（重度：ＩＱ10未満）・Ｂレベル（中度：ＩＱ10-45）・Ｃレベル（軽度：ＩＱ45-70）という三つの区分を用いられることが多かった。また、研究レベルでは、国際比較のために、ＷＨＯの定義「精神遅滞とは、発達期間中に引き起こされ、適応行動に障害を伴う一般的知的機能が平均的レベル以下の状態をさす」に基づく最重度（ＩＱ20以下）。重度（ＩＱ20-35）・中度（ＩＱ35－50）・軽度（ＩＱ50－70）という四つの区分（ＩＱ70-85を「境界線」とし、5区分が使われる場合もある）が用いられることが多かった。古い資料だが、1982年当時の分布割合が軽度24％、中度34％、重度41％であった。

なお、上記記述内容は、下記文献を参考にした。

Gunnar K., 1983, *The Intellect and Intellectual Handicaps.* Handikappinstitutet 5211, Bromma.

Bakk, A. & Grunewald, K., 2004, *Omsorgsboken.* Liber.

ＷＨＯ (World Health Organization), 1978, *Mental disorders – Glossary and guide to their Classification in accordance with the Ninth Revision of the International Classification of Diseases.* Geneva.

61) 前掲書（財団法人医療経済研究・社会保険福祉協会医療経済研究機構、2007年）
62) 次の二つの法案を基に、社会サービス法（2001:453）第8章第2条～第9条が改変された。なお、社会サービス法は毎年見直され、必要な改変が行われている。

Lag om bostadstillägg till pensionärer m.fl. (2001:761)

Lag om ändring i socialtjäntlagen. (2001:847)

63) 前掲書（財団法人医療経済研究・社会保険福祉協会医療経済研究機構、2007年）pp168-180を引用（一部修正）。
64) 差別禁止法（Diskrimineringslag, 2008:567）：2008年3月の国会に法律草案が上程され、2008年5月の国会で採択、2009年1月1日より施行されている。

なお、差別禁止法制定までに策定された法律は、下記のとおりである。

Lagen om åtgärder mot diskriminering i arbetslivet på grund av etnisk tillhörighet, religion eller annan trosuppfattning (1999:130).（民族・宗教・信仰関連のもの）。

Lagen om förbud mot diskriminering i arbetslivet på grund av funktionshinder (1999:132).（しょうがい者関連のもの）。

Lagen om förbud mot diskriminering i arbetslivet på grund av sexuell läggning (1999:133).（性的指向関連のもの）。

以上が関連する雇用差別禁止法だが、3法以前に平等法：Jämställdhetslagen (1991:433)、大学における学生平等学習権保障法：Lagen om likabehandling av studenter i högskolan (2001:1286)、児童・生徒への差別・侮辱禁止法：Lagen om förbud mot diskriminering och annan kränkande behandling av barn och elever (2006:67) が制定されている。犯罪法第16章第9条（2006:69）にも差別禁止条項が設けられている。

65）前掲書（医療経済研究機構、2007年）受給者数も同左を参考にした。
66）Handikappkoder.
67）EC Employment & Social Affairs, 2003, *Definition of Disability in Europe 2002*.
68）Försäkringskassan, 2006, *Social Insurance in Sweden 2005*.
69）Svenskt näringsliv, 2006, *Statutory and Collective Insurance Schemes on the Swedish Labour Market in 2005*.
制度別支援対象者・支給条件については、前掲書（医療経済研究機構、2007年）を参考にした。
70）前掲書（Försäkringskassan, 2006）。
71）表3は、1998年社会庁 Meddelandblad Nr/3/98 による。この入所施設入居者数は1998年当時の社会庁調査によるもののため1999年度、2000年度の数値は予測値である（筆者の2000年9月の現地調査によると、この予測値は実数値とさほど変わりがないことが確められている）。当時地方の2，3の入所施設にはまだ86人の人たちが入所していたが、2000年度の統計一覧から入所施設の項が全てなくなり、86人の人たちは施設敷地跡の建物を利用して用意されたグループホームに措置替えになったり、地域のグループホームへと暫時移行していった。なお、1986年の新援護法により児童施設への新規入所は認められなくなった。
72）下記文献 (pp40-43) に基づき、筆者が一覧表化した。
Socialstyrelsen, 2008, *Personer med funktionsnedsättning år 2007*. Sveriges officiella statistic: Statistik socialtjänst. (2008:8) pp40-43.
なお、統計の集約は、次の3つの方法で行われた（同上、pp9-10）。
①2007年10月1日付でサービス受給者本人（または親族）から報告があった社

会サービス法関連の機能しょうがい児向サービス
　　・特別住宅
　　・（個人宅で利用した）ホームヘルプサービス利用数と時間
　　・在宅日中生活援助
　　・緊急通報アラーム配布
　　・日中活動
　　・ショートケア・ショートステイ
　　・親族手当・在宅介護手当
　　・コンタクトパーソン・コンタクト家族
　　・その他のサービス
　②2007年10月1日付で各市（コミューン）から報告があった社会サービス法関連の機能しょうがい児向サービス
　　・（個人宅で利用した）ホームヘルプサービスの運営形態
　　・特別住宅の運営
　　・特別住宅のタイプ
　　・身近な人（配偶者等）以外の人との特別住宅の共同利用
　　・ショートケア・ショートステイの運営形態
　　・24時間型ショートケア・ショートステイの運営形態
　③2007年9月付でサービス受給者本人（または親族）から報告があった保健医療法第18条関連の機能しょうがい児向サービスで、各市（コミューン）から報告があったもの
73）同上、pp16-17.
74）同上、p20.
75）前掲書（Socialstyrelsen, 2008:2）、p56.
76）同上、p16.
77）Skollag. (1985:1100)
78）Skolverket, 2008, *Sveriges officiella statistik om forskoleverksamhet, skolbarnsomsorg, skola och vuxenutbildning. Del 2* (Riksnivå), Skolverkets rapport 315. p24.
79）同上、pp24-25.
80）同上、p87.
81）Sveriges officiella statistik statistiska meddelanden, 2007, *Folkhögskolan vår- och höstterminen 2007*. Statistiska centralbyrån. p18
82）Handikapp&Habilitering, 2006, *Habilitering för barn med funktionsnedsättningar. Stockholms läns landsting*. p2.
83）同上、p5.

84) Socialstyrelsen, 2003, *Tillgång till habilitering och rehabilitering för barn och ungdomar med funktionshinder - en kartläggning*. p32.
85) Regeringskansliet, 2008, *Vår pengar*. Finansdepartmentet. p16.
86) Skolverket, 2008, *Sveriges officiella statistik om forskoleverksamhet, skolbarnsomsorg, skola och vuxenutbildning – kostnader-rikesnivå. Del 3*, Skolverkets rapport 316. p18.
87) 同上（基礎特別学校：p43, 高等学校：p46, 特別学校：p40）。
88) 同上、p60.
89) Södra Stockholms sjukvårdsomrade, 2001, *Hälso- och Sjukvård för Barn och Ungdomar*.

第3章　日本における脱施設化と地域生活支援

第1節　日本におけるしょうがい者福祉施策と脱施設化・地域生活支援

　その国のしょうがい者福祉施策がどのような状態にあるのかは、しょうがい者福祉関連法制度がどのような質の内容を示しているのかを見ればよくわかる。日本の場合、それは現行法制度である障害者自立支援法であり、同法に取って代わり2013年4月から施行された障害者総合支援法であることは言わずもがなである。

　障害者自立支援法は、2005年10月31日国会で制定され、2006年4月1日から順次施行され、同年10月1日から完全施行された。この法律は最も新しい法律であったはずなのだが、わずか7年で新しい法律に生まれ変わることになった。しかし、全く新しい法律に生まれ変わるわけではなく、現行法の理念や目的・内容がほぼ踏襲されている。例えば、脱施設化の問題で言えば、入所施設を残しながら一部利用者を入所施設内から入所施設外へ移行させる「地域移行」であり、入所施設の廃止を目指し地域生活支援サービスの充実と質の向上を目標とする「脱施設化」とは本質的に異なっている。

　障害者自立支援法に代わる障害者総合支援法も、基本的に日本的な「地域移行」政策を踏襲しており、日本的展開を超える「脱施設化」政策になるまでには至っていない。したがって、障害者自立支援法で指摘されていたことはどんなことだったのか、さらには、2012年4月に立ち上げられた障がい者制度改革推進会議総合福祉部会が同年9月にまとめ上げた「障害者総合福祉法の骨格に関する総合福祉部会の提言」(以下、「骨格提言」)が、厚生労働省及び障害者総合支援法でどこまで受け入れられたのかを検証することにより、障害者総合支援法の性格がどのようなものとなったのかを判断することができよう。

1　障害者自立支援法をめぐる諸問題

　障害者自立支援法は、身体・知的・精神のしょうがいごとに異なる福祉サービスを一本化するとともに、サービスのあり方がこれまでのしょうがい種別から、しょうがいの程度別に変わるなど、大制度改革とも言える内容のものであった。2006年4月から福祉・医療サービスの原則1割の応益負担が導入され、10月からは障害程度区分・審査会による支給決定、介護給付・訓練給付と地域生活支援事業化の新サービス体系への移行が始まった[1]。岡部は、障害者自立支援法によるしょうがい者福祉制度改革について、「利用者の受給権の弱さは従来のままで、給付管理（抑制）メカニズムの強化を前提として国庫負担の義務化をおこなうという方法論で解決がめざされ」、「少なくとも現状を見る限り、『障害保健福祉の総合化』で焦点化しているのは、障害福祉の財源確保と厚生労働省の裁量権確保という意味においての『制度の持続可能性の確保』であり、『自立支援型システムへの転換』とは、制度利用者の主体性とその権利の尊重ではなく、自己決定／自己責任原則に基づく『応益負担』をさすように見える。そして、『自立』の概念は、『自律を前提としない自立』であり、『支援』の中心とされたのは、稼動能力の獲得のための就労支援を中心とする『支援を前提としない自立』である」と結論づけ、「『自立』と『支援』の意味の脱構築が求められている」と述べていた[2]。このことを裏づけるかのごとく、尾上・山本は、「現実の施行後の状況を見ると、懸念していた問題が予想以上の重さを伴って広がり、障害者の地域生活を直撃している姿が浮き彫りになる」としょうがい者福祉サービスが従来より大きく後退してきていることを指摘していた[3]。

　また、障害者自立支援法制定・施行とあわせるように導入された応益負担について、相澤は、「まず障害者は、各社会が必ず負う障害リスクを社会の他の人々に代わって担うわけであるから、彼らにその上に経済負担を求めるのは原理的に誤りなのである。……障害者福祉の経費は障害を免れた人々や法人が租税負担を通じて担うべきである。応益負担や応能負担なる概念は租税の原則を指すものであり、これらを安易に福祉経費負担方法について用いてはならない」と、厚生労働省の障害者自立支援法を通して行ってきた財源確保のあり方を批判していた[4]。

しょうがい者福祉に大きな影響を与えていた障害者自立支援法だが、この法律に関する論評は、多くの研究誌や福祉関係団体の機関誌等に数多く掲載されていた。この中から二つの視点を取り上げて紹介してみたい。一つ目は、「自立支援の価値を問う」であった。岩崎は、障害者自立支援法の根本概念である「自立」に疑問を投げかけ、就労支援などの「自立」支援策は、「せっかく『自立』の意味合いを豊富化させ、多元化してきた、これまでの歴史に逆行し、単一の価値に抑圧されてしまうのではないかと危惧せざるを得ない」と述べ、「＜自立＞支援とは、たった一つの遠近法ではなく、多様な立場にある人のパースペクティヴが行き交う、共通世界を創造し続けるために寄与し得てこそ、積極的な価値を見いだせるのではないであろうか」と障害者自立支援法における「自立」概念の見直しに言及している。二つ目は、2005年度に行われた日本社会福祉学会政策・理論フォーラム（第1部：福祉政策の20年を問う）での佐藤の論であった。佐藤は、「障害者福祉政策の研究者が、戦後日本の障害者福祉の最大の改正・転換である障害者自立支援法の制定過程に、ほとんどまったくといっていいほど影響を与えることができなかった」と前置きした上で、自立支援法の論点のなかで十分影響を与えることができたはずのしょうがい者福祉政策研究が五つあったとして次のように述べている。つまり、「障害者統計についての改善を促す研究」「自立の概念をめぐる研究」「研究者によるきちんとした生活実態、家計調査、国際制度比較調査などをベースにした問題提起」「ニーズを普遍的に把握する障害（受給資格）の定義・認定の研究」「就労を含む、所得の確保のあり方についての根本的見直し」の五つで、「ニーズに基づくサービス支給決定の仕組みができれば、1割負担はなくなってくる。むしろ邪魔者になる時代がくるだろう」と述べていた。

　岡部は、先述の文献のなかで、「今後の障害福祉のための制度を構想するにあたっては、その利用／給付制度を、福祉的援助の3類型のもとに再編し、第三者判定モデルに基づく介護的福祉とは別に、『ケアの自律』を求める利用者のためには、交渉決定モデルに基づく自律的福祉を、パーソナルアシスタンスのためのダイレクトペイメントの制度として、その根拠法や財源システムと共に構築することが、本質的な問題解決のためには必要となるだろう。その場合、財政規模が相対的に小さくなる自律福祉に対しては、財源システムが不安定と

なったり柔軟性を欠いたりすることのないような方策が講じられなくてはならない」と述べていた。[8]

このように障害者自立支援法は、数多くの問題を含みながら船出をした。当然のごとく障害者自立支援法の評価は、様々であった。しょうがい施策の一元化を図り、「精神科病院の長期入院の解消・退院促進、入所施設からの地域移行促進、そのための地域生活支援の拡充」等「長年の懸案を一挙に解決しようとした点では評価できる点もあるが、反面、あまりにも検討時間のないなかでの一元化のために」、数々の問題が生じていることが予想された。[9] そのため、障害者自立支援法を批判的に考察した文献が多数見られた。

そもそも小澤の上記評価ポイント「長年の懸案を一挙に解決しようとした点」とは何かをまず把握しておく必要があった。小澤によると、しょうがい者施策の一元化とは「障害種別の施設施策をすべて、介護給付、訓練等給付、地域生活支援事業の3種のサービス体系に統合化していくもの」であり、サービス体系の統合化そのものが「諸要因によって、これまで簡単にできなかった」という。[10] 小澤はさらに、これを可能にした考え方は、「施設はサービスを組み合わせて利用する個人の集積（同時に、個別サービスの集積）という考え方」であり、「個別サービスに分解して、さまざまなサービスの組み合わせをすれば、従来の施設体系は理論的にきわめて簡単に解体することができる」故に「大きなパラダイム転換」と述べていた。[11]

このパラダイム転換を積極的に利用してみようと考える人たちがいた。曽根は、「障害者自立支援法の理念は『自立と共生』の社会づくりと言われる。『自立支援』は『自己決定支援』のことである。自己決定を支えるためには、従来の障害種別に分かれたサービス体系を一元化するだけでなく、障害のあるなしを超えて、すべての人がともに育ち、学び、働き、暮らすことができる共生社会を目指す必要がある」と述べ、その上で、「相談支援、地域生活支援事業、地域自立支援協議会は、それを行うこと自体に目的があるのではなく、すべての人がともに生きるまちのなかで、自己決定して生きていくことができる社会をつくることを目的としたツールとして行うことが必要である」と主張した。[12] 清水も同様に、「障害福祉の構造の解体・再構築をすすめ、今ここに『居る』人としてその主体を地域に取り戻し」「この人たちを主人公に新しい暮ら

しを創りあげていく、構造的で生産的な営みを共にすすめていくこと」であり、その意味で障害者自立支援法は、「一人ひとりの存在の価値の回復に向けての可能性の装置を潜ませている」と捉える必要性があると主張した[13]。

しかし一方で、「『現実的には』大きな課題に直面[14]」しており、「どの様なことになろうと、現場からすれば、ただ粛々と地域の中で共に生活実態を創り出していくしかない」という悲壮なまでの決意を表明せざるを得ない切ない現場の実態があった[15]。このような実態から逃れることができないしょうがい当事者も、「望んでいることは宇宙旅行でも世界一周旅行でもなく、今日をせいいっぱい自分らしく生きること」であり、「尊厳を持って人生を全うしようとする人々の願いに」堪えられる制度であってほしいと切に望んでいた[16]。このようなしょうがい当事者の切なる願いは、障害者自立支援法を評価する一方で実際には身の回りに多くの課題が存在しており、その現実を直視することからしか物事は進まないということを示していたように思われた。

障害者自立支援法で示された新たなサービス体系とは、これまでの複雑なサービス体系に代わって打ち出されてきたもので、これまでの施設施策を日中活動と居住支援に区分けし、日中活動を全て介護給付、訓練等給付、地域生活支援事業の3種のサービス体系にし、居住支援を施設への入所または居住支援サービス（ケアホーム、グループホーム、福祉ホーム）とするものであった[17]。そして、既存施設（身体障害者施設、知的障害者施設、精神障害者施設と障害児施設の入所・医療福祉系施設である重症心身障害児施設）を2011年度までに新サービス体系に移行させようとするものでもあった[18]。地域生活支援の活動・生活拠点とも言える通所施設も居住系サービスの場も、利用継続の困難さや事業者の経営上の問題、利用者負担の重さ、人員配置の柔軟性と質の低下などが指摘されていた[19]。さらに、地域生活支援に欠かせない個別支援計画の作成や障害者ケアマネジメントの確立も十分とは言えず、総合的な地域支援システムづくりが求められていた[20]。

「定率の利用者負担原則に関しては、法律施行前から非常に多くの批判があったために、利用者の個別減免、社会福祉法人減免、入所施設における補足給付、通所施設における食費負担軽減措置などの負担軽減措置がとられて」きていた[21]。しかし、新サービス体系の中で示されている介護給付（療養介護、生

活介護)は、「障害者の社会参加の基盤となるもの」だけに、「各年代のライフステージにおける生活と社会参加を基準に、主体者としての障害者本人の応能負担によって支給をするべきである」として、応益負担の廃止を求める声がみられていた。さらに、「精神通院医療、更生医療、育成医療からなる自立支援医療」も実質的には「障害者への応益負担であり、障害者医療費の削減策であり、……障害者受診抑制策」となっているため、「障害があるゆえに自己負担」を強いることは「憲法にも抵触する内容である」との厳しい指摘がなされていた。

　ところで、清水は、しょうがいのあるなし、しょうがいの重い軽いを問わず、どこで生き、どこで活動しようとも、「一人ひとりは、要援護の対象などでは到底あり得ず、むしろ人間の可能性に向けての希望を、この関係の中でつむぎ出していく、とてつもなく価値的な失うわけにはいかない存在としてそこに『居る』のである」と地域生活支援への思いを熱く語っていた。そして、「障害者福祉の展開とは、この人たちに対して、保護したり更生したりすることではもはやない。また単なる介護サービスを提供する、またケアすることでもないだろう。……これからの障害者福祉の展開は、この人たちを主人公にした、まちづくり・地域づくりに他ならない」とも強く主張していた。清水の主張に沿ってものを考えていくと、障害者自立支援法の核となる新サービス体系そのものが「価値ある人」に「価値あるサービス」を提供していたかどうかが問われていた。そこでは、「価値あるサービス」とは何かも問われていた。先の曽根の言葉を援用して表現すれば、それは「自己決定支援が可能となる社会づくり」に他ならない。清水の言葉を借りれば、「一人ひとりの希望に基づいた、『本人中心計画』と『支援の輪』を創造し、『相談支援』、『地域自立支援協議会』を基軸にした、地域でのネットワークによる新たな地域生活支援の大展開」と言うことができよう。

　しかし、曽根らは障害者自立支援法の理念を評価しつつも、「障害者を同じ場所に集めてサービスを提供するこれまでの仕組みを改め、障害があっても、一般の保育、教育、就労、居住の場で必要な支援が提供される仕組みをつくることが不可欠となる」と指摘していた。そのために、相談支援、地域生活支援事業、地域自立支援協議会が「『自立と共生』というまちづくりのコンセプト

に重ね合わせて、すべてがつながりを持って取り組まれていくことが望まれる」としていた[30]。清水も、様々な制度と関係を駆使しながら、「『施設』からの完全脱却を目指し、地域社会関係の中での市民活動の展開をすすめ」、「地域を巻き込んで展開する一人ひとりの存在の社会的価値化のプログラムの確立を目指す」と宣言していた[31]。こうした曽根、清水らの熱い思いや意気込みを評価しつつも、現状の厳しさを訴える声が多いことも確かであった。

　勝又は、これまでに行ってきた調査結果を紹介しながら、「所得保障から生活保障へと概念を広げることの意義」を述べていた[32]。勝又は、そもそも「自立支援法が世帯所得基準による自己負担上限を設定したことで、同障害条件の2人の障害者が、世帯状況の違いによって利用者負担が違うという状況が生まれた」と述べ、「『障害ゆえにかかる費用』の推計がもし可能ならば、世帯類型別にその費用を推計し、健常者の最低生活水準を示すことができるかもしれない」という考え方を示していた。そして、「障害コストを考慮し、それを補完する所得保障制度の構築ができたとき、はじめて公平な負担が実現できる」と指摘していた[33]。その上で、勝又は、「障害者は自分たちの問題を、所得格差の問題に広げて考え、一般の健常者とおなじ土俵で、しかしスタートラインは違うところから議論に参加する必要がある」と主張した[34]。

　障害程度区分によるサービス区分も生活全般に影響を与えるだけに注意深く見ていく必要があった。石田は、「不満も多く」「この区分の決定は調査員の資質も含めて一般的に不評だけれど、そんなことも言ってられないので、だんだんその悪い条件に慣れて、その中で何とかしようということになってきている」という実態を指摘していた[35]。

　障害者自立支援法は、生活を充実させるはずの余暇活動にも大きな影響を与えていた。しょうがい者施設における宿泊旅行の実施状況について調査した馬場は、「障害者福祉施策の変遷あるいは自治体の財政事情の悪化とともに、余暇活動のひとつである『旅行』の実施が、以前に比べて質、量ともにレベルを維持するのが難しくなってきていることが明らかになった。また『旅行』以外の余暇活動についても、同様の傾向があることが見えてきた」と結論づけていた[36]。薗田は、「援助の具体的な内容の中でレクリエーションの存在感が後退」する動きがあることを紹介していたが[37]、この動きもまた障害者自立支援法の影

響を多分に受けていることの現れとも言えた。

2 障害者自立支援法と脱施設化・地域生活支援

　障害者自立支援法で推進しようとしている重要な取り組みの一つに「地域移行」があった。そのことを裏打ちするように、地域移行に関する研究発表が福祉関係の学会で増加傾向にあり、学会誌、大学・紀要、機関誌等でも積極的に取り上げられるようになってきていた。また、しょうがいのある人と援助者でつくる日本グループホーム学会による「地域基盤型グループホーム支援方策推進事業」基礎調査[38]も節目節目に行っており、貴重な文献となっていた。

　「地域移行」と「地域生活支援」の課題を検討する際、①入所施設で暮らしているしょうがい当事者を積極的に地域へ移行させ、グループホーム等地域の住まいを設置・運営できるようにするための制度のあり方および運営の方法の検討、②入所施設で暮らしているしょうがい当事者が施設から地域へ移行する際に混乱をきたさないようにするための移行方法と支援のあり方の検討、③入所施設からグループホーム等地域の住まいに移行した後に、しょうがい当事者が地域に定着し、地域住民として生活をしていくために必要な地域支援システムの検討が必要となる。その際、関係当事者となる利用者本人、親族、職員への調査や研究が欠かせなかった。

　利用者本人を焦点にあてた研究が孫の手によって行われていた。孫は、「イギリスの脱施設化にみられる知的障害者の主体性形成プロセス」に関する質的研究を通して、「自立や自己決定の前提となる利用者の主体性形成プロセス」を明らかにしようとした。その結果、地域移行した利用者は、「さまざまな方法で職員との関係を調整し、主体的に地域で生活する意欲をもち続けている。しかし、その意欲に揺らぎが生じること」が見られており、利用者が主体的に地域生活を送るために、「①生活者としての主体性に気づき認識できるような経験をする機会の創出、②職員との関係調整方法の学習機会、③自立的障害者像の批判的検討」、が今後の課題になると指摘していた[39]。

　親族に焦点をあてた研究は、鈴木の手によって行われていた。鈴木は、先行研究が地域移行開始当初、親族が新しい動きに対して否定的態度を示していたことを取り上げ、今日でも見られる地域移行への否定的要因に関する検討を

「知的障害者入所施設A・Bの地域移行に関する親族の態度」に関する質的研究を通して明らかにしようとした。その結果、「①施設福祉サービスへの安心、②本人の能力の限界への不安、③親族への悪影響への不安、④地域福祉サービスへの不安、⑤非民主的な意志決定プロセスへの不安」が明らかになった[40]。このような問題を解決するための方策についても指摘をしていた。

　職員に焦点をあてた研究は、樽井らの手によって行われていた。樽井らは、「知的障害者施設職員における脱施設化志向のパターンと援助内容との関連」に関するアンケート調査を行い、統計分析により明らかにしようとした。その結果、「職員が脱施設化という課題に向き合うとき、専門的援助の質の確保という側面と、不必要な『施設化』から脱し、自立（自律）性を重視した、ノーマルな環境への志向性の側面とが、一部葛藤を抱えつつも明確に意識されているということである。一方、ノーマライゼーションや地域社会への統合など、援助の本質的課題については、単純に『施設か地域か』という、居住環境に関連した枠組みだけで判断するよりも、総合的な援助の質が問われる課題として職員に意識され、（結果として）反映されている」と述べていた[41]。

　以上のように、「地域移行」や「地域生活支援」の関係当事者となる利用者本人、親族、職員への調査を通して把握できる提供されているサービスの質や関わりの実態、それらに与える関係当事者の意識や態度・意志決定プロセスが明らかにされることにより、「地域移行」や「地域生活支援」のあり方も明確になっていくと思われた。

　ところで、脱施設化（脱病院化）は、「施設の弊害からの脱出[42]」を求めてなされてきている取り組みであり、「『障害のある人の普通の生活の保障』と同時に『障害のある人も障害のない人も共に暮らせる社会こそノーマルな社会である』という社会変革を求めたノーマライゼーション思潮の広がり[43]」からもたらされている。そして、種々の研究結果から、「地域社会から隔絶した大規模施設より地域社会にある小規模の居住場所、さらには、グループホームでの生活よりアパートでの自立生活は自己管理の機会があることが明らかにされ、脱施設化の取り組みの重要性が検証」されてきている[44]。

　そもそも孫が述べる「施設の弊害」とは何か。1960年代後半から北欧や北米で行われてきた「『脱施設化』の取り組みによる関係者への影響」とは何か。

1960年代に遡ってその内容を縷々述べるまでもなく、当事者による入所施設体験を綴った文献がこの間何冊か出されてきていた。ピープルファースト東久留米が上梓した『知的障害者が入所施設ではなく地域で暮らすための本』もその一冊であった。同書の「はじめに」には、次のようなしょうがい当事者の入所施設での体験が綴られていた。

　「小さい頃、本当は親と一緒に暮らしたかったのに、入所施設に入れられた。」
　「何も悪いことをした覚えがないのに、入所施設にいくことが決まっていた。」
　「管理だらけの生活は、刑務所みたいだった。ずっと社会に出てみたかったけど、職員に『自分では何もできないでしょ』『自分でできるようになってから』と反対されつづけた。」[45]

　社会政策的観点から入所施設づくりに加担し続けてきた関係者に問いかけ続ける当事者の発言は何にもまして重い。しかし、しょうがい当事者に寄り添おうとしてきた関係者がどこまで彼らの声に耳を傾けようとしてきたのかは不明である。ただ一般の職員が脱施設化の取り組みのなかで、「様々な葛藤を経験し」、職員も「脱施設化」を要求されてくることを孫は次のように述べていた。[46]脱施設化のプロセスのなかで「意外体験を何度か経験するうちに、職員は利用者を自分と同じ『人間』とみなし始め……障害のない自分と障害を持つ利用者との違いも認識することになる……利用者本人や利用者の置かれた境遇に対する共感を生み出す。しかも、利用者の間の差異をも認識することにつながっていく。こうして、利用者との共通点と差異点を見出すことによって、利用者の個別性に気づくようになると、利用者の個別性が実現するように援助しようと動機づけられ、仕事に"やりがいを感じる"ようになる」[47]。
　このような様々な葛藤を抱えながら日々悩みながら働いている職員がいることを知りつつも、しょうがい当事者の地域生活や自立への思いは強い。しょうがい当事者は、さらに、次のように思いを語る。

「社会に出てみたかった」
「自分で決めて、自分でやりたかった」
「地域の人と関係をもてるようにした方がいい」
「地域でのびのびしたらいいんじゃないですか」
「地域に出よう」
「ぼくたちもがんばります」[48]

　しょうがい当事者の思いを受け止めようとはするものの、やはり現実は厳しい。地域生活は当事者が考えている自立とは必ずしもイコールではなく、「支援」と名のつくところには自立に影響を与える様々な阻害要因が潜んでいるからである。当事者の思う「できない時は、悩まないで相談すればいい」「できないことは介護者が手伝ってくれるよ[49]」とは必ずしも言えない現実（人と人との関係）があったからである。

　例えば、鈴木は「居住場所・共同入居者・雇用・金銭・健康などを決定する機会は、献立やお小遣いの使用法など日々の生活における些細な事柄を決定する機会よりも制約されることが明らかにされ、たとえ地域の住居で生活していても、社会一般と比較すると本人の自己管理の機会が制約される実態」を明らかにしていた[50]。さらに、「プライバシー、嗜好品、日課、外出に関わる事柄は居住形態別に差異があるが、献立、金銭、仕事、健康、性、居住場所、共同入居者に関わる事柄は居住形態にかかわらず自己管理の割合が低い」ことをも明らかにしていた[51]。

　上記のことからわかることは、「住まいの場所を施設から地域に移しただけでは『脱施設化』とは言えず、地域の中で地域の一員として利用者が地域に関わるようになること、そのためにこそサービスが必要」であり、「画一的な集団処遇から、個々の利用者の自己決定に基づいた本人中心の支援へと、サービスのあり方が変わる」必要性が求められているということであった[52]。

　地域生活支援に支援者の存在は欠かせない。また、支援者の支援のあり方によっても地域生活の質が大きく変わってくる。地域生活支援におけるケアマネジメントに関して、廣庭は、次のように述べている。「当事者支援にかかわる者（または機関）が、ケアマネジメントの運用・相談支援専門員のスキル・

サービス提供事業者の支援活動において、当事者の自立に繋がっていることを確認することから始まる。すなわち、①ケアマネジメントの本質を理解して広く活用する、②資格要件は相談支援業務従事の目安とし、相談支援専門としてのスキルアップを図る、③障害者が地域社会の一員として生活を送るための当面の目標に対して、サービスを柔軟に提供する力量が必要である」[53]。

　しかし、廣庭のケアマネジメント論は、孫の言う「個々の利用者の自己決定に基づいた本人中心の支援」とはいささか異なるように思える。孫は「『脱施設化』は『脱専門家支配』であり、利用者が自分自身の生活に対する選択とコントロールを取り戻すことが重要な課題」だと述べていたからである[54]。

　では、専門家支配によらない支援とは何か。妙案はなかなか見出せないが、岸田が示す六つの「地域生活支援で大切にしたい考え方」が参考になる。つまり、(1)「他人と違っていい」（自分らしさを追求するために、自己決定にこだわる。当事者が「満足しているかどうか」、その人の「プライドが守られているか」が大事。「生き様（イキザマ）を守る」ような仕事）、(2)「街の中にこだわる」（若干の生活しづらさや活動しづらさ、やりにくさはあったほうがいい。トラブルがあることが大事）、(3)「気負わなくても大丈夫」（スーパーマンじゃなくてもいいし、全部自分でやらなくてもいい。好きなことだけやって、苦手なことはそれが得意な人に任せる。情報に踊らされないことが大事）、(4)「当たり前の社会体験」（当たり前の社会体験が極端に不足している。当たり前の社会体験を積み重ねていくには余暇支援がとても有効。余暇の充実はその人の人生の質のバロメーター）、(5)「ないものは創る」（一人ひとりのニーズに合う生活をつくっていくためには、ないものは創るというスタンスが必要。支援の輪を社会に求めれば、支援の力は無限）、(6)「支援力」（地域の中で暮らしていけるか・いけないか、自立できるか・できないかというのは、その人の障害の重さではなく、支援する側の支援力・地域社会の力に拠る）、という六つの考え方である[55]。

　専門家意識をもたずに岸田流の考え方で支援が行えないものだろうか。さらに、ピープルファースト東久留米に集う支援者のように、「当事者の皆さんは、奪われた自分自身の人生を取り戻すべく、日々の苦しさ、淋しさとも向き合い、過去の辛い体験をふりはらうかのように、自分にとって、そして仲間にとって、

一人の人間としてのあたりまえの生活、幸福を追い求めてひた走ります。支援者は、その圧倒的なパワーに巻き込まれながら、わずかながらの自分自身の人生体験と重ね合わせつつ、あらゆることを一緒に考えていき、自分自身を問いながら支援を続けていくことが、活動の力となっています」と言えないものだろうか。こうした考え方が地域生活支援で利用され、浸透していけば、しょうがい者福祉や社会のあり方も随分変わってくるに違いない。

　現在、福祉先進国では、多くのしょうがいのある人たちが地域にある普通の住宅で生活するようになってきているが、しょうがいのある人たちが地域住民と関係をつくり、地域社会と関わりながら生活していくためにはどのように支援すればよいのかが課題となっている。それは、地域に移行したしょうがいのある人たちに対して適切なサポートがなければ、"再施設化"（ミニ施設化）になる可能性があるからである。事実、施設を出た一人ひとりの生活という点で見れば、生活の場がグループホームなどに変わっただけで、施設的な伝統とか考え方、培ってきたものが依然として残り続けている実態がある。それは、入所施設の構造的問題とコンセプトを無意識のうちに地域に持ち込み、入所施設時代と同じようなことをやっているからであり、地域に移り住んだ後も居住者を管理したり自己決定を阻害するなど、まだまだ問題が多いからである。

　こうした伝統は時間がたてばひとりでに薄れていくというものではなく、しょうがいのある人たちが行動を起こさない限り私たちは気づかず、永遠に続いていく傾向がある。また、施設的な伝統は私たち関係者自身の中にもあり、しょうがいのある人たちの思いや願いに耳を傾け、どうしたら彼らの望む方向に向かって有効な制度を確立することができるのかが問われていた。そして一日も早く、誰もが地域であたり前の生活を送ることができるようにするための働きかけやルールづくりが必要となっている。私たちはそうした認識に立ち、しょうがい者施策の問題を考え、しょうがい当事者支援のあり方を考え、一日も早くしょうがい当事者を中心に据えた「地域生活支援システム」を構築していく必要が求められていた。

3「骨格提言」と「障害者総合支援法」

　2006年度・2007年度の資料を基に障害者自立支援法をめぐる諸問題を見て

きたが、2008年度から2009年度にかけても障害者自立支援法をめぐる社会的な動きにも制度内容に関わる動きにも大きな変化は見られなかった。しかし、やがて、今後に大きな期待をもたせる動きが出てきた。2009年9月の衆議院総選挙で民主党が大きく躍進し、民主・社民・国民新党からなる鳩山由紀夫連立内閣が発足したからである。ところが、この政治的変革の兆しも糠喜びであったことが後になって分かってくる。

　障害者自立支援法が施行（2006年4月）された同じ年（12月）に国連で「障害のある人の権利に関する条約⁵⁷⁾」（以下、「障害者権利条約」）が採択された。日本政府もこの条約の採択に加わり、署名はしたものの、2008年5月の正式発効後今日に至るまで未だ批准をしていない。国内法がまだ整っていないという理由のためである。障害者自立支援法には障害者権利条約に抵触する諸問題が多々見られているため、国内法の未整備に障害者自立支援法も含むことができる。それは、障害者権利条約には「障害のあるすべての人によるすべての人権及び基本的自由の完全かつ平等な享有を促進し、保護し及び確保すること、並びに障害のある人の固有の尊厳の尊重を促進すること⁵⁸⁾」と明示されているにもかかわらず、「能力及び適性に応じ、自立した日常生活又は社会生活を営むことができるよう」（第1条）という目的の下に、障害者手帳の所持要件、障害程度区分認定制度の導入、サービス支給量の抑制、地域生活支援事業の市町村格差、応益負担、差別的地域移行等がなされてきていたからである。つまり、障害者自立支援法は、障害者権利条約に抵触していたのである。

　こうしたなか、原則1割の自己負担を課す障害者自立支援法に対して違憲訴訟が起こされ、この違憲訴訟を受け、2010年1月「全国の原告・弁護団らと厚生労働省は7日、訴訟の終結に合意した。長妻昭厚生労働相は『障害者の尊厳を深く傷つけた』との反省の意を表明。2013年8月までの新制度への移行を約束した。⁵⁹⁾」新制度への移行をにらみ設置されたのが「障がい者制度改革推進会議」（以下、「推進会議」）で、担当室長がしょうがい当事者、会議のメンバーも半数以上がしょうがい者団体の関係者またはしょうがい当事者という異例の体制（本来これが普通）となった。推進会議は障害者基本法改正（2011年）、自立支援法に代わる障害者福祉サービスに関する総合的な法律の制定（2012年）、障害者差別禁止法の制定（2013年）を盛り込んだ制度改革の行程表を発

表し(「第一次意見書」)、その下に「総合福祉部会」「差別禁止部会」を設けた。2011年の障害者基本法改正に次いで、「総合福祉部会」での様々な論議を経て、2011年9月、第35回推進会議でしょうがい当事者の思いがたくさん盛り込まれた「骨格提言」が了承され、総理大臣を本部長とする障がい者制度改革推進本部(以下、推進本部)に上げられた。

「骨格提言」は国家委員会の答申に相当するものであり、本来、尊重され、予算化されて実行に移されていく性質のものである。しかし、そうはならなかった。以下、「骨格提言」の概要とその結末を記す。

「骨格提言」は、次のように、「ポイント」と「提言」部分からなっていた。この概要を推進会議・資料2から引用してみたい。[60)]

[障害者総合福祉法の6つのポイント]
　(1)障害のない市民との平等と公平
　(2)谷間や空白の解消
　(3)格差の是正
　(4)放置できない社会問題の解消
　(5)本人のニーズにあった支援サービス
　(6)安定した予算の確保

[障害者福祉法の骨格提言](「関連する他の法律や分野との関係」は省略)
(1)法の理念・目的・範囲
・障害の有無によって分け隔てられない共生社会を実現する。
・保護の対象から権利の主体への転換と、医学モデルから社会モデルへの障害概念の転換。
・地域で自立した生活を営む権利。
(2)障害(者)の範囲
・障害者総合福祉法が対象とする障害者(障害児を含む)は、障害者基本法に規定する障害者をいう。
・心身の機能の障害には、慢性疾患に伴う機能障害を含む。
(3)選択と決定(支給決定)
・障害程度区分に代わる新たな支給決定の仕組み。

・サービス利用計画に基づく本人の意向等が尊重される。

・協議調整により必要十分な支給量が保障される。

・合議機関の設置と不服申立。

(4)支援（サービス）体系

・障害者権利条約を踏まえ、障害者本人が主体となって、地域生活が可能となる支援体系の構築。

・「全国共通の仕組みで提供される支援」と「地域の実情に応じて提供される支援」で構成。

(5)地域移行

・国が社会的入院、入所を解消するために地域移行を促進することを法に明記する。

・地域移行プログラムと地域定着支援を法定施策として策定、実施。

・ピアサポーターの活用。

(6)地域生活の基盤整備

・計画的な推進のため地域基盤整備10ヵ年戦略策定の法定化。

・市町村と都道府県は障害福祉計画を、国はその基本方針と整備計画を示す。

・地域生活支援協議会の設置。

(7)利用者負担

・食材費や光熱水費等は自己負担とする。

・障害に伴う必要な支援は原則無償とするが、高額な収入のある者には応能負担を求める。

(8)相談支援

・対象は障害者と、支援の可能性のある者及びその家族。

・障害者の抱える問題全体に対応する包括的支援を継続的にコーディネートする。

・複合的な相談支援体制の整備。

(9)権利擁護

・権利擁護は支援を希望又は利用する障害者の申請から相談、利用、不服申立のすべてに対応する。

・オンブズパーソン制度の創設。

・虐待の防止と早期発見。
⑽報酬と人材確保
・利用者への支援に係る報酬は原則日払い、事業運営に係る報酬は原則月払い、在宅系支援に係る報酬は時間割とする。
・福祉従事者が誇りと展望を持てるよう適切な賃金を支払える水準の報酬とする。

　筆者の個人的な思いは別として、推進会議「総合福祉部会」に集うしょうがい当事者、関係者の「総意」としてまとめられた「骨格提言」はこれまでにない大変重みのある画期的な内容がたくさん詰まっているものとなっていた。骨格提言の内容が法制度として具現化されれば、日本が福祉先進国に大きく近づくはずであった。しかし、民主党政権の弱体化と政治の混乱を見透かしたかのように、厚生労働省が壁となって立ちはだかってきた。「骨格提言」が推進本部に上げられた後、厚生労働省の巻き返しで、骨格提言の多く（９割近く、あるいはそれ以上）が実現できずに終わってしまったからである。そして、2012年３月に形ばかりの最終会議が設けられ、推進会議「総合福祉部会」は解散した。
　厚生労働省が策定した新しい法律の内容は障害者自立支援法の骨格をほぼそのまま残し、名称だけ「障害者総合支援法」と変えられたものであった。したがって、脱施設化の問題で言えば、入所施設を残しながら行われる「地域移行政策」であり、世界の潮流となっている「脱施設化」とは本質的に異なったものとなってしまったのである。
　なお、障がい者制度改革は、改正障害者基本法の下に新たに設置された障害者政策委員会へと引き継がれ（担当室の陣容はそのまま）、2012年９月、その下部組織の「差別禁止部会」による「『障害を理由とする差別の禁止に関する法制』についての差別禁止部会の意見」が取りまとめられた。

４　当事者の時代から当事者管理の時代へ

　法制度はその国の福祉サービスの成熟度を示すバロメーターとなるが、公平性・効率性を求められ、限りある財源とも密接に絡んでいるため、当事者の生

活の質の満足度とは必ずしも一致しない。だが仮に過去と比較して制度が整い、格段に生活の質が高まったとしても、当事者が満足しているかどうかは当事者の声に耳を傾けてみればよくわかる。

　「地域福祉の時代、当事者の時代」[61]と言われてから久しい。毎年のように当事者の手記や歩みを描いた文献が上梓される。当事者と寄り添ってきた支援者の手記や歩み、実践報告に関する文献も上梓される。中でも当事者の手による文献は、当事者を社会から排除してきた人間の歴史や歴史をつくり続けてきた私たち社会構成員の忌まわしい過去、過ちを犯した私たちの至らなさ、理不尽さ、人間としての未熟さ、恐ろしさを気づかせてくれる。物事の本質に気づき、人間の営みとは本来こうあるべきではないだろうかということを教えてくれる。世の中にはいろいろな考え方があるが、考え方を実現するための方法論も多様である。

　しかし、真実はただ一つのはずである。たった一つの真実を追求し、実証するために、人はなぜこんなにも苦労し、一生涯をかけて闘ってこなければならなかったのであろうか。自分と同じ経験をもう二度としなくてもすむようにするために、また、誰もが地域であたり前に暮らしていけるようにするために、人はなぜこんなにも入所施設の酷さにこだわり、入所施設を憎み、地域生活にこだわり、地域に居場所を見つけるために闘うのであろうか。

　当事者の手による文献は、いつも多くのものを語りかけてくる。三井絹子が上梓した文献も同様であった。三井の歩みを記した『抵抗の証　私は人形じゃない』[62]は、入所施設の非人間的な実態や社会におけるしょうがい者差別の実態を自らの体験を通して余すところなく描いている。私たちは、三井が体験してきたこの悲しく重い実態を見過ごしてはならない。三井が体を張って闘ってきた歴史的事実を決して忘れてはならないし、風化させてはならない。この文献は、人間とは、夫婦とは、家族とは、子どもをもつとは、子育てとは、しょうがいをもって生きるとは、地域で生きるとは、を教えてくれる。そして、しょうがい者という枠を超えて人間の関係とはどうあらねばならないのか、家族が幸せに生きることの大切さ、世の中が平和であること、お互いに人間として生きることの大切さ、愛のもろさ・はかなさ・豊かさ、差別しない・させない子育て、対等・平等の人間関係づくりの難しさ・大切さ等々をも知ることができ

る。当事者の語りは、このように力強いものなのかということを改めて学ぶことのできる一冊になっていた。

近年最も輝いた当事者の一人に佐藤きみよがいる。佐藤は、24時間ベンチレーターをつけながら、1日24時間の介助を受け、16年間の自立生活を振り返って次のように記していた。「ベンチレーターは、眼鏡や補聴器と同じように、体の一部であり生活の道具なのである。いつも死の恐怖を突きつけてくる機械では決してない」「ベンチレーターをつけて暮らすということは、私にとって焦げた卵焼きをどうするかという選択決定、自己責任と同じくらい日常のごく当たり前のことである」「障害やベンチレーターに対する否定的なイメージは、社会がつくり出したオバケのようなものかもしれないとつくづく思う」、そして、「ベンチレーターをよきパートナーとして生き、そして私らしく生きていく。その人生は、輝きに満ちた生命であることを確信している[63]」と力強く論稿を結んでいた。

当事者の時代にあって、当事者と共に生きることの困難さを感じている人たちが大勢いる。一方で、当事者が排除されていた時代から今日に至るまで、ずっと当事者と共に生きてきた支援者がいる。当事者に寄り添いながら生きる人たちは、何と優しく、何と素敵なことか。

向谷地生良は、「べてるの家」と彼が出会った人々、向谷地の周辺で起こった出来事を振り返りながら記したものである。「泥水にへたり込んでいる当事者のかたわらに、さりげなく座り込み、力なくいっしょに困りながらも、あまりの情けなさに、お互いに顔を見合わせて、思わず笑わずにはいられなくなる瞬間に、人が生きるということの無限の可能性と当事者の力を感じ取ってきた」というまえがきの下りは、内容を的確に表している[64]。そして、「そこで起きる周囲との軋轢と、自分では了解しきれない暗闘にも似た混乱のなかで、当事者は出口を必死に探している。その当事者の思いを『もし、それが自分だったら』という現実感をもって想像を巡らすことの大切さ、そして『すること以上に、何をしないのかの見極め』の大切さを語った[65]」という最後の下りから、当事者を信頼することの大切さと当事者への寄り添い方を学んだ。また、「そんな日々のなかで大切にしてきたことは、"にもかかわらず"この今を生きようとしてきたこと、与えられた現実に不満を持たないという知恵だったように

思う。そして救われたのは、どんなときでも『べてるの家』から聞こえてくる笑い声であった[66]」という表現のなかにも同様の響きを感じ取ることができた。

　西定春は、「すばる福祉会」と彼が出会った人々、西の周辺で起こった出来事を織り交ぜながら、知的しょうがいのある夫婦から生まれた子ども「さくら」を中心に据え、子どもの両親を通して、知的しょうがいのある人たちのセックスや恋愛、結婚、妊娠、子育てのことに言及していた。理想と現実のギャップに悩み、打ちひしがれてしまう正直な気持ちも吐露している。矛盾や気負い、複雑な心情を吐露しながらも、「ハンディを持つ人たちがパートナーと共に生きる営みを深めるために」、社会の価値観を変えようと働きかける姿を紹介していた[67]。「さくら」との関わりや暮らしを淡々と描いた日常の中に、西の強い意志が感じられる構成になっていた。西は差別・偏見に満ち満ちた社会に対する強烈な問いかけや私たちの無知や無神経さにも批判の矢を向けていたが、その行き着く先は地域で「あたりまえに生きる」ことや「共に生きることの意味」であったように思う。

　さらに、「当事者の時代」からやがて「当事者管理の時代」へと移行していく可能性を、スウェーデン・グルンデン協会の組織改変への取り組みから知ることができた。グルンデン協会は、「2000年7月親の会から独立、独自財源をもつ当事者主体の組織を立ち上げ、支援スタッフを雇用しながら各種事業を展開し始めた」団体（社会福祉法人）で、「当事者たちが組織の決定・運営実務を実際的に担い、支援者・スタッフを雇い、メディア活動（新聞・雑誌、ラジオプログラム、ウエブサイト制作）や映画制作、喫茶店運営、余暇活動、権利擁護活動や国際的なネットワークづくりなどの多様な活動をしている[68]」。元総合施設長（現支援者）のアンデシュ・ベリィストローム（Anders Bergström）が興味深い内容を次のように述べていた。

「グルンデンは本人たちの組織、団体であるというのがまず根底にあります。2000年に親の会から独立し、当事者団体として活動を始めました。けれどもその翌年から、理事会には当事者がいるけれども、もっとも権限のある地位に人を雇っている、例えば、私みたいなですね、ということに気付きました。最初に気付いたのは、理事のアンナとデービッドでした。そして

3年前に構造を変えようという決定がなされました。変えると決めてから3年間という長い時間がかかってしまったのは、まず第一に、メンバーを有給で雇おうと考えたからです。そのために私たちは多くの時間とエネルギーをかけて、資金提供してくれる団体・財源を探しました。結局その財源を得ることができなかったので、最終的に、メンバーは年金と手当で生活はできる、有給でなくとも、今は構造を変えることのほうが大事だという結論になりました。第二に、他の当事者団体が実際どういったことをやっているか、研究、調査を行いました。しかし、いい例がありませんでした。そこで、当事者代表に権限が集中しない私たちなりの組織作りを行うことにしました。長い時間がかかってしまいましたが、新しい組織の運営が2005年1月から始まっています。」[69]

現在、グルンデンでは、11人の当事者が理事を務める理事会（最高決定機関）の下に、所長と四つの事務局ポストがあり、いままでベリィストロームが担ってきた執行機能を5人の当事者（2012年12月現在、2人の当事者体制に変更）が担い、この機能を2人の支援者がサポートする体制に変えた。つまり、ベリィストロームが担っていた執行機能と権限を当事者に譲渡し、本当の意味での当事者主体の組織に変えていくことになったのである。ベリィストロームはその時の思いを次のように述べていた。

「本人の組織だと言っているのに、責任ある部署に本人がいないということは変だと思いましたので、私自身もやはり職を退くべきだと思いました。そのことに葛藤はありませんでした、というより安心したというのが実感です。こうすることによって当事者のリーダーシップを全体的に高めることができるようになると思ったからです。私が辞めることによって、多くの人がもっと興味深い責任ある仕事につくことができるようになりました。彼らに任せることに関しては、何も心配していませんでした。もっともそのためにプロのコンサルタントを雇ってリーダーシップ・トレーニングを時間とお金をかけて行いました。私が以前いたオフィスには二人の当事者が仕事をしています。私には小さい机と小さなパソコンがあるだけです。私自身の仕事の

仕方は、昔も今もあまり変わっておりませんが、私以外の人たちが何かあったときに、私ではなく新しい事務局メンバーに最初に聞くようになったこと、それが一番大きな変化です。それと書類にサインするときに、私がサインをしなくなったことですね」[70]

グルンデン協会の取り組みはわが国の福祉現場にも今後大きな影響を与えていくものと思われるし、「当事者の時代」「当事者管理の時代」は共に「共生社会の構築」につながっていくものと確信している。

5　まとめに代えて

　全ての人が隔てなく、差別されることなく、多様性こそを認め合い、独自の価値観や生活様式に互いに誇りをもち、尊厳と自由のなかで生きる権利を有し、意思決定への参加と、社会発展の成果を享受することができるようにするための社会政策、運動、援助活動、方法（知識、技術の開発等）を駆使して、社会サービスや一人ひとりの生き方（意識、関係行為）を通して実現されるものが、本来の福祉のあるべき姿なのではないかと思う。こうした福祉のあり方が、全ての人たちに「幸せ」や「心の豊かさ」をもたらしていくものと思われる。

　しょうがい者福祉変革をめぐる動きは多様に変化し、今日のしょうがい者福祉の基礎を形づくる「人間の尊厳」、「完全参加と平等」化に向けた概念や価値の形成が見られるようにもなってきた。これまでのしょうがい者福祉の基礎を形づくってきた「ノーマライゼーションの原理」のような基本的な理念・原理・原則にも構造的な変化が見られるようになってきている。当然しょうがい者福祉に関わる法制度も福祉サービスの内容も支援のあり方、社会参加の仕方も今後大きく変わっていくものと思われる。このような変化が、徐々にではあっても、しょうがい当事者と共に歩むことのできる社会づくりに向かうものであってほしいと心から願っている。今はたとえ地域生活化の歩みが鈍くとも、当事者管理の時代からは遠くとも、その時代がいずれやって来ることを願っている。

第2節　日本における脱施設化・地域生活支援の実態

1　はじめに

　今から7、8年程前、筆者は、研究者仲間数人と共に地域移行を積極的に推し進めているA法人A施設を訪問し、2日間にわたって生活体験を行ったことがある。生活体験とは、現場に身を置き、客観的な立場で利用者の生活の実態を観察するというものである。生活体験は記録に残した。生活体験に関する記述内容は、どれも似通っており、厳しい指摘がなされていた。筆者たちが目にした利用者の入所施設での暮らしは、「プライバシーの欠如である。……人間らしい生活とは程遠く、人間としての尊厳が保たれているとはいえない[71]」環境の中で営まれていたということであった。

　この記述内容は地域移行を積極的に推し進めている日本でも著名な法人で観察されたものだが、これはベンクト・ニィリエ（Bengt Nirje）が60年代後半にアメリカの入所施設で見た次のような光景とあまりにもよく似ていた。

　　「そこには、プライバシーは全く存在せず、個人的な事柄は全くなし得ない。そのような収容棟は、ただ人間性の無視と非個人的な生活状態を提供するにとどまる[72]。」

　年代も施設の質も異なってはいたが、このような入所施設の実態を思い出し、筆者がかつて勤務していたB法人B施設をはじめとする入所施設はどうなっているのかを改めて整理してみようと思い立った。そこで　ここでは、およそ40年前にまで遡り、1970年代、および、それ以降の入所施設の実態がどうであったのかを順次振り返ってみることにした。振り返りは評価に繋がる。そこで、第2章第1節で取り上げたスウェーデン社会庁報告書（1990年）[73]の入所施設を指し示す六つの要素〔①目に見えない、②隔離されている、③変化がなく機械的、④集中管理されている（地域で役割や期待がもてない）、⑤社会との関係がなく保護的、⑥本人の意思が尊重されず不平等〕を参考に、入所施設と呼ばずに済むための条件、換言すれば、（地域）社会の一員として生活してい

ると言えるための条件を、上記6要素を援用し、評価指標として用いることにした。

①取り組みが可視化されているか
②社会の一員として地域で生きることができているか
③（取り組みが）自由で変化がもてるものとなっているか
④地域で役割や期待がもてるようになっているか
⑤社会との関係がもて自律的か
⑥本人意思が尊重され平等か

これら六つの評価指標に基づき、順次、1970年代以降の日本の入所施設および（脱施設化とはかけ離れた）地域移行の実態を見、評価していきたいと思う。

2　日本における1970年代以降の入所施設の実態と脱施設化への評価

（1）B法人B施設の実態と脱施設化への評価
1）1970年代から1980年代にかけて

1970年代の入所施設はどうであったのかを、筆者がかつて勤務していた入所施設（東京都、1972年設立、150人定員、かつて公立施設だったが、現在は社会福祉法人となっているため、B法人B施設と表記する）の機関誌に記したエッセイを紹介することから始めたいと思う。今読み返すと主観的で拙い文章の数々だが、大学出たての20代だった当時の筆者が入所施設で働きながら入所施設をどう見ていたのかがよくわかる内容となっている。

筆者が勤務していたのは、1974年当時、公立の（重度・最重度）知的しょうがい児施設で、建物が立派なだけでなく、医療（医師・看護師30人）・訓練（管理職を含む職員30人）・生活が整えられ、大勢の援助職員（利用者150人＋10人の短期入所枠に対して係長を含む生活棟に配置された職員210人）、管理職を含む事務職員（約30人）等が配置された東洋一ともて囃された国立某入所施設をも凌ぐ施設であった。勤務し始めて2年目が終わる頃に、筆者は、施設の機関誌に次のように記した。

「……施設では、何人もの子どもたちが一緒に生活し、画一化された時間帯で動かされ、しかも、意見の異なった職員が何人も配置され、それぞれ別なかかわりをしている。それは、自由な生活のようであって自由ではなく、常に保護という美名の職員の壁にはばまれて、何が何だかわからないような動きを強いられているような場なのです。そうして、それが一生続くのです。……ともすると、私たちは、体験を重視し、理論を軽視したり、体験のぶつかりあいで職員同士の折り合いがつかなかったりします。つまらないことでけんかをし、職員間に溝を作ったりします（また実際、このことが多いのです）。……環境の整備を考える際、施設、施設で働く職員、子どもたちが地域の中にいるかということが問題になってきます。施設で働く職員の宿舎が施設内にあったのでは困ります。子どもたちが地域にとけこみ、地域の人たちと気楽に接することができるようになるには、職員が地域にいなくては話になりません。……次に、施設内に地域の人たちが自由に出入りできるようにすることが大切です。……現在できている諸設備は自由に利用できるようにするとともに、今後増設するものは、体育館にしろ、運動場にしろ、園に近い園外に作り、地域の人たちが自由に使え、本園児もそこに通って一緒に利用できるようにしたいものです。園内で事足りるというような生活では、ますます地域から遠のいてしまいます。学校も、地域の子どもたちと一緒に早く地域の学校に通いたいものです。……[74]」

一職員の思いは、園管理者に取り上げられることはない。組織の運営に活かされることもない。もどかしい思いの中で、筆者たちは、ミニコミを作り、施設の全職員を対象に配布をし始めた。1978年から1979年にかけてである。15号まで続けたが、他の役割をもって活動をし始めたため、それ以上ミニコミは続かなかった。筆者の思いを綴ったエッセイはいくつもあるが、そのうちの一つを紹介してみたい。

「B施設に生活している子ども達は、何故B施設に来なければいけなかったのだろうか。子ども達は、親・兄弟とはなれて何故施設で生活しなければ

いけなかったのだろうか。

　普通私達は結婚をし、家庭を持つ。そのうち子どもがうまれ喧騒な中にも豊かな生活を営むようになる。……地域社会との関係でどこか歯車がかみあわないところもあるが、文明が進歩し、核家族化が進行しても、昔から絶えず変わらぬパターンをくりかえしている。その家庭で、私達は苦労をしながら家族の一員、社会の一員として活動できるようにと願い、子どもを育て、共に生活している。

　こうした家庭環境の中から何故障害をもった子ども達は親元をはなれて施設という場で生活しなければならなくなったのであろうか。障害の克服、教育的配慮、親の負担の軽減……あげればきりがない位多くの理由があげられるだろう。が、ここでは、一つひとつ取り上げることはしないでおこう。ただ、これらの理由が本当に子ども達を幸せにするのかといえば、私はやはり疑問を投げかけざるを得ない。そういうことだけは明らかにしておきたい。

　ところで、私達は親元からはなれた子ども達に本当に温かい接し方をしているだろうか。同じ人間として、同じ仲間として、子ども達がB施設で本当に幸せな生活が送れるような環境を少しでも提供してあげることができているだろうか。私達は24時間体制の中で、8時間勤務という限られた時間の中で一生懸命（？）仕事をし、子ども達の生活を豊かにするという仕事を負わされている。自分たちの生活をも豊かにし、生活を守るという意味も含めて。しかし、どんなに努力しても、私達の思いは何故か子ども達に伝わっていかないような歯がゆさを感じている。いや、むしろ、切りすててしまっているのが現実なのではないだろうか。

　施設に見切りをつけて出て行った子もいれば、問題行動といった形で私達に挑戦状をつきつけ、孤独な闘いをいどんでいる子もいる。自分で望んで施設に入ってきていない子ども達にとって、家庭とは一体どう映っているのであろうか。重い子ども達ばかりが大勢集められ、施設をどう見、親、兄弟をどう見ているのだろうか。子ども達の思いとは全く正反対の方向で処遇されてはいないだろうか。

　学校に行くこと、外出すること、友達をつくること、こうしたあたり前の生活をすることが、障害をもっているから、教育的措置が必要だからという

ことで、狭い部屋に閉じ込め、人権を不当にもおかしてはいないだろうか。
　施設生活は、子ども達にとって決してバラ色ではないような気がする。」[75]

　以上述べたような実態は、筆者がＢ施設を退職する1980年代半ばまで続く。筆者たちはＢ施設のこのような実態を改善するために様々な実践をし、それらの実践を事あるごとに公開の場で発表をし、問題提起をしてきた[76]。しかし、残念ながら、それらの努力が報われたという実感はほとんどなかったように思う。筆者がＢ施設を退職する際、利用者を前に「皆さんがＢ施設を利用する必要がなくなるように社会を変える努力をしていきたい」と言った別れの言葉は今も忘れない。筆者はその一言に拘りをもちながら、今日まで様々な機会を通じて「脱施設化と地域生活支援のあり方」に取り組んできた。

　２）1990年代から現在に至るまで
　1986年４月にＢ施設を退職した筆者は、その後のＢ施設を知らない。Ｂ施設の嫌な思い出を断ち切るために退職以来立ち入らないできているためである。そこで、Ｂ施設に対して客観的な立場から意見を述べてきた人たちの感想を紹介してみたい。
　かつてＢ施設では、管理職主導で施設内改革を行っていたことがある。その取り組みの途上で何人かの方がこの施設に招かれ、講演の中で、あるいは、講演後施設長にあてた手紙の中で次のように語っていたことがある[77]。これらのメッセージはもう16年も前のことなのだが。

　「棟内に色もなく緑もない、自分の空間もない。ここは人間の住むに相応しいところでしょうか。こうも寒々とした施設をこれまで見たことがありません。都立施設は贅沢だと言っているのではありません。与えられた金と人を、ここに居る人たちは幸せですよと胸張って言えるような使い方をしているのでしょうか。」（1996年１月、Ｎ氏）
　「あのデイールームを見た時、母親たちはどんなに辛く苦しいだろう、と思いました。別れることだけでも苦しいのに、あんな殺風景な部屋で、まるで動物園のように、それしかとる道がないのです。そして、利用者は必要以

上に管理され、鍵、カギ、鍵!!、トイレに行っても素足のまま……、悲しいことでした。私はすっかり母親になり、本人になり、泣きながら施設を後にしました……。」(1996年10月、M氏)

　N氏、M氏が述べ、記したことからもわかるように、B施設の1990年代半ばの施設環境や利用者に対する関わりの実態は、筆者が勤務していた1970年代から1980年代にかけての実態とほとんど何も変わっていないことがわかる。

　また、筆者が勤務していたB施設の2012年7月8日現在のホームページ[78]等を参照すると、2012年4月1日現在、利用者定員総数：160人＋短期入所10人へと10人増、利用者現員数：151人、居室数：2人部屋20、3人部屋31、4人部屋9、職員総数：275人（常勤職員総数231人、非常勤職員総数41人）となっている。公立施設から社会福祉法人東京都社会福祉事業団へと組織移管し、日中活動部門（生活介護事業としてのデイサービス）を地域に開き、療育相談部門を設け、2008年度までに15人の地域移行を実現させてきていた。

　さらに、福祉サービス第三者評価情報・利用者調査結果によると[79]、全体の評価好評も好意的で、利用者（本人以外の親族）も概ね「満足」と答えている。しかし、「利用者の気持ちは尊重されていると思うか」では54％が「はい」と答えていたものの、「どちらともいえない」(36％)、「いいえ」(10％)で、半数近くが必ずしも「満足していない」結果が示されていた。また、「不満や要望を事業所（施設）に言いやすいか」では52％が「はい」と答えていたものの、「どちらともいえない」(36％)、「いいえ」(5％)「無回答・非該当」(7％)で、同様の回答が示されていた。親族を含めた施設利用者が置かれている立場を考えたとき、福祉サービス第三者評価が必ずしも親族および施設利用者本人が施設生活をどのように送り、どう感じているのかを正確に評価していないように思われた。

　3）総合的に判断して
　上記のことから、主観的ではあるが、筆者のB法人B施設の実態と脱施設化への評価は著しく低く、施設規模も、施設における支援内容も、その実態は、筆者が働いていた時代とそれほど大きく変わっていないと結論づけることがで

きた。上述した福祉サービス第三者評価情報・利用者調査結果の中で、「不満や要望を事業所（施設）に言いにくい」利用者が、調査結果全体に対するコメントの中で、「散歩など、身体を動かす時間を増やしてほしい」「職員数の少なさが気になります。増員を考えてほしい」「進路（筆者注：児童施設としてのB施設から他の成人施設への転園のこと）についての不安があります」「施設内の衛生管理に力を入れてほしい」などの要望や意見を出していたが、これらの切実な声は、たとえ少数ではあっても、筆者と同じ思いの保護者・親族がいたことの証左と取ることができる。

（2）C法人C施設の実態と脱施設化への評価
　C法人C施設（徳島県、1960年設立、150人定員）は、これまでにテレビや雑誌でも取り上げられてきた。当時メディアを通して受けたC施設への印象は、私たちの日常生活とは大きくかけ離れた利用者の空虚な生活を強いる場だということであった。1998年9月24日のNHK教育テレビのナレーションをそのまま引用すると次のようになる。

　「この施設には、現在、男女あわせて150人（筆者注：2012年7月9日現在、サービス管理責任者：専従常勤2人・兼務常勤、生活支援員：兼務常勤47人・兼務非常勤15人）が暮らしています。朝6時半、施設の生活がはじまります。目をさました利用者たちは、廊下にならんで職員の回ってくるのを待ちます。職員は、利用者がそろっているかどうかを確かめ、寝ている人を起こします。……
　朝食の後、8時45分から朝礼です。注意事項などが伝えられます。施設の利用者は、決められた日課によって生活を送っています。起床は6時半。就寝は9時。
　150人という集団での生活を送るためにスケジュールは細かく決められています。……」[80]

　テレビ放映の2カ月程前の全日本手をつなぐ育成会の機関誌には、この施設の実態（C法人内の別セクションで実習を行っていた実習生がC施設で数日実習を

行った際の実習日誌に書かれてあった記載内容）が次のように記してあった。

「（食事の風景）私が経験した入所施設では、利用者が話をすると職員が怒り、職員の言うことを聞かないと食堂から追い出すというものだった。その指導の仕方も職員によって異なり、また、職員の機嫌によっても異なるものであった。施設自体が時間で動いているため、まだ利用者が食事をしていても掃除をするというものだった。[81]」

「（お風呂）昼の一時すぎから『入浴指導』という形で利用者をどんどん狭い風呂に入れていく。指導というのに、職員が利用者の体を洗うだけであり、少しずつでも自分ですることで入浴が可能な人がいても、職員が『この人には無理だ』というかってな決めつけにより体を洗うものであった。……職員に『夜勤のときにこのお風呂に入るのですか？』と尋ねると、『入るわけないで。こんなんに入りよったら反対によけいに帰ってきれいに洗わなあかんわ』という答えが返ってきた。……同じ人間が入浴をしているというものではなく、まるで動物を入浴させているかのようなものであった。[82]」

「（職員と利用者との関係）職員がたばこを吸うとき、利用者に灰皿を持たせ、そこに灰を落とすというようなことも目にした。……利用者がたばこを吸うとき、職員は灰皿を持っているのか？」「朝礼では、みんな職員の方にいすを向けて、まるで軍隊のようである……休日も利用者の意志とは無関係に朝早く起こされ、朝礼をし、その朝礼の場では、職員が『職員に迷惑をかけないようにしましょう』と言う始末である。[83]」

　同じ法人内でもＣ施設とは異なるセクション（就労支援や地域生活支援を行っているこのセクションはＣ施設からの移行者が多く、このセクションを通して地域移行している）で実習を行っており、自由に実習日誌を書ける立場にあったことから発覚した出来事だった。しかし、それにしても、Ｃ施設でこのような不適切極まりない差別的とも言える関わりが常態化しているのだということを痛切に感じさせられた。

　1998年9月24日のテレビ番組の後半では、「さんづけ」の励行や食事の選択メニューに向けた取り組みが紹介されていた。また、当時、建物の建替え中

であり、生活環境の改善（２人部屋化）に向けた動きがなされていたが、こうした取り組みを通して上述した長年積み重ねられてきた職員優位の関わりや入所施設特有の管理的・閉鎖的な生活が打破できていけるかどうかははなはだ疑問であった。

　このような施設の実態に接し、筆者たちは学生たちと共に「施設改革プロジェクト」を立ち上げ、下記のような前提となる認識をもちながら、C施設での体験生活を実施し、「施設改革試案」を作成した。[84]「施設改革試案」は、C法人理事長に提出し、C施設の改革に活かしてほしい旨の要請を行った。以下はその骨子である。

認識：施設改革は、大規模施設が有している構造的な問題（集団管理を前提とした、職員の労働条件や意思が優先されがちな、しかも、個別支援が困難な構造）を解決して初めて改革と言える。つまり、環境に具体的に介入して初めて効果が見られるのであり、病的なものを再生産する構造を温存した中での小手先の改革では何ら意味がない。その意味で、次に示す提案は、C施設の改革に留まらず、住宅と労働の場が兼ね備わった入所施設での保護から一人ひとりのニーズに応じた人的援助が地域の中で提供できる社会へと続く社会変革でなければならない。

施設改革試案の概要：
①施設そのものを細分化・地域化し、施設機能を地域に分散させる。施設の機能はいくつか残したとしても、それらは地域の社会資源として利用する。
②入所施設内居住棟の細分化、生活単位の小規模化・家庭化（最大４～５人）を図り、個室を保障すること。施設外就労・地域での活動も積極的に進めること。地域グループホーム化・自立生活化も積極的に推進すること。
③すべての施設・活動の場で、利用者主体の処遇や活動に改め、自由度を高め、非暴力とプライバシーの保護を徹底すること。

　上記のいくつかの出来事から総合的評価を行ってみると、C施設は旧来の閉鎖的な入所施設の枠から一歩も出ることができていなかったということであり、全日本手をつなぐ育成会の機関誌に記されていた施設の実態が垣間見られてい

たということでもあった。地域移行はＣ施設とは異なるセクションを通してなされており、脱施設化と呼べる状態ではなかった。なお、(1)で示したＢ法人Ｂ施設の「利用者定数：職員定数＝160：275」と比べＣ法人Ｃ施設は「利用者定数：職員定数＝150：62」[85]であり、公私格差が歴然としていた。Ｃ施設の権利擁護事業実施報告[86]には十分現れてこないものの、Ｃ施設の実態を憂えている親族を含む関係者が潜在的に多くいるものと思われた。

（３）Ｄ法人Ｄ施設の実態と脱施設化への評価

Ｄ法人（静岡県、1966年設立）は、キリスト教信徒夫妻の思想と事業姿勢に共感した人たちの手によって創設された東海地区にある民間社会事業団体で、2010年4月現在、5地区に17事業所（障害者支援施設、生活介護・児童デイサービス・日中一時支援事業5カ所、自立促進地域作業所、放課後支援事業、共同生活介護事業2カ所5拠点、入所更生施設、重症心身障害児・者施設、同通園事業Ａ型、相談支援事業3カ所、研究所）をもつ団体に発展している社会福祉法人である。

Ｄ法人は、入所施設を中心とした取り組みを脱して、小さな単位の暮らしや日中活動の場を分ける取り組み、施設を離れ、地域の住宅で生活する試みへと発展させ、「知的ハンディのある人たちとともにコミュニティの再生をめざす[87]」取り組みを行おうとしている。

筆者は、2010年12月上旬、Ｄ法人各施設・事業所を訪れ、2011年度に予定されている知的障害者入所更生施設の建替えへの助言を行うために2日間にわたる各施設・事業所での参与観察を行った。結果としてこの参与観察は、Ｄ法人における利用者支援への取り組みに対する点検・評価を行うことにもなった。

Ｄ法人は入所施設からスタートしており、中程度の規模とは言え3カ所の入所施設をもっている。そのため、Ｄ法人における利用者支援への取り組みに対する点検・評価は、まず入所施設に対してなされる必要があり、バックアップ施設が行っている地域生活支援の取り組みに対してもなされることになった。

以下に示す内容は、筆者の訪問・実習を通してなされた参与観察に基づくものである。観察結果には主観的要素が多分に交じるものの、「自由・幸福追求の権利[88]」を有する一人の人間として、もし筆者がここで生活し、働いていたとしたらどのように感じ、何を思うだろうかという視点で参与観察を行った。

1）入所更生施設（定員50人・現員45人：男26人・女19人）（平均年齢：男50.3歳、女52.5歳）（職員25人：施設長1人、事務職3人、看護師1人、栄養士1人、生活支援員18人、支援員補助1人[89]）

　施設中央の入口には鍵がかかっていた。50人は4棟独立型の各小舎に分かれて生活しており、各小舎へは自由に出入りができるようになっていた。しかし、中央の入口を通らないと外には出られない仕組みになっていた。各小舎は、概ね2～3人共有の部屋となっていた。各小舎の運営は各小舎ごとになされているのではなく、全体調整の中で職員体制を決めて対応していた。小舎ごとのシフトでは全体がまわらないためというのが理由であった。小舎制の利点が十分に活かされていないように思えた。そのせいか、利用者は皆生気がないように見えた。ほとんどの利用者が職員とのコミュニケーションを求めて話しかけるが、職員の一時的な対応に終わっていた。昼食時も、職員が少なかったためか、楽しい食事時の光景というよりは、殺風景な食事風景で、職員の対応に指示的・管理的な要素が見られた。

2）生活介護事業所・自立促進地域作業所

　木工・缶つぶし作業が行われていた。この作業は同じように毎日行われているようで、楽しそうには見えなかった。もっと変化があって一人ひとりが輝く仕事や活動がないものだろうか、取り組みが自由で本人意思がもっと尊重された仕事や活動がないものだろうかという思いにさせられた。職場環境の工夫（例えば、灰塵処理の仕方）や一部職員の一方的な関わり方も気になった。

3）放課後支援事業

　狭い空間の中で見守りを中心とする支援が行われていたが、対象者が児童ということもあり、躾的関わり方（指示・命令・腕つかみ等）が多く見られていた。躾が不適切な対応に発展することがないように祈るばかりだった。

4）共同生活介護事業（4人定員1カ所、5人定員2カ所、6人定員2カ所）

　ここでは入所更生施設とは異なる雰囲気と明るい表情が見られ、共同生活介

護事業で暮らす利用者の満足度は入所施設よりもはるかに高いという印象を受けた。入所施設敷地内に建てられているホームが1カ所あったが、本来のホーム設置目的を考えた場合、このホームは施設敷地外に建てられる必要があったのではないか。

　5）障害者支援施設（児童部定員20人・現員19人：男15人・女4人、小学生3人、中学生1人、高校生7人、19歳以上8人、成人部定員・現員30人：男21人・女9人、平均年齢：男43.3歳・女42.0歳）（職員22人：施設長1人、事務職2人、看護師・保育士・支援員10人、心理職1人、調理員4人、介助員1人、その他3人)[90]

　D法人初の全個室、5～6人からなるユニット形式を採用した施設だった。一人ひとりのプライバシーを守り、その人らしい生活を保障するためにつくられた新しいタイプの居住施設だった。しかし、職員配置が不十分なためか、利用者との関わりがあまり見られず、職員は雑用をこなすことに終始しているように見えた。また、利用者は依然として職員の管理下におかれているようにも見えた。さらに、大多数の利用者が何もすることがないかのごとく、無気力で、廊下をウロウロし、自由時間を有意義に過ごしているようには思えなかった。また、エネルギーにあふれる利用者が多い児童部では、管理を余儀なくされ、職員が絶えずストレスを抱えている様子が垣間見られた。総じてユニット形式故の問題と課題が表面化し、利用者への関わりの薄さ、職員の目が十分に行きとどいていない実態が垣間見られた。

　(4) 3法人3施設の実態・脱施設化への評価と今後への期待
　参与観察や各種文献に基づき、3法人3施設の取り組みに対して、次のような評価結果が示された。3法人3施設の取り組みは、いずれも、
①可視化されているとは言い難かった。
②各施設で暮らし、働いてはいるものの、社会の一員として活動できているとは言い難かった。
③各施設の利用者は、自由で、変化のある暮らしや働きや活動をしているとは言い難かった。

④各施設の利用者は、地域で役割や期待をもって暮らし、働き、活動しているとは言い難かった。
⑤社会との関係がもて、自律的な暮らし、働き、活動をしているとは言い難かった。
⑥利用者の意思が尊重され、平等だとは言い難かった。むしろ、利用者の権利が侵害されている可能性があると思われた。

　指標に沿って施設の評価をしてみると、自ずと結果が出てくる。今回の結果を一言で言えば、入所施設では人権は保障されにくく、入所施設が豊かな暮らしの場とはなっていないことが判明した。そうであるならば、先に示した「施設改革プロジェクト」の「施設改革試案」もそれほど有効ではないということになる。しかし、それでもなお、D法人のように、法人をあげて改革に取り組もうとしていた。改革の目標は、「1．小さな暮らしを提供すること、2．選択肢・自由度の幅を広げること……ご本人の主体性やエンパワメントを高められるように（すること）、3．自治会活動への参加や役割を担い……地域の一員として責務が果たせるように（すること）[91]」であり、「4．日中活動場所との職住分離……[92]」であり、どの法人・施設でも必要とされている目標であった。
　これら四つの目標・着眼点の中には、小さな暮らしを提供するとは？　選択肢・自由度の幅を広げる（主体性・エンパワメント）とは？　自治会活動への参加や役割を担う（地域の一員としての責務を果たす）とは？　日中活動場所との職住分離とは？　本人のニーズに即した支援とは？　地域の再生とは？といったいくつもの問い（課題）が隠されている。これら一つひとつの問い（課題）を検討し、問い（課題）の解決に向かって歩んでいく必要がある。これまでの実践の振り返り（検証）も必要となる。例えば、2008年11月に移転改築した障害者支援施設のユニット形式、施設内個室化、日中活動の場を切り離す試みはうまく機能したのか、一人ひとりにあった支援に繋がったのか、という問い掛けと検証の必要性である。
　「暮らしの場は小さければよいか」という命題を考える際、それは「一人ひとりにあった支援とは何か」という問い（命題）とも重なる。「施設とは何か（どういう所か）」という問い（命題）を掲げて検討を深めていくと「一人ひと

りにあった支援とは何か」が見えてくるかもしれない。「一人ひとりにあった支援」とは、「施設」での支援とは対極にあるもの、つまり、「施設」的なもの＝「施設的構造」を極力排除する支援でもある。これは、施設的構造を温存したままの地域化であってはならないということをも意味している。施設的構造を温存したままの地域化は「地域生活のミニ施設化」をもたらし、本人ニーズに即した支援や地域のインクルージョン化には至らないからである。「施設とは何か」「一人ひとりにあった支援とは何か」の検討の中から自ずと「コミュニティ再生」は見えてくる。「コミュニティ再生」は、「入所施設の構造から脱する」取り組みの中からしか生まれてこないのである。

第3節　結婚支援を通して見る日本における地域生活支援の実態

　本節で取り上げるのは9年前（2004年8月〜11月）に日本の各地で実施した結婚生活支援に関する実態調査結果だが、知的しょうがい者の地域生活や地域生活支援の実態を知ることができる。しかも、この調査の対象となった人たちの大多数（85.2％）が入所施設での生活経験をもっていたことを考えると、脱施設後の地域生活支援の実態を現していると判断することができる。また、1995年度のＮＨＫ厚生文化事業団の調査によると、就労をしている軽度知的しょうがい者の結婚の割合はわずか6％であり、さらに、厚生労働省2005年度知的障害児（者）基礎調査結果の概要[94]（以下、「2005全国基礎調査」。この年度以降「全国基礎調査結果」は示されていない）によると、知的しょうがい者総数547,000人、在宅者数419,000人、18歳以上の在宅者数289,600人（いずれも推計）[95]で、そのうち「夫婦で暮らしている」が3.1％（48人）であった[96]。この割合は恐らく今でもほとんど変わっていないのではないかと思われる。

　ここで取り上げる実態調査には54組108人の結婚カップル（2005全国基礎調査対象者の「夫婦で暮らしている」人の数よりも多い）が参加しており、その意味でも有意義な知見が得られるのではないかと判断し、本節で取り上げることにした。なお、本調査とほぼ同時期に行われた2005全国基礎調査の結果を随時盛り込みながら本稿を記していく。

1 調査方法

　全国の知的しょうがい者通勤寮・青年寮・地域生活支援センター（いずれも社会福祉法人が運営する地域生活支援の拠点センターであり、本書では、「法人」「センター」と表記する）などの支援機関の中から支援対象者の中に結婚カップルが比較的多いと思われるE法人Eセンター、F法人Fセンター、G法人Gセンター、C法人Hセンターの4支援機関を選び、結婚生活支援に関する調査を実施した。対象者は入籍の有無に関わらず一緒に生活している結婚カップル、または、直近の時期まで一緒に生活をしていたカップルとした。

　本調査では、複合面接調査法を採用した。所定の調査用紙を各施設の調査担当者に郵送し、主として調査担当職員が調査項目に沿って対象者にインタビューを行うという方法をとった。対象者が自分で記載できる部分については記載していただき、調査担当職員が補足的に調査用紙に記載するという方法をとったケースもあった。調査は、2004年8月から11月にかけて行われた。調査領域は、「支援対象者及び世帯の状況」「支援内容（回数及び具体的支援内容）」「結婚までのプロセス及び周囲の理解」「結婚生活に対する評価と結婚してからの問題点」「離婚または交際中のケースについて」であり、領域ごとにさらにいくつかの質問項目が用意されていた。所要時間は、1～2時間とカップルにより幅があった。

　調査対象者はEセンター12組（結婚・同棲11組、離婚1組）、Fセンター18組（結婚・同棲17組、離婚1組）、Gセンター9組（結婚・同棲8組、離婚1組）、Hセンター15組（結婚・同棲12組、離婚3組）の計54組で、対象者の結婚・同棲、離婚の人数に支援機関ごとの有意差は見られなかった（表1参照）。なお、恋愛中の者は分析の対象外とした。

表1．対象者の結婚・同棲、離婚、恋愛中の人数の内訳

調査対象センター	結婚・同棲	離婚	合計（組）	恋愛中
Eセンター	11	1	12	1
Fセンター	17	1	18	0
Gセンター	8	1	9	1
Hセンター	12	3	15	2
合計	48	6	54	4

$x^2=1.856$ df=3 †

回収された調査票に基づいて2004年12月から2005年2月にかけてデータ入力作業が行われ、2005年2月から3月にかけて分析作業が行われた。分析作業は、SPSS for Windows Version 12を用いて行われた。

　分析結果の整理は、まず、(1)支援対象者の状況、(2)支援対象者の世帯の状況、(3)支援対象者への支援内容、(4)結婚までのプロセス及び周囲の理解、(5)結婚生活に対する評価と結婚してからの問題点、(6)離婚のケースについて、各領域毎に単純集計を行い、対象結婚カップルの結婚に至るプロセスや結婚生活の実態を把握できるようにした。次に、(1)～(4)の各領域では単純集計だけでは分かりにくい項目が見られたため、対象結婚カップルの結婚に至るプロセスや結婚生活に影響を与えていると思われるカテゴリー変数xを導き出し、調査各項目をカテゴリー変数yとしてクロス集計を行った。カテゴリー変数xには、「支援機関」と「しょうがい程度」が選ばれた。最後に、(1)～(2)の各領域では、一定のカテゴリーに分けられた変数xおよび変数yとの間にどのような差異があるのかを調べるためにピアスンのカイ2乗検定が用いられた。また、二つ以上の群の平均値の比較を行うために、分散分析を用いて検定が行われた。なお、文中の$p<0.05$、$p<0.01$、$p<0.001$は、それぞれ5％、1％、0.1％有意水準で有意差があったことを意味している。

2　調査結果

（1）支援対象者の状況

1）対象者（結婚・同棲・離婚）の現在の年齢

　対象者（結婚・同棲・離婚）の年齢は、全員20歳以上で、40歳台が最も多く（31.5％）、30歳台から50歳台までが大多数（87.1％）を占めていた。対象者の現在の平均年齢は、43.4歳で、男性が44.8歳、女性が42.0歳であった。対象者の年齢（10歳ごとの年齢幅）に性差による有意差は見られなかった。また、平均年齢における性差にも有意差は見られなかった。

　対象者の現在の年齢（範囲）では、支援機関別の比較で有意差（$p<0.01$）が見られていた。Eセンターでは30歳台から50歳台の対象者が占め、Fセンターでは比較的年配の40歳台から50歳台の対象者が占めていた。また、Gセンターでは比較的若い20歳台から40歳台の対象者が占め、Hセンターで

は30歳台から40歳台の対象者が多く占めていた。なお、対象者の現在の年齢（10歳ごとの年齢幅）の支援機関別平均年齢には有意差（p<0.01）が見られており、Fセンターの46.7歳が最も高く、次いでEセンターの44.2歳、Hセンターの42.6歳、最も低いのがGセンターの37.1歳であった。

対象者の年齢（10歳ごとの年齢幅）をしょうがい程度別で見てみても、有意差（p<0.01）が見られていた。中軽度のしょうがいがある対象者が20歳台から50歳台を多く占めており、特に20歳台の若い結婚カップルはしょうがいの程度が軽かった。一方、重度のしょうがいがある対象者は、50歳台に集中していた。平均年齢は軽度のしょうがいがある対象者が41.9歳と最も若く、重度のしょうがいがある対象者は49.5歳と比較的年齢が高いという結果が示されていたが、しょうがい程度別の平均年齢には統計的に有意差は見られなかった。

2）対象者（結婚・同棲・離婚）の結婚・同棲時の年齢

対象者（結婚・同棲・離婚）の結婚・同棲時の年齢は、10歳台が2人（1.9％）おり、30歳台が最も多かった（43.5％）。結婚・同棲時の年齢は、男女共に、20歳台・30歳台が大半（73.1％）を占めていた。対象者（結婚・同棲・離婚）の結婚・同棲の性差による10歳ごとの年齢幅においても平均年齢においても有意差は見られておらず、対象者の結婚・同棲時の平均年齢は34.1歳で、男性の平均年齢が35.5歳、女性のそれは32.7歳であった。

対象者の結婚・同棲時の年齢（10歳ごとの年齢幅）を支援機関別に見てみても、有意差は見られなかった。Eセンターでは半数近くが30歳台で結婚し、Fセンターでは大多数のカップルが20歳台から40歳台に結婚をしていた。また、Gセンターでは大多数が40歳までに結婚をし、Hセンターでは大多数のカップルが20歳台から40歳台に結婚をしていた。一方、支援機関別に結婚平均年齢を見てみると有意差（p<0.05）が見られており、Eセンターの39.1歳が最も高く、次いでFセンターの36.0歳、GセンターとHセンターが共に31.9歳であった。

対象者の現在の年齢（10歳ごとの年齢幅）をしょうがい程度別で見てみても有意差は見られなかったが、各しょうがい程度別の平均年齢では有意差

（p<0.05）が見られていた。

軽度のしょうがいがある対象者は20歳台から30歳台に結婚をしており、10代に結婚をしている者もいた。中度のしょうがいがある対象者の大多数が20歳台から40歳台に結婚をしていた。重度のしょうがいをもつ対象者は30歳台以降に結婚をしており、30歳台から50歳台に結婚が集中していた。軽度のしょうがいがある対象者は平均年齢が32.4歳と最も若く、次いで中度者の36.2歳、重度者は42.0歳と最も結婚年齢が高かった。

3）対象者（結婚・同棲・離婚）の入所施設経験年数

入所施設経験がなかったのは14.8％であり、大多数の結婚カップル（85.2％）が入所施設で暮らした経験をもっていた。入所施設での生活経験は3年未満の人が最も多く（24.1％）、過半数（52.8％）が10年未満であった。入所施設平均在籍年数は、8.0年（男：7.3年、女：8.7年）であった。性差による対象者（結婚・同棲・離婚）の入所施設経験年数間にも平均年齢にも有意差は見られなかった。

対象者（結婚・同棲・離婚）の入所施設経験年数を支援機関別に見てみると、有意差（p<0.001）が見られていた。支援機関別平均年齢でも有意差（p<0.001）が見られていた。

Eセンターでは大多数が入所施設経験10年未満であり（83.3％）、10年以上施設入所の経験のある人は少なかった（16.7％）。Fセンターでは41.7％の人が施設入所年数が4年未満であったが、半数以上の人たちは4年以上の各年代で施設入所の経験があった。Gセンターでは6年以上の施設入所の経験を有する人は11.1％に過ぎなかった。逆にHセンターでは、大多数の人（76.7％）が6年以上施設入所経験をもっていた。Fセンターを除く3センターでは5人に1人（20.8％）が施設入所の経験がなく、学校卒業後各センターで生活・就労トレーニングを受けるなかで結婚（同棲）をする機会を得ていることが判明した。

Hセンター対象者の平均施設入所経験年数が11.7年と最も長く、次いでFセンターの9.6年、Eセンターの4.9年、Gセンター対象者の施設入所経験年数は2.8年と最も短かった。中でもGセンター対象者の3人に1人（33.3％）が施設入所の経験がなかった。

対象者（結婚・同棲・離婚）の入所施設経験年数をしょうがい程度別に見てみたが、有意差は見られなかった。中軽度のしょうがいがある結婚経験者の4人に1人（25.3%）が施設入所経験4年未満だったものの、4年以上の各年代の施設入所経験を有していることが判明した。また、施設入所経験6年以上を見てみると、軽度者が33.3%であったのに対して、中度者が過半数の57.8%であった。一方、重度のしょうがいがある人たちの4人に3人（75%）が施設入所の経験がないか施設入所6年未満で結婚する傾向が見られていた。

　しょうがい程度別の施設入所平均年数には有意差が見られておらず、軽度の場合が7.6年、中度の場合が9.8年、重度の場合が5.6年であった。

4）対象者（結婚・同棲・離婚）のしょうがいの程度

　対象者（結婚・同棲・離婚）のしょうがいの程度は、軽度、中度が大多数（88.0%）を占めており、しょうがいの程度の比較的軽い人（中度の人も含む）が多かった（2005全国基礎調査では、18歳以上のしょうがい程度の割合が軽度21.8%、中度27.2%、重度25.5%、最重度13.7%であった[97]）。重度の人は7.4%を占めていたがコミュニケーションが可能な人たちだと推測された。対象者（結婚・同棲・離婚）のしょうがいの程度を性別に見てみると有意差（$p<0.05$）が見られており、男性の過半数が軽度（57.4%）で女性の過半数が中度（51.9%）であった。重度者は男性（25%）よりも女性（75%）に多かった。

　支援機関別の対象者（結婚・同棲・離婚）のしょうがいの程度には、有意差（$p<0.01$）が見られていた。Eセンターでは中度の人が最も多く（58.3%）、重度の人の占める割合も他のセンターに比べると高かった（16.7%）。Fセンターでは軽度の人が最も多く（69.4%）、ほとんどが中軽度の人（97.2%）であった。Gセンターでは軽度の人と中度・重度を合わせた人の割合が同じ（38.9%）で、しょうがいのない人との結婚も他のセンターと比べると多かった（16.7%）。Hセンターでは中度の人が最も多く（56.7%）、重度の人はいなかった。

　聴覚しょうがい・肢体不自由・精神疾患といった重複しょうがいのある人たちはあまりおらず（4.7%）、性差による有意差も見られていなかった。

　支援機関別に対象者（結婚・同棲・離婚）の重複しょうがいを見てみると、有意差（$p<0.05$）が見られていた。重複しょうがいの人たちがいたのはEセン

ター、Fセンター、Gセンターであり、Gセンターの16.7％が重複しょうがいを有していた。

　しょうがい程度別に対象者（結婚・同棲・離婚）の重複しょうがいを見てみると、1％有意水準で有意差が見られていた。軽度・中度・重度のいずれにも重複しょうがいを有する人がいたが、過半数（60.0％）が中度の人であった。

5）対象者（結婚・同棲・離婚）の就労状況と月額収入の拠り所

　対象者（結婚・同棲・離婚）の就労状況を性差で見てみると有意差（p<0.001）が認められた。一般就労が約6割（62.0％）を占め、正規雇用が46.3％（男：70％、女：30％）で、パート雇用が15.7％であった（2005全国基礎調査では、正規雇用15.7％、臨時雇用14.8％、作業所58.3％であった[98]）。女性の福祉的就労（20.4％）や不就労（24.1％）に占めている割合が高く、過半数近い割合（44.5％）となっていた。福祉的就労、不就労に占める割合を男性と比べてみると、福祉的就労は男21.4％、女78.6％で、不就労は男18.8％、女81.3％であった（2005全国基礎調査では、18歳以上の場合、職場・会社17.5％、福祉的就労46.1％、デイサービスセンター3.8％、不就労25.0％であった[99]）。不就労の男性3人は、いずれも高齢によっており、女性の場合は主婦が多かった。失業中の人も10.2％（男45.5％、女54.5％）いた。男性（夫）依存の家計維持の実態と十分な障害基礎年金の受給がなければ家庭生活の維持に困難さを生じさせる実態となっていた。

　支援機関別に対象者（結婚・同棲・離婚）の就労状況を見てみると、有意差（p<0.05）が見られていた。Eセンターは過半数（54.2％）が正規雇用であったものの、4人に1人（25％）が福祉的就労であった。Fセンターでは4割近く（38.9％）が正規雇用であったものの、3人に1人（36.1％）が不就労か失業中であった。Gセンターでは正規雇用（22.2％）よりもパート雇用（33.3％）が多く、3人に1人（33.3％）が不就労か失業中であった。Hセンターは過半数（63.3％）が正規雇用で、およそ4人に1人（23.3％）が不就労か失業中であった。不就労か失業中が最も少なかったのはEセンターであった（4.2％）。

　しょうがい程度別に対象者（結婚・同棲・離婚）の就労状況を見ても、有意差は見られなかった。軽度（48.0％）・中度（44.4％）共に半数以上が正規雇用で、共に不就労・失業中（軽度30.0％、中度22.2％）も多いという結果が示されてい

た。福祉的就労に占める割合は、中度の人（64.3％）に多かった。重度の人たちは正規雇用（37.5％）・パート雇用（37.5％）・福祉的就労（25.0％）に就いており、不就労・失業中の人は誰もいなかった。しょうがいのない人の多くは正規雇用（75.0％）に就いていたが、不就労の人も1人（25.0％）いた。

　なお、月額収入の算定基礎を、正規職員・パート職員の場合に賃金、福祉的就労の場合に工賃とすると、賃金による収入は67人（62.0％）、工賃による収入は14人（13.0％）であった。男女別に賃金・工賃等による月額収入を見てみると有意差（p<0.001）が見られていた。大多数の男性が賃金（79.6％）による収入があったのに対して、女性では工賃または賃金・工賃がないが併せて過半数（55.6％）を占めていた。

　さらに、大多数の人（93.5％）は、障害基礎年金（年金1級10.2％、年金2級83.3％）を受給しており、家計を維持するための大切な収入源となっていた（2005全国基礎調査では、手当・年金の受給69.4％、申し込み中1.0％、未受給14.1％であった[100]）。その他として扶養共済、福祉手当、家賃助成、失業手当を受給している人がいたが本稿では分析から除いた。ただ、障害基礎年金に性差による有意差（p<0.05）が見られており、女性の障害基礎年金1級の受給率（81.8％、全体の8.3％）が男性よりもかなり高いという結果が出ていた。同様に男性で障害基礎年金を受給していない割合が女性よりも高い（85.7％、全体の5.6％）という結果が示されていた。

　賃金・工賃等月額収入を支援機関別に見てみると有意差（p<0.001）が見られていた。Eセンターの対象者（91.7％）もFセンターの対象者（83.3％）も共に大多数が賃金を主な月額収入とすることができていたが、Gセンター（66.7％）やHセンター（36.7％）では賃金や工賃がない状態の割合が高かった。また、Gセンター（83.3％）やHセンター（60.0％）では、工賃と（賃金・工賃）なしを併せると賃金・工賃等月額収入が少なく生活に不安定さを与える可能性が高い人たちが半数以上にも上っていた。

　賃金・工賃等月額収入をしょうがい程度別に見てみると、有意差は見られなかった。各しょうがいそれぞれに月の賃金・工賃による固定収入がない割合が高かったものの（軽度：20.0％、中度：26.7％、重度：25.0％）、どのしょうがい程度の人たちも半数以上（軽度：68.0％、中度：57.8％、重度：75.0％）が月々固定

賃金を得ることができていた。

　障害基礎年金取得状況を支援機関別に見てみると、有意差は見られていなかった。Ｅセンター（8.3％）・Ｆセンター（11.1％）・Ｈセンター（16.7％）に障害基礎年金１級受給者が若干見られていたものの、どのセンターでも大多数の対象者が障害基礎年金２級を受給していた（Ｅセンター：91.7％、Ｆセンター：83.3％、Ｇセンター：77.8％、Ｈセンター：80.0％）。

　障害基礎年金取得状況をしょうがい程度別に見てみると、有意差（p<0.001）が見られていた。しょうがいの程度に関わらず大多数の対象者（軽度：94.0％、中度：82.2％、重度：75.0％）に障害基礎年金２級が支給されていた。軽度の２人が障害基礎年金を受給しておらず、中度と判定された対象者の17.8％が障害基礎年金１級を受給していた。軽度のしょうがいのある人のうち２人（4.0％）が障害基礎年金を受給していなかった。

６）対象者の賃金・工賃による月額収入

　対象者の賃金・工賃による月額収入には、有意差（p<0.01）が見られていた。賃金・工賃による「収入なし」（29.6％）が最も多く、次いで賃金・工賃「10万円～15万円」（20.4％）であったが、「収入なし」では女性の占めている割合（71.9％）が多く、「10万円～15万円」では男性の占めている割合（72.7％）が多かった（2005全国基礎調査では、５万円までが全体の67.3％。就労形態別の給料をみると、正規職員・臨時雇用７万円～10万円26.1％、作業所の工賃１万円未満が70.7％であった[101]）。賃金・工賃が10万円未満の人が過半数を超え（65.5％）、10万円以上の賃金・工賃を得ている人（35.2％）をはるかに超えていた。賃金・工賃が10万円未満の人は女性に多く（87.0％）、10万円以上の賃金・工賃を得ている人は男性（57.4％）に多かった。

　対象者の賃金・工賃の月額収入を支援機関別に見てみると、有意差（p<0.05）が見られていた。どのセンターでも過半数の人たちが収入なしか賃金・工賃の月額収入が10万円未満であった。Ｅセンターでは収入なしの人たちが少なかった（4.2％）ものの、賃金・工賃の月額収入が10万円未満の人たちが66.7％にものぼっていた。Ｆセンターでは、収入なしが半数近く（47.2％）を占めていたものの、賃金・工賃10万円以上の月額収入を得ている人たちも半数

近く（44.4％）を占めていた。Gセンターでは収入なしが3人に1人（33.3％）おり、給与を得ている人の約4割（38.9％）が賃金・工賃の月額収入が10万円未満であった。Hセンターでは収入なしが26.7％で、給与を得ている人の4割が賃金・工賃の月額収入が10万円未満であった。Fセンターを除く他のセンターの賃金・工賃10万円以上の月額収入を得ている人たち（Eセンター：29.2％、Gセンター：27.8％、Hセンター：33.3％）は、Fセンターの10万円以上の月額収入を得ている人たちと比べるとその割合は低かった。

対象者の賃金・工賃の月額収入をしょうがい程度別に見てみても、有意差は見られていなかった。軽度・中度の人たちの収入なしに占める割合が高かった（27.8％）が、賃金・工賃の月額収入が10万円未満（収入なしも含む）であったのは、軽度の人（54.0％）よりも中度（77.8％）・重度（75.0％）の人たちであった。軽度の人たちは、約半数（46.0％）が賃金・工賃の月額収入が10万円以上であった。しょうがい程度が重い人たちほど賃金・工賃による月額収入が低いという結果が見られていた。また、しょうがいのない人は、一部の不明者を除いて15万円以上の賃金・工賃による月額収入を得ていた。

対象者の月額総収入を性別で見てみると、有意差（$p<0.001$）が見られており、月額総収入が最も多いのは、「5万円～10万円」34.3％で、女性が約8割（78.4％）を占めていた。1ヶ月1人当たり15万円程度の収入があれば家庭が何とか維持できそれなりの地域生活ができると仮定すると、そのような総収入に達している人は半数にも満たなかった（46.2％、その内女性が占める割合は77.2％）。

月額平均総収入を性別で見てみると有意差（$p<0.001$）が見られており、月額平均総収入は男性が178,602円、女性が108,280円で、平均月額総収入は143,112円であった。

支援機関別の月額総収入には有意差がなく、どのセンターも半数前後（Eセンター：50.0％、Fセンター：47.2％、Gセンター：66.7％、Hセンター：53.3％）が月額総収入15万円未満であった。また、月額平均総収入を支援機関別で見てみても有意差は見られなかった。月額平均総収入はEセンターが139,642円、Fセンターが158,112円、Gセンターが118,624円、Hセンターが141,767円で、平均月額総収入は143,112円であった。

しょうがい程度別の月額総収入には有意差（p<0.001）が見られており、軽度・中度の人たちの総収入 10 万円未満に占める割合（32.4％）が高く、月額総収入が 15 万円未満に占める割合が半数以上（51.9％）であった。また、軽度の人たちは中度のしょうがいを有する人たちよりも高い収入を得ていた。重度の人たちは障害基礎年金・その他を入れても全員が 20 万円未満の総収入しかなかった。なお、月額平均総収入をしょうがい程度別で見ると、有意差（p<0.05）が見られていた。月額平均総収入は軽度の人が 157,989 円、重度の人が 133,382 円、中度の人が 127,922 円となっており、中度の人たちの 10 万円未満の収入状況が影響を与えているように思われた。また、しょうがいのない人たちの月額平均収入（196,667 円）はしょうがいのある人たちの月額平均収入よりもはるかに高かった。

7）対象者（結婚・同棲・離婚）の健康保険加入の有無と種類

国民健康保険への加入に性別による有意差は見られなかった。国民健康保険に加入しているのは過半数の 60.2％（男：46.2％、女：53.8％）、社会保険に加入しているのは 38.9％（男 57.2％、女 42.9％）であった。社会保険（雇用保険・労災保険）への加入は労働条件の一つと一般的に認識されているが、先の正規雇用者の割合〔男 35 人、女 15 人、計 50 人（46.3％）〕と比べると 7.4％ほど下回っており、労働条件を保障する上で問題を生じさせていることをうかがわせた。

対象者（結婚・同棲・離婚）の健康保険加入の有無を支援機関別に見てみると、有意差は見られなかった。E センターでは半数以上の人（58.3％）が社会保険に加入していたが、他の三つのセンターでは半数以上の人が国民健康保険に加入をしていた（F センター：69.4％、G センター：66.7％、H センター：60.0％）。

対象者（結婚・同棲・離婚）の健康保険加入の有無をしょうがい程度別に見てみても有意差は見られなかった。軽度の人（62.0％）も中度の人（60.0％）も過半数が国民健康保険に加入をしていた。重度の人は、国民健康保険への加入、社会保険への加入が共に 50.0％ずつであった。

8）対象者（結婚・同棲・離婚）の公的年金加入の有無と種類

対象者（結婚・同棲・離婚）が加入している公的年金は、半数以上（59.3％）

が国民年金（だけ）であり、男女に有意な差は見られなかった（男45.3％、女54.7％）。厚生年金（だけ）に加入しているのは18.5％で、男性が多かった（60.0％）。正規雇用者は通常厚生年金に加入しているのが普通だが、先の正規雇用者の割合〔男35人、女15人、計50人（46.3％）〕と比べると27.8％ほど下回っていた。社会保険加入率よりもはるかに下回っていることが判明した。

対象者（結婚・同棲・離婚）が加入している公的年金を支援機関別に見てみると、有意差（p<0.001）が見られた。国民年金への加入と厚生年金への加入に限って見てみると、Eセンターだけが国民年金への加入と厚生年金への加入率が同じだった。他の3機関は国民年金への加入割合が非常に高かった（Fセンター：77.3％、Gセンター：60.0％、Hセンター：100.0％）。

同じように対象者（結婚・同棲・離婚）が加入している公的年金をしょうがい程度別に見てみると、有意差（p<0.01）が見られた。国民年金への加入と厚生年金への加入だけに限って見てみると、重度者だけが国民年金への加入と厚生年金への加入率が同じだったのに対して、軽度のしょうがいのある人も中度のしょうがいのある人も国民年金への加入割合が非常に高かった（軽度：73.0％、中度：80.5％）。

9）対象者（結婚・同棲・離婚）の疾病・服薬状況

対象者（結婚・同棲・離婚）の疾病の状況を性別で見てみると、有意差は見られなかった。疾病のある対象者は32.4％で男性がそのうちの42.9％を占めており、女性は57.1％だった。主な疾病は、てんかんや慢性肝炎・痛風・消化器系疾患であった。

対象者（結婚・同棲・離婚）の疾病の状況を支援機関別で見てみると、有意差（p<0.05）が見られた。各センターごとの疾病を有している対象者の割合を見てみると、Fセンターが44.4％と高く、Hセンターが10.0％と最も低かった。Eセンターは41.7％、Gセンターは33.3％であった。

しょうがい程度別の疾病状況に有意差は見られなかった。重度の人の疾病保有率が高かった（75.0％）ものの、軽度の人、中度の人の疾病保有率は近似していた（軽度：30.0％、中度：28.9％）。

対象者（結婚・同棲・離婚）の服薬状況を性別で見てみても有意差は見ら

れなかった。対象者の中で服薬をしているのは28.7%で、男性がそのうちの38.7%を占めており、女性は61.3%だった。

　対象者（結婚・同棲・離婚）の疾病の状況を支援機関別で見てみると、有意差（$p<0.05$）が見られた。各センターごとに服薬をしている対象者の割合を見てみると、疾病と同様Fセンターが38.9%と高く、Hセンターが10.0%と最も低かった。Eセンターは37.5%、Gセンターは27.8%であった。

　しょうがい程度別の服薬状況に有意差は見られなかった。重度の人の半数（50.0%）が服薬をしていたものの、軽度の人の服薬率は28.0%、中度の人の服薬率は26.7%と近似していた。しょうがいのない人（1人）も、服薬をしていた。

10）対象者（結婚・同棲・離婚）の結婚歴

　対象者のほとんど（93.5%）が初婚であり、5人（4.6%）が再婚をしていた。男女間に有意差は見られなかった。

　対象者（結婚・同棲・離婚）の結婚歴を支援機関別に見てみても、しょうがい程度別に見てみても、有意差は見られなかった。

11）対象者（結婚・同棲・離婚）の公的制度の活用

　2人の結婚生活をうまく維持し、生活の質を保ち、向上させるためには、公的制度の活用が必要となる。そのため、対象者がどのような公的制度を利用しているのかを聞いた。

　生活支援事業を利用している人たちが最も多く（38.9%）、次いでグループホーム（31.5%）、就業・生活支援事業（25.9%）、公営住宅（11.1%）という順であった。重心医療費助成（5.6%）や介護保険（0.9%）利用該当者はあまりいなかった。ホームヘルパーを利用しているのは8.3%であった。なお、公的制度の活用において性差による有意差は見られなかった。

　対象者（結婚・同棲・離婚）の公的制度の活用を支援機関別に見てみると、制度ごとに違いが見られた。有意差（$p<0.001$）が見られたのは生活支援事業、ホームヘルパー、グループホーム、重心医療費助成、公営住宅、就業・生活支援事業であった。調査対象となった結婚カップルの中で、生活支援事業を

多く利用しているのがEセンター（95.8%）とFセンター（50.0%）、ホームヘルプ事業を利用しているのがEセンター（20.8%）とGセンター（22.2%）、グループホーム制度を多く利用しているのがFセンター（50.0%）とHセンター（40.0%）、重心医療費助成制度を専ら利用しているのがEセンター（25.0%）、公営住宅を専ら利用しているのがHセンター（40.0%）ということであった。Hセンターでは、グループホーム制度と公営住宅の二つの制度を有効に利用していることも判明した。

対象者（結婚・同棲・離婚）の公的制度の活用をしょうがい程度別に見てみると、制度利用に有意差が見られたのは、重心医療費助成（$p<0.001$）だけであった。一部の例外を除いて制度利用にしょうがいの程度はそれほど影響を与えていないことが判明した。

（2）支援対象者の世帯の状況
1）対象カップルの結婚形態

対象カップルの結婚は約8割（81.5%、44組）が結婚という形態をとっており、残りの約2割（18.5%、10組）が同棲という形態をとっていた。

対象カップルの結婚形態を支援機関別に見てみても有意差は見られなかった。Eセンター12組（離婚1組を含む）の内訳は、結婚が9組（75.0%）同棲が3組（25.0%）であった。Fセンター18組（離婚1組を含む）中、結婚が16組（88.9%）同棲が2組（11.1%）、Gセンター9組（離婚1組を含む）中、結婚が5組（55.6%）、同棲が4組（44.4%）、Hセンター15組（離婚3組を含む）中、結婚が14組（93.3%）、同棲が1組（6.7%）であった。Gセンターの同棲カップルが他のセンターの同棲者よりも多かったことがわかる。

対象カップルの結婚形態をしょうがい程度別に見てみても有意差は、見られなかった。どちらかまたは2人共が軽度のカップル（83.9%）および中度のカップル（82.4%）の大多数が法的結婚を行っていた。どちらかまたは2人共がしょうがいのない人のカップル（75.0%）も同様であった。

2）対象カップルの同居年数

対象カップルの同居年数は、過半数（59.3%）が同居10年未満で、5～10

年同居のカップル（22.2％）が最も多かった。結婚カップルの同居平均年数は、8.3年であった。

　支援機関別の対象カップル同居年数（同居年数幅）には有意差が見られなかったものの、平均同居年数では有意差（p<0.01）が見られていた。その結果、Eセンター（91.7％）・Gセンター（77.8％）の大多数のカップルが同居年数10年未満で、同居平均年数がそれぞれ5.1年、4.9年であった。Fセンター（55.6％）・Gセンター（53.3％）のカップルの過半数が同居年数10年以上で、同居平均年数がそれぞれ10.2年、10.7年であった。

　しょうがい程度別の対象カップル同居年数（同居年数幅）にも同居平均年数にも有意差は見られなかった。どちらかまたは2人共が軽度のカップル（54.8％）および中度のカップル（70.6％）の半数以上が、同居年数10年未満であった。同居平均年数は、どちらかまたは2人共が軽度のカップル8.9年、中度の人のカップル7.7年、重度のカップル5.5年であった。

3）対象カップルの居住形態

　多くの結婚カップルは、借家・集合住宅（44.4％）、認可のグループホーム（31.5％）で暮らしていた。公営住宅（14.8％）や借家・一軒家（3.7％）で暮らしているカップルもいた。この中には、公的制度を組み込んだ借家・集合住宅兼グループホーム（認可）が1組、公的制度を組み込んだグループホーム（認可）兼公営住宅が2組、公的制度を利用しない持ち家兼親と同居が1組含まれていた。

　支援機関別に対象カップルの居住形態を調べてみると、有意差（p<0.05）が見られることがわかった。Eセンターには借家・集合住宅で暮らしているカップルが多く（83.3％）、Fセンターには借家・集合住宅（33.3％）と認可のグループホーム（44.4％）で暮らしているカップルが多かった。Gセンターでは借家・集合住宅で暮らしているカップルが多かった（44.4％）ものの、公営住宅以外の多様な居住形態をとっていた。Hセンターのカップルは親と同居以外の多様な居住形態をとっており、公営住宅（46.7％）とグループホーム制度を同時に活用するという特徴をもった居住形態となっていた。

　しょうがい程度別に対象カップルの居住形態を調べてみたが、有意差は見ら

れなかった。どのしょうがいのレベルのカップルも大多数（軽度：71.0％、中度：94.1％、重度：100.0％）が、借家・集合住宅または認可グループホームに住んでいた。どちらかまたは２人共がしょうがいをもっていないカップルは、持ち家、借家・一軒家など多様な居住形態となっていた。

４）対象カップルの家族構成

対象カップルの家族構成は、夫婦２人だけの家庭がほとんど（92.6％）であった。夫婦と子ども１人の家庭が5.6％、親きょうだいと同居しているカップルが１組（1.8％）あった。

対象カップルの家族構成を支援機関別に見てみても有意差は見られなかったが、夫婦と子ども１人の家庭はＧセンターに２組（Ｇセンターの22.2％）、Ｈセンターに１組（Ｈセンターの6.7％）いることがわかった。Ｇセンターの１組は夫婦と子ども１人の家庭だったが、親きょうだいと同居していた。

対象カップルの家族構成をしょうがい程度別に見てみても有意差は見られなかった。どちらかまたは２人共が軽度の人のカップル２組が夫婦と子ども１人の家庭で、親きょうだいと同居していた。一方の親にしょうがいがなく夫婦と子ども１人の家庭は１組あった。

５）家計（月額）支出状況

a）家賃

家賃が５万円未満の家庭が多く、31.5％（17組）であった。最も多い家賃の幅は５万円〜８万円未満で、半数以上（66.7％）が家賃８万円未満の家に住んでいた。10万円以上の家賃を払っているのはそれほど多くなく（14.8％）、平均家賃は60,152円であった。家賃なし（1.9％）は、親きょうだいと同居している場合であった。

支援機関別に対象カップルの住まいの家賃を見てみると、有意差（$p<0.01$）が見られていた。Ｅセンターでは全カップルが家賃８万円未満のところに住んでおり、Ｆセンターでは無回答を除くと、33.3％のカップルが家賃８万円未満のところに、66.7％のカップルが家賃８万円以上のところに住んでいた。Ｇセンターでは大多数（85.7％）のカップルが、Ｈセンターでは全カップ

ルが、家賃 8 万円未満のところに住んでいた。支援機関別の平均家賃には有意差（p<0.001）が見られており、高い順に F センターが 93,920 円、E センターが 51,167 円、G センターが 47,357 円、H センターが 38,071 円であった。E センターは大都市にあるため高く、H センターでは公営住宅を積極的に利用しているためと思われた。

　しょうがい程度別に対象カップルの住まいの家賃を検定してみても、平均家賃で統計処理してみても、有意差は見られなかった。無回答を除いて単純集計をしてみると、どちらかまたは 2 人共が軽度のカップルは半数以上（67.9％）が家賃 8 万円未満のところに居住し、平均家賃が 66,893 円であった。どちらかまたは 2 人共が中度のカップルは、ほとんど（93.8％）が家賃 8 万円未満のところに居住し、平均家賃が 53,141 円であった。どちらかまたは 2 人共が重度のカップルは、家賃 5 万円未満のところに居住し、平均家賃が 29,125 円であった。

　b）生活費（食費・光熱水費・こづかい・ローン等含む）

　対象カップルの食費・光熱水費・こづかい・ローン等を含む生活費は、15 万円～20 万円未満が最も多く（37.0％）、多く（70.3％）が 10 万円～20 万円未満の範囲でやりくりしていた。生活状態により、10 万円以下で生活しなければならないカップル（14.8％）や 20 万円以上（9.3％）消費しているカップルもいた。平均生活費は、143,278 円であった。

　支援機関別に対象カップルの生活費（食費・光熱水費・こづかい・ローン等含む）を統計処理してみると、生活費（幅）では有意差（p<0.01）が見られ、平均生活費では有意差が見られなかった。E センターでは全カップルが 10 万円～20 万円未満の範囲でやりくりしており、平均生活費は 158,583 円であった。F センターでは 15 万円未満の生活費でのやりくりが半数以上（62.5％、無回答を除く）を占めていたが、15 万円以上の生活費をかけているカップルも 37.5％あった。この中には 25 万円以上の生活費をかけているカップルもわずか（12.5％）だが見られた。F センターの平均生活費は 143,438 円であった。G センターでは大多数のカップル(88.7％) が 5 万円～20 万円未満の生活費でやりくりをし、平均生活費は 117,222 円であった。H センターでは全カップル（無回答を除く）が 10 万円～20 万円未満の範囲でやりくりしており、平均生活

費は 146,727 円であった。

　しょうがい程度別に対象カップルの生活費（食費・光熱水費・こづかい・ローン等含む）を統計処理してみると、生活費（幅）でも平均生活費でも有意差は見られなかった。どちらかまたは 2 人共が軽度のカップルは、大多数（85.7％、無回答を除く）が 20 万円未満でやりくりしていたが、20 万円以上の生活費を費やしているカップル（14.3％、無回答を除く）がわずかながら存在していた。平均生活費は 141,321 円であった。どちらかまたは 2 人共が中度および重度のカップルは、全カップルが 20 万円未満で生活費を賄っていた。平均生活費は、それぞれ 142,893 円、112,500 円であった。どちらかがしょうがいのないカップルは、15 万円〜 25 万円未満の生活費であった。

　c）毎月の総支出（家賃＋生活費）

　毎月の総支出、つまり、家賃と生活費を合わせた額は、20 万円〜 25 万円未満が最も多く（40.7％）、約 8 割（79.6％）のカップルが 15 万円〜 30 万円未満の範囲でやりくりしていた。生活状態により、15 万円以下で生活しなければならないカップル（7.4％）や 30 万円以上（9.3％）消費しているカップルもいた。平均総支出額は、226,971 円であり、平均月額総収入（143,112 円× 2 ＝ 286,224 円）の範囲内で生活していることがわかった。

　支援機関別に対象カップルの毎月の総支出（家賃＋生活費）を見てみると、総支出幅においても平均総支出額においても有意差（$p<0.01$）が見られていた。無回答を除くと、E センターでは全カップルが 15 万円〜 25 万円未満の総支出を、G センターでは全カップルが 10 万円〜 30 万円未満の総支出を、H センターでは全カップルが 15 万円〜 30 万円未満の総支出をしていた。F センターでは全カップルが 15 万円〜 35 万円未満の総支出をしていた。平均総支出額は、高い順に、F センター：256,459 円、H センター：238,013 円、E センター：214,500 円、G センター：170,722 円であった。

　しょうがい程度別に対象カップルの毎月の総支出（家賃＋生活費）を見てみると、総支出幅においても平均総支出額においても有意差は見られていなかった。無回答を除くと、軽度および中度の配偶者をもつカップルは幅広い層の支出（10 万円〜 35 万円未満）をしており、平均総支出はそれぞれ 231,414 円、230,261 円であった。重度の配偶者をもつカップルは 25 万円未満の総支出

となっており、平均総支出は 171,625 円であった。しょうがいのない配偶者をもつカップルは 15 万円～ 35 万円未満の総支出をしており、平均総支出額は 208,450 円であった。

　d）資産管理状況

　資産（通帳）管理を夫婦共有しながら行っているのは 5 組（9.3％）のカップルだけで、他のカップルは、夫婦それぞれの通帳を所持し経費を折半（64.8％）するか、目的別に通帳を共有または独自に管理し用途に応じて使えるようにしていた（25.9％）。

　支援機関別に対象カップルの資産管理状況を見てみると、有意差（p<0.001）が見られていた。夫婦共有の通帳はFセンター（Fセンターの 16.7％）とGセンター（Gセンターの 22.2％）にだけ見られ、Eセンターの全カップル、Fセンターの多くのカップル（72.2％）は夫婦それぞれの通帳を所持し経費を折半するという方法を利用していた。Hセンターでは、多くが目的別に通帳を共有または独自に管理し用途に応じて使えるようにしていた（66.7％）。

　しょうがい程度別に対象カップルの資産管理状況を見てみても有意差は見られなかった。夫婦共有の通帳を所持していたのは、軽度の配偶者をもつカップルであった。重度の配偶者をもつカップルは、夫婦それぞれの通帳を所持し経費を折半するという方法を利用していた。軽度の配偶者をもつカップルも中度の配偶者をもつカップルも、その多くが夫婦それぞれの通帳を所持し経費を折半するという方法（軽度：61.3％、中度：76.5％）か、目的別に通帳を共有または独自に管理し用途に応じて使えるようにしていた（軽度：22.6％、中度：23.5％）。3 組（75.0％）のしょうがいのない配偶者をもつカップルは、目的別に通帳を共有または独自に管理し用途に応じて使えるようにしていた。

　e）支援者

　結婚カップルには、生活や就労、または、様々な人間関係の調整など必要に応じ支援者の手が必要になるときがある。上記のような資産管理などへの支援はより一層必要になるであろう。結婚カップルへの主たる支援者は、地域や支援機関（施設）の支援のあり方によって違っていた。生活支援ワーカー（33 組、61.1％）によるものもあれば、暮らしの相談員（8 組、14.8％）と呼ばれる職員が主たる支援者になっている場合もあった。就労支援ワーカー（16.7％）や指

導員（11.1％）と呼ばれる職員が主たる支援者となっている場合もあった。施設長（5.6％）やグループホームの世話人（16.7％）が支援にあたる場合もあった。

　支援機関別に対象カップルの主たる支援者を調べてみると、有意差（p<0.001）が見られていた。Eセンターでは生活支援ワーカー（100.0％）と暮らしの相談員（66.7％）の併用となっていた（暮らしの相談員制度はEセンター独自のものである）。Fセンターでは、生活支援ワーカー（72.2％）の利用が最も多かった。Gセンターでは、指導員（33.3％）、生活支援ワーカー（11.1％）、就労支援ワーカー（22.2％）の利用となっていた。Hセンターでは、生活支援ワーカー（46.7％）、就労支援ワーカー（46.7％）、グループホーム世話人（40.0％）の利用が多かった。

　しょうがい程度別に対象カップルの主たる支援者を調べてみると、5％水準で有意差が見られていた。どのしょうがいレベルのカップルを見ても、生活支援ワーカーの利用が高かった。特に軽度（67.7％）、中度（58.8％）での利用が高かった。次いで、軽度では就労支援ワーカー（16.1％）の利用が、中度では暮らしの相談員（35.3％）およびグループホームの世話人（35.3％）の利用が高かった。しょうがいのない配偶者をもつカップルも、施設長（25.0％）、生活支援ワーカー（25.0％）、就労支援ワーカー（50.0％）の支援を受けていた。

　対象カップルのその他の支援者には支援機関の指導員（35.2％）やグループホームの世話人（27.8％）が常時何らかの形で支援にあたっており、ホームヘルパー（24.1％）も支援にあたっていた。

　支援機関別に対象カップルのその他の支援者を調べてみると、有意差（p<0.001）が見られていた。Eセンターではグループホームの世話人（33.3％）とホームヘルパー（33.3％）が、Fセンターでは主に支援機関の指導員（33.3％）とグループホームの世話人（33.3％）が側面的に支援をしていた。Gセンターでは主に支援機関の指導員（77.8％）が、Hセンターでも主に支援機関の指導員（93.3％）が側面的に支援をしていた。

　しょうがい程度別に対象カップルのその他の支援者を調べてみたが、有意差は見られなかった。軽度の配偶者をもつカップルは、主に指導員（45.2％）やグループホームの世話人（25.8％）から支援を受け、中度の配偶者をもつカップルは、主に指導員（47.1％）から支援を受けていた。重度の配偶者をもつカッ

プルは、様々な支援者（指導員、グループホーム世話人、ホームヘルパーなど）から支援を受けていた。しょうがいのない配偶者をもつカップルは、支援機関の指導員（100.0％）から支援を受けていた。

　主たる支援機関からの距離は、徒歩5分以内が最も多く（35.2％）、大多数（87.1％）が徒歩20分以内の近距離にあった。

　支援機関別に対象カップルの主たる支援機関からの距離を調べてみると、有意差（$p<0.001$）が見られた。EセンターもFセンターも全カップルが徒歩20分以内の近距離のところに居住していた。Gセンターでは徒歩10分以内が約半数（55.6％）、車で20分〜30分くらいの比較的遠いところに約半数（44.4％）のカップルが住んでいた。Hセンターでは、徒歩30分または車で10分のところに、調査対象となった全カップルが住んでいた。

　しょうがい程度別に対象カップルの主たる支援機関からの距離を調べてみると、有意差は見られなかった。軽度の配偶者をもつカップルは、徒歩10分以内の近距離に半数以上（64.5％）住んでいたが、遠距離も含めて広範囲な地域に居住していた。中度の配偶者をもつカップルは徒歩20分以内の近距離に全員が、重度の配偶者をもつカップルは徒歩5分以内の近距離に全員が居住していた。

（3）支援対象者への支援内容

　ここではまず「食事」等具体的な九つの支援の内容について記し、最後に九つの支援以外に示された支援の内容を「その他の相談支援」として記す。なお、各項目共「支援あり」「支援なし」に区分しその割合を表示すると共に、対象結婚カップルの支援体制に大きな影響を与えていると思われる「支援機関」「しょうがい程度」を支援の有無との関連で整理をしてみることにした。なお、各項目に寄せられたコメントも必要に応じて紹介する。

1）食事

　食事面で支援を行っているのは半数以上（64.8％）に上り、支援機関による支援のあり方に有意差は見られなかった。ただ食事面で多くの支援を行っているEセンター（83.3％）、Fセンター（61.1％）、Hセンター（73.3％）に比べて、

Gセンター（33.3％）での支援はそれほど多くなかった。

しょうがい程度別に食事面での支援の有無を調べてみると、有意差は見られなかった。しょうがいのない人を配偶者にもつカップルに対してはほとんど支援がなされていなかったが、知的しょうがいのある人を配偶者にもつあるいはどちらも知的しょうがいのあるカップルに対しては、食事面で相当程度の支援がなされていた（軽度：64.5％、中度：76.5％、重度：100.0％）。

食事全般に関する支援は施設職員や暮らしの相談員が行っているものの、食事面での具体的な支援を行っているのは、グループホームの世話人やホームヘルパー（制度利用・自費雇用）であった。調理済みの宅配サービスを利用しているカップルもいた。こうした支援は曜日を決めて行われていたが、土曜・日曜日・祭日は自分たちで自炊をしているカップルが多かった。

食事面で主になされている支援は「食材・調味料等を買い過ぎるため、助言や在庫の確認、賞味期限切れ商品の処分」「水回り掃除・食材購入・調理法のアドバイス、弁当の一部調理」「健康管理面から、体調に合わせた献立や調理のアドバイス、肥満対策、栄養が偏らないよう献立の助言」などであり、「料理の本を見たりして自分で工夫」をしている夫婦もいた。

2）身辺処理

身辺処理面で支援を行っているのは半数以下（46.3％）であり、支援を受けていないカップルが過半数（53.7％）であった。

支援機関別の支援のあり方には、有意差（p<0.05）が見られていた。Eセンターではかなり多くのカップル（83.3％）が支援を受け、Hセンターでは過半数（53.3％）が支援を受けているのに対して、Fセンター（66.7％）でもGセンター（88.7％）でも多くのカップルが身辺処理面での支援を受けていなかった。

しょうがい程度別の支援のあり方にも有意差（p<0.05）が見られていた。しょうがいのない配偶者のいる家庭では統計上支援は全く受けておらず（100.0％）、軽度者の家庭の多く（64.5％）が、身辺処理面での支援を受けていなかった。重度者の家庭では支援の有無は半々で、中度者の家庭では大多数（76.5％）が身辺処理面での支援を受けていた。

受けている支援の内容は支援を提供している機関によって異なっていたが、

洗濯・掃除・水回りの片付け、衣類の整理整頓・季節の衣類調節、布団干し・シーツ類の交換、入浴・爪切り・頭髪・髭剃り・歯磨き、家事援助・余分なものの処分、肥満による身だしなみの配慮など、健康面や身だしなみに関わる日常生活上のちょっとした配慮を要する細かい事柄となっていた。

支援は日常的に声かけをしたり、訪問をした際に一緒に手伝ったり、支援機関によっては定期的に行われる年2回の大掃除を一緒に行うなどしていた。

その他、「多くの支援が必要だが、本人たちが支援を望まないため、必要に応じて支援を行うようにしている」「夫婦共働きで家事と仕事の両立は難しく、主に整理整頓は相談員が訪問時に行う」「互いの協力体制が不十分になりがちなので、そのつど確認と声かけを行っている」という回答が寄せられていた。

3）健康管理

健康管理面で支援を受けているカップルが大多数（83.3％）であり、支援を受けていないカップルは少なかった（14.8％）。

各支援機関の健康管理面に対する支援のあり方には、有意差（$p<0.01$）が見られていた。Eセンター（100.0％）、Fセンター（83.3％）、Hセンター（93.3％）ではほとんどのカップルが健康管理面で支援を受けていたのに対して、Gセンターでは過半数（55.6％）が健康管理面での支援を受けていなかった。

しょうがい程度別の健康管理面への支援のあり方にも有意差（$p<0.05$）が見られていた。軽度者の家庭の多く（80.6％）で、全ての中度者・重度者の家庭（100.0％）で何らかの健康管理面での支援を受けていた。軽度者の家庭の16.1％やしょうがいをもたない配偶者のいる家庭の75.0％が健康管理面での支援を受けていなかった。

健康管理面での支援には、次のような内容が示されていた：初診やその後の通院付き添いと状況把握、健康診断の手伝い、疾病（内科・精神科・歯科・肥満・貧血・べん秘・てんかん）による日常生活及び食生活のフォロー、服薬確認、病気や日常の健康管理に対し助言や声かけ、年齢の割には疾病がないので現状維持できるよう見守り支援。

4）金銭管理

金銭管理面では、ほとんどのカップル（96.3％）が支援機関から支援を受けていた。

　各支援機関の金銭管理面に対する支援のあり方には有意差（p<0.05）が見られ、支援機関による違いが見られていた。Eセンター、Fセンター、Hセンターで全てのカップルが金銭管理面で支援を受けていたのに対し、Gセンターでは2組のカップル（22.2％）しか金銭面での支援を受けていなかった。

　しょうがい程度別の金銭管理面への支援のあり方にも有意差（p<0.001）が見られていた。しょうがいのない配偶者のいる家庭では金銭管理面への支援の有無が半々であったのに対して、全てのしょうがいのあるカップルの家庭では金銭管理面での支援を受けていた。

　金銭管理に対する支援は一部を除きほとんどの対象カップルになされており、支援機関によって対応の仕方がやや異なっていた。例えば、年金や通帳の管理は施設の「家族の会」が一括管理したり（Eセンター）、支援機関が独自に管理し、必要に応じて出し入れをしているところもあった。1ヵ月の生活費は本人管理が多いが、状況に応じて一括、週渡し、そのつど渡し、など様々であった。日常生活面では、毎月の生活費の計画相談と助言、使いやすいように区分け準備、物品購入の相談、保険等の支払い代行、日々のこづかい管理ができない場合は、グループホームの世話人が管理しているケースもあった。給料の自己管理、夫婦共有の通帳で自己管理を開始し始めたカップルも、家計簿をつけて世話人のサポートを受けているケースもあった。また、本人の意向で徐々に自己管理に移行中など金銭の自己管理に向けた取り組みがなされ始めている支援機関もあった。

　5）性生活

　性生活では支援機関から支援を受けていないカップル（55.6％）が多く、支援を受けているカップル（40.7％）より多かった。

　各支援機関ごとの性生活に対する支援のあり方には統計的に有意差が見られなかったものの、支援機関による特徴が見られていた。無回答を無視して支援の有無だけで整理をすると、EセンターとHセンター（73.3％）では、半数以上が性生活面での支援を受けていなかった。Gセンターでは、半数以上（66.7％）

が支援を受けていた。Ｆセンターでは、支援の有無の割合は半々であった。

　しょうがい程度別ごとの性生活面での支援のあり方にも有意差は見られなかった。重度者のいる家庭では２人とも性生活面での支援を受けていたものの、軽度者を配偶者にもつ家庭（56.7％）でも中度者を配偶者にもつ家庭（62.5％）でも、性生活面での支援は受けていなかった。しょうがいのない配偶者のいる家庭でも同様に、多く（75.0％）は性生活面での支援を受けていなかった。また、54組の結婚カップルの中には、結婚をするにあたって夫婦のどちらかが不妊手術を行っていたケースが13組（24.1％）見られていた。不妊手術は、パイプカットなど、男性側が多く行う傾向にあった。避妊対応は12組（22.2％）行われており、ピルの服用やリングの装着など長期服用・着用を求められるものが多く、多くは女性側が行う傾向にあった。セックスレスカップルも５組（9.3％）見られた。勉強会などに参加をしているカップル（６組、11.1％）も見られた。

　支援機関別に避妊への対応の仕方を見てみても有意差は見られなかったが、支援機関ごとの特徴が見られていた。Ｅセンター（50.0％）、Ｆセンター（55.5％）、Ｈセンター（46.7％）では、半数近くの対象カップルに対して不妊手術や長期避妊具の着用を行うことによってカップルの結婚・性生活を維持しようとしていた。セックスレスカップルはＧセンターを除く３つのセンターに見られており、最も多かったのはＨセンター（20.0％）であった。性に関する勉強会はＧセンター（44.4％）とＨセンター（13.3％）に集中していた。

　しょうがい程度別に避妊に対する対応法を見てみると、有意差（$p<0.05$）が見られていた。しょうがいのない配偶者のいるカップルでは、避妊相談（50.0％）を受けていた。重度者が配偶者となっているカップルでは、不妊手術や避妊対応は見られておらず、セックスレスのカップルもいなかった。性の勉強会（50.0％）や長期避妊具の着用も行われていた（軽度：41.9％、中度：52.9％）。セックスレスカップルは、軽度のカップル（23.5％）よりも中度のカップル（5.9％）に多かった。勉強会などに参加をしていたのは、中度のカップル（5.9％）よりも軽度のカップル（9.7％）であった。

　性生活の支援へのコメントを通して整理をしてみると、同棲前後や結婚当初は具体的な避妊の指導や支援を行っている支援機関が多く（避妊具の使い方や留意点等は同性の相談員が指導）、対象者が高齢の場合は特別な支援をしてい

ないことがわかった。不妊または避妊法の一つとして、6：4の割合で男性にパイプカットを施していることも判明した。

6) 就労支援

多くのカップル（77.8%）が支援機関から就労に関する支援を受けていた。

各支援機関の就労に対する支援のあり方には有意差（$p<0.001$）が見られていた。Eセンター、Hセンターで全てのカップルが就労支援を受けていたのに対して、Fセンターでは約4割（38.9%）のカップルが、Gセンターでは半数以上（55.6%）のカップルが就労支援を受けていなかった。

しょうがい程度別に就労支援を調べてみると、有意差（$p<0.01$）が見られていた。重度者をパートナーにもつカップルでは支援の有無は半々で、中度者をパートナーにもつカップルでは全カップルが就労支援を受けていた。しかし、軽度者をパートナーにもつカップルでは25.8%が、しょうがいのない人をパートナーにもつカップルでは75.0%のカップルが就労支援を受けていなかった。

就労支援を受けている場合の内容は、就職や転職時のハローワーク、職場での面接、実習中の付き添い、就労後の定期・不定期な職場訪問、体調不良による休みの連絡調整（本人に任せられない場合）・見守りや確認、職場や小規模作業所等日中活動の場との連絡調整・保険の変更手続きや雇用確認書の更新等事務手続きなどとなっていた。

7) 趣味・余暇活動

多くのカップル（83.3%）が支援機関から趣味・余暇活動に関する支援を受けていた。

各支援機関の趣味・余暇活動に対する支援のあり方には有意差（$p<0.001$）が見られていた。Eセンター（100.0%）、Fセンター（94.4%）、Hセンター（93.3%）でほとんどのカップルが趣味・余暇活動支援を受けていたのに対して、Gセンターでは約8割（77.8%）のカップルが趣味・余暇活動支援を受けていなかった。

しょうがい程度別で趣味・余暇活動への支援状況を調べてみると、有意差（$p<0.01$）が見られた。中度知的しょうがいのパートナーをもつカップルが全

て趣味・余暇活動支援を受けていたのに対して、軽度グループ（16.1％）、重度グループ（50.0％）、しょうがいなしのグループ（75.0％）に趣味・余暇活動支援を受けていないカップルがいた。

　調査担当者からのコメントを通して、次のような趣味・余暇活動支援の内容を把握することができた。実施されている趣味・余暇活動支援は、家計を考えた余暇活動の助言（食べ歩きによる肥満、生活費の赤字、ギャンブルや過度の飲酒による夫婦間のトラブルなど）、旅行の催し物の情報提供・計画、申し込み手続き、代金支払い、休みの調整、買い物の同伴、デイサービス利用（ケアマネジャーとの打ち合わせ支援）などである。趣味・余暇活動の内容は、本人活動・サイクリング・和太鼓・スポーツ・ドライブ・パソコン操作・マラソン・自転車・野球観戦・テレビゲーム・菓子のおもちゃ収集・ボウリング・ショッピング・パチンコ・ゲーム・支援センター主催のパソコン講座や免許講座、料理教室・体の勉強会・体操講座と多種多様であった。こうした趣味・余暇活動に夫婦で参加しているカップルもいた。

　なお、2005全国基礎調査では、「ひとりでの外出状況」が「よく出かける」「時々出かける」合わせて35.5％だったのに対して、「だれかとの外出状況」の割合が72.3％と2倍近くに増え、「ほとんど出かけない」が40.1％から15.2％に大幅に減少していた。[101]この結果は、結婚を含む気心の知れた人との出会いや交際、関係が大変重要であることを示唆していたように思われた。

8）子育て

　54組中子育てをしているカップルは6組（11.1％）だけであった。子育て支援を行っているところはEセンター、Gセンター、Hセンターで、それぞれ8.3％（Eセンター）、33.3％（Gセンター）、13.3％（Hセンター）であった。支援機関別に有意差は見られなかった。

　しょうがい程度別に子育てへの支援を見てみても、統計的に有意差は見られなかった。軽度のパートナーをもつカップルへの子育て支援は3組（9.7％）、中度のパートナーをもつカップルへの子育て支援は1組（5.9％）、しょうがいのないパートナーをもつカップルへの子育て支援は2組（50.0％）であった。

9）町内会の付き合い

　町内会との関係調整を行っているのは約4割（37.0％）で、半数以上（63.0％）は支援なしだった。

　対象カップルに対する町内会の付き合いへの支援を支援機関別に見てみると、有意差（p<0.001）が見られていた。Fセンターのほとんどのカップル（94.4％）、Gセンターのかなり多くのカップル（77.8％）が支援を受けていなかったのに対して、Eセンターでは半数（50.0％）が、Hセンターではかなり多く（73.3％）のカップルが町内会の付き合いに関しても支援を受けていた。

　しょうがい程度別の対象カップルに対する町内会との付き合い支援を見てみると、有意差（p<0.01）が見られていた。しょうがいのないパートナーとのカップル（75.0％）や軽度のパートナーをもつカップル（80.6％）にほとんど支援を行っていなかったのに対して、中度のパートナーをもつカップルに対しては多く（70.6％）の支援を行っていた。重度のパートナーをもつカップル（50.0％）の場合も支援を必要としていた。

　町内会との付き合いに関する具体的な支援の内容は、各支援機関共ほぼ共通で、町内自治会への加入の仕方、回覧板についての説明、消防訓練や清掃の際の同行など、近隣自治会やマンションの入居者自治会の活動への支援などが主なものであった。隣近所との付き合いやトラブルなどに対しても支援を行っている支援機関があった。対象カップルの隣近所との付き合いは日常的には挨拶程度が多いようであった。民間アパートやマンション、一戸建て借家などでは、家主の気配りがあると近隣との関係も深まっていくようであった。

10）その他の相談支援

　食事、身辺処理、健康管理、金銭管理、性生活、就労、趣味・余暇活動、子育て、町内会の付き合いなどの支援以外にも夫婦の関係や日常生活の関係の中で起こる様々な問題に対処し、その都度具体的な支援が求められていく。例えば、ホームヘルプ利用時の調整、慶弔に関わる相談、家の修繕・家財の買い替え・振込み対応・セールスへの対応などである。また、カップル特有の支援として、夫婦間の会話がなく関わりが希薄なため暮らしの組立て全般に調整・助言、妻の不安定時（近所のこと・職場のことなどの人間関係・思い通りにならない

とき）の話し込みと助言、夫への妻の不満（ストレス解消のため訪問し、話を聴くことが多い）、夫婦の言い争いの調停・仲介、二人の絆を強めるための思いやり助言、日々の生活・精神面についての一般的または特別な相談支援、生活習慣のギャップを埋めるための支援などである。

（4）結婚までのプロセス及び周囲の理解
1）交際及び結婚までのプロセス
 a）交際のきっかけ
 対象となったカップルは、大多数（84.6％）が恋愛結婚で、見合いは少数（11.5％）であった。
 交際のきっかけを支援機関別で調べてみると、有意差は見られなかった。どの支援機関も圧倒的に恋愛が多かった（Eセンター：91.7％、Fセンター：83.3％、Gセンター：77.8％、Hセンター：73.3％）。
 交際のきっかけをしょうがい程度別で調べてみても、有意差は見られなかった。しょうがいのないパートナーをもつカップルを除き、どのしょうがい程度のカップルも圧倒的に恋愛が多かった（軽度：87.1％、中度：76.5％、重度：100.0％、しょうがいなし：50.0％）。
 b）出会いの場
 対象カップルが出会ったのは、通勤寮が過半数（51.9％）を占め、本人の会での出会い（7.4％）もわずかながらあった。さらに、通勤寮で本人の会を知り、あるいは地域生活を始めて本人の会を知ったというカップルも見られた。そこで、通勤寮＋本人の会というように関連する出会いの場を寄せ集めてみると、類似の機関や会での出会いが9割近くになることがわかった。つまり、限られた場での限られた出会いになっていたということである。
 支援機関別に対象カップルの出会いの場を調べてみると、有意差（p<0.001）が見られていた。Eセンターでは通勤寮や職場での出会いよりも本人の会での出会い（55.6％）が多かった。FセンターやHセンターでは、無回答を除外すると全カップルが通勤寮などで出会っていた。Gセンターでは半数が通勤寮などで出会っていた。
 しょうがい程度別に出会いの場を調べてみると、有意差（p<0.05）が見られ

ていた。軽度及び中度の人たちをパートナーにもつカップルの多くは、無回答を除くと通勤寮（軽度：80.0％、中度：84.6％）または／および本人の会（軽度：12.0％、中度：15.4％）で出会っていた。同様に職場で出会っていたのは、軽度の人たちをパートナーにもつカップル（12.6％）と重度の人たちをパートナーにもつカップル（50.0％）であった。しょうがいのない人をパートナーにもつカップルは、無回答であった。

　c）－1　結婚までの交際期間

　交際期間が1年～2年未満のカップルが最も多く（20.4％）、次いで、2年～3年未満（14.8％）、1年未満（9.3％）となっていた。交際3年未満で半数近い（44.5％）カップルが結婚していた。

　対象カップルの結婚までの交際期間を支援機関別に見ても、有意差は見られなかった。無回答を除外して調べてみると、どの支援機関においても3年未満の交際期間を経て結婚していたことがわかる。

　また、しょうがい程度別に対象カップルの結婚までの交際期間を調べてみても、有意差は見られなかった。重度のパートナーをもつカップルを除いて、どのレベルのカップルも3年未満の交際期間を経て結婚していたことがわかる。

　c）－2　交際中の2人の行動内容

　対象となったカップルには、周囲からの反対、昔からの知り合いとの交際・結婚、様々な問題・いろいろなエピソードと多くの支援、ごく普通の交際・結婚とほほえましいエピソード等、交際中には様々な出来事が見られていた。

　d）結婚式の有無

　大多数のカップル（85.2％）が結婚式を行っていた。

　支援機関別に対象カップルの結婚式の有無を調べてみると、有意差（$p<0.01$）が見られていた。Gセンターを除いて他の三つのセンターのほとんどのカップルが結婚式を挙げていた（Eセンター：83.3％、Fセンター：100.0％、Hセンター：93.3％）。Gセンターでは、結婚式を挙げたのは50.0％に留まっていた。

　しょうがい程度別に対象カップルの結婚式の有無を見てみると、有意差（$p<0.05$）が見られていた。どのしょうがいレベルのカップルも結婚式を挙げていたものの、軽度のパートナーをもつカップルの中に結婚式を挙げていないカップルが16.1％いた。

なお、寄せられた結婚式にまつわるエピソードは、仲人を立て一般的な式と披露宴を行う大がかりなものから衣装を着て写真撮りで済ませるものまであり、多様であった。祝賀会も、パーティ形式で内輪の友人・仲間等で行う会員制のものから本人の会の忘年会で披露する場を設定する程度のものまであり多様であった。本人たちの希望で、教会で式、その後レストランで披露宴というものもあった。他のカップルと一緒に合同の結婚式を行うものも見られた。

　e）新婚旅行の有無

　対象となったカップルの多く（75.9％）が新婚旅行に出かけていた。出かけていないカップルも 22.2％ほどいた。

　支援機関別に対象カップルの新婚旅行の有無を調べてみると、有意差（$p<0.01$）が見られていた。Gセンターを除いて他の三つのセンターのほとんどのカップルが新婚旅行に行っていた（Eセンター：83.3％、Fセンター：100.0％、Hセンター：93.3％）。Gセンターでは、新婚旅行に行ったのは50.0％に留まっていた。新婚旅行先も支援機関により異なっていた。

　しょうがい程度別に対象カップルの新婚旅行の有無を見てみると、有意差（$p<0.05$）が見られていた。どのしょうがいレベルのカップルも新婚旅行に行っていたものの、軽度のパートナーをもつカップルの中に新婚旅行に行っていないカップルが22.6％おり、中度のパートナーをもつカップルの中に新婚旅行に行っていないカップルが17.6％いた。また、しょうがいのないパートナーをもつカップルの中にも新婚旅行に行っていないカップルが66.7％いた。

　f）結婚までに問題となったこと

結婚までには、順調にいったカップルもあれば、数多くの問題や課題を抱えながら結婚に至ったカップルなど、様々であった。これからもたくさん存在するであろう結婚カップルの悲喜交々を、ぜひ幸せな結婚に繋げていってほしいと願っている。

2）結婚に至るまでの支援と周囲の理解
　a）結婚推進の中心になった人
対象カップルの結婚推進の中心となった人は、大抵身近にいて相談にのってくれる通勤寮・支援センターの職員（85.2％）であった。親族（5.6％）、友人

(3.7%) などは、それほど多くなかった。

支援機関別に対象カップルの結婚推進の中心となった人を調べてみると、その他（職員、親族、友人以外、p<0.001）の項目で有意差が見られたが、他の結婚推進者の項では有意差は見られなかった。

同じようにしょうがい程度別に対象カップルの結婚推進の中心となった人を調べてみると、親族（p<0.05）と仲人（p<0.01）で有意差が見られていたが、最も該当の多い通勤寮・支援センターの職員の項では有意差が見られていなかった。

　　b）交際や結婚に対する家族の反応と変化

スムーズに了解・結婚に安心・祝福、交際や結婚に対して反対、交際や結婚に対して心配・不安・時間がかかる、本人に一任・本人の努力、支援センターに一任等、調査では交際や結婚に対する家族の反応と変化が多数寄せられていた。

　　c）交際や結婚に対する職員等の反応と変化

賛同・応援・結婚世話人会の組織化、喜びとその後の支援への不安、当初賛否両論・時間を要すると思った等、回答には交際や結婚に対する職員の反応と変化が多数寄せられていた。

（5）結婚生活に対する評価と結婚してからの問題点
　1）結婚生活に対する夫婦の満足度と生活面の変化について

結婚に至るまでは悲喜交々のエピソードがたくさんあった。「結婚生活には満足」という回答が多数見られていたが、結婚生活に対する夫婦の満足度や生活面の変化などについては様々であった。

　2）結婚後の問題点

結婚に至るまでだけでなく、結婚生活を送るようになってからも悲喜交々のエピソードが多数見られていた。私たちに同じようなエピソードがあるように。表面的には「結婚後満足」の内実も少しはわかってきた。結婚後の問題点とまでは言い切る必要はないと思うが、彼らの結婚生活上の課題や結婚後の2人の生活実態を垣間見ることができた。

　3）主たる支援者の支援に対する感想

支援者は良きにつけ悪しきにつけ、関わる当事者に大きな影響を与えていた。勇気を与える関わりができることもあれば、何気ない一言で心を傷つけてしまうこともあった。結婚カップルに関わっている支援者との関係や支援者の支援のあり方は複雑であった。

(6) 離婚のケースについて

離婚者はEセンターに1組、Fセンターに1組、Gセンターに1組、Hセンターに3組あった。これらのカップルは、夫の暴力、妻のテレクラ、両家の介入と妻の幼さ等、短いコメントの中から彼らの別離のいきさつ、複雑な心境から多くのことを学ぶことができた。

3　結果の整理と考察

(1) 結婚生活支援各項目に見る3カテゴリー間の有意関係

結果の考察を行うために、まず、知的しょうがいのある人たちは身体的発達と感情面の発達は一般の人たちとは何ら変わらないことを再認識する必要がある。また、知的しょうがい者の結婚支援は「性生活・子育て支援」を除けば他の単身者やグループホーム利用者の支援と大差がないということも再認識する必要がある。しかし一方で、「家を探す」「仕事を探す」「お金をやりくりする」といったことへの支援とただ単に横並びに性や結婚に関する支援があるのではないということも認識しておく必要がある。それは、一人の人間（1組の結婚カップル）として人間性と尊厳が大切にされ、プライバシーが守られる必要があるからである。支援者として相手に対する感覚や感情の細やかさ（デリカシーを感じる感受性）をもち、一人ひとりの呼吸を感じながら個別に親身になって関わるといった支援が求められるからである。

考察を行うにあたり、上述の研究結果を表2と表3に「結婚生活支援各項目に見る3カテゴリー間の有意関係一覧1＆2」として整理してみた。3カテゴリーとは、本研究で分析の対象としてきた「性差」「支援機関」「しょうがい程度」のことを指す。統計的に有意差が見られたもの（表2）と有意差が見られなかったもの（表3）とに分けてカテゴリーごとに整理してみたものである。質問項目の「支援対象者の状況」に関する領域は、対象者について個別に記載

してもらっている。それ以外の「支援対象者の世帯の状況」「支援対象者への支援内容」「結婚までのプロセス及び周囲の理解」の領域はカップルに対する記載事項であったため、「性差」による有意差の有無は「支援対象者の状況」にだけ記入してある。なお、表中の*印は、5％有意水準で有意差があったことを意味している。同様に、**は1％有意水準で、***は0.1％有意水準で有意差があったことを意味している。

「性差」のカテゴリー「支援対象者の状況」領域では、対象者の男性に軽度の知的しょうがい者が多く、女性に中度の知的しょうがい者が多かったことを示していた。また就労状況を見てみると男性に一般就労（正規雇用）が多く女性に（男性と比較して）福祉的就労や不就労が多かった。この特徴は比較的賃金・工賃収入の多い男性に対して賃金・工賃の少ない女性という構図をつくり、賃金・工賃収入の有無、障害基礎年金収入、賃金・工賃収入額、月額総収入にも影響を与えていた。つまり結婚カップルは障害基礎年金を受給することで何とか家計を維持することができていたのであり、今後も継続した年金受給（可能なら年金増を）で豊かで幸せな結婚生活を保障していく必要がある。一方、現在の年齢、結婚年齢、入所施設経験年数、重複しょうがい、健康保険加入の有無、公的年金、疾病、服薬状況、結婚歴、公的制度などは、全般の判断に性差はあまり関係がないことを示していた。

「支援機関」のカテゴリーでは、「結婚までのプロセス及び周囲の理解」の領域ではどの項目でも有意差が見られなかったものの、「支援対象者の状況」「支援対象者の世帯の状況」「支援対象者への支援内容」の各領域の多くの調査項目で有意差があることを示していた。そのため、支援機関により対象カップル個々の生活史・結婚に至るプロセス・日々の生活の有り様等が異なっているのではないか、その差異は支援機関に帰属する支援スタッフの考え方や価値観の違いにもよるのではないか、そしてその違いは、結果として、対象となった結婚カップルの結婚生活支援とその質（生活の質の向上、幸福の追求）にも影響を与えているのではないかと思われた。そのため、「支援機関」に焦点を絞りながら、もう少し考察を加えていく必要があると思われた。

表2　結婚生活支援各項目に見る3カテゴリー間の有意関係（有意差あり）一覧1

有意差カテゴリー1 （性　差）	有意差カテゴリー2 （支　援　機　関）	有意差カテゴリー3 （しょうがい程度）
<支援対象者の状況>		
	現在の年齢**	現在の年齢**
	入所施設経験年数***	
しょうがい程度*	しょうがい程度**	
	重複しょうがい*	重複しょうがい***
就労状況***	就労状況*	
賃金・工賃収入の有無***	賃金・工賃収入の有無***	
障害基礎年金収入*		障害基礎年金収入***
賃金・工賃収入額**	賃金・工賃収入額*	
月額総収入***		月額総収入***
	公的年金***	公的年金**
	疾病*	
	服薬状況*	
	公的制度（生活支援事業***、ホームヘルパー***、グループホーム***、重心医療費助成***、公営住宅***、就業生活支援事業***）	公的制度（重心医療費助成***）
<支援対象者の世帯の状況>		
	居住形態*	
	住まいの家賃**	
	生活費**	
	月総支出**	
	資産管理***	
	主たる支援者***	主たる支援者*
	その他の支援者***	
	支援機関からの距離***	
<支援対象者への支援内容>		
	身辺処理への支援**	身辺処理への支援*
	健康管理への支援**	健康管理への支援*
	金銭管理への支援*	金銭管理への支援***
		避妊への支援*
	就労への支援***	就労への支援**
	趣味・余暇への支援***	趣味・余暇への支援**
	町内会への支援***	町内会への支援**

(*$p<0.05$、**$p<0.01$、***$p<0.001$)

表3　結婚生活支援各項目に見る3カテゴリー間の有意関係（有意差なし）一覧2

無有意差カテゴリー1 （性　別）	無有意差カテゴリー2 （支援機関）	無有意差カテゴリー3 （しょうがい程度）
＜支援対象者の状況＞ 現在の年齢 結婚年齢 入所施設経験年数 重複しょうがい 健康保険加入の有無 公的年金 疾病 服薬状況 結婚歴 公的制度	 結婚年齢 障害基礎年金収入 月額総収入 健康保険加入の有無 結婚歴 公的制度（介護保険）	 入所施設経験年数 結婚年齢 就労状況 賃金・工賃収入の有無 賃金・工賃収入額 健康保険加入の有無 疾病 服薬状況 結婚歴 公的制度（生活支援事業、ホームヘルパー、グループホーム、介護保険、公営住宅、就業生活支援事業）
＜支援対象者の世帯の状況＞	結婚形態 同居年数 家族構成	結婚形態 同居年数 居住形態 家族構成 住まいの家賃 生活費 月総支出 資産管理 その他の支援者 支援機関からの距離
＜支援対象者への支援内容＞	食事への支援 性生活への支援 避妊への支援 子育てへの支援	食事への支援 性生活への支援 子育てへの支援
＜結婚までのプロセス及び 　　　　周囲の理解＞		交際のきっかけ 交際機関 結婚推進者（職員、友人、その他）

「しょうがい程度」のカテゴリーでは、しょうがいがあるが故に長い入所施設での生活を余儀なくされたり、生産性が上がらないために一般就労ができず、就労ができても賃金・工賃は低く抑えられ、日常生活そのものにも大きな影響を及ぼしてきたという結果が示されていた。施設入所経験者が多かった〔重度者は施設入所5年未満で結婚していくケースが多かったが、中軽度者は長い在所期間（平均8〜10年）の後に結婚しているケースが多く見られた〕が、これは思春期から若年成人期の人生で最も活動的な大切な時期を閉鎖的な施設内で暮らしていたことを意味している。異性と出会うチャンスも少なく、本人が望んでも思うように話が進まないといった状況が形づくられていっている様子が垣間見られた。こうした社会環境的要因は日常生活にも少なからず影響を与えており、ノーマルな生活環境を整えるなど社会的環境の整備の必要性が求められていた。

　なお、「支援対象者の状況」の領域の多くの項目、「支援対象者の世帯の状況」の領域や「結婚までのプロセス及び周囲の理解」の領域ではほとんどの項目で有意差が見られず、「支援対象者への支援内容」の領域の各項目に見られる一人ひとりに必要とされていることへの必要な支援は当然提供されるべきだとはしても、こと「結婚」ということに関しては、しょうがいの重い軽いはそれほど関係がないか、誰にとっても類似の質をもっているもののように思われた。

（2）結婚生活支援に各支援機関が与える影響の大きさ

　表4からわかるように、各支援機関では、施設入所経験年数も、しょうがい程度の分布状況も、就労における正規雇用や福祉的就労の占める割合も、平均収入の状況もことごとく異なっていた。これは各支援機関には各支援機関の地域性・文化性を背景にした対象カップルの生活上の特徴が随所に見られていたということを意味していた。雇用内容と比較をしながら社会保険・厚生年金への加入率を見ていくと、加入率が低いことがわかる。Hセンターの場合、正規雇用率が高いのにもかかわらず厚生年金に全く加入していなかった。正規雇用者の最低賃金の保障と社会保険・厚生年金への加入は、労働条件を保障し、生活を安定させる上で必要であり、今後クリアしていかなければならない大きな

課題であろう。今後、雇用と社会保険・厚生年金への加入とをセットで考えていく必要があろう。

表4　各支援機関の特徴例1

```
Eセンター
  施設入所経験年数 4.9 年　　中度者の割合 58.3%　　重度者の割合 16.7%
  正規雇用 54.2%　　パート雇用 16.7%　　福祉的就労 25.0%　　不就労・失業 4.2%
  賃金収入　多い
  社会保険加入率　58.3%　　　厚生年金加入率　45.8%

Fセンター
  施設入所経験年数 9.6 年　　　軽度者の割合 69.4%
  正規雇用 38.9%　　パート雇用 13.9%　　福祉的就労 11.1%　　不就労・失業 36.1%
  賃金収入　多い
  社会保険加入率 30.6%　　厚生年金加入率 13.9%

Gセンター
  施設入所経験なし 33.3%（施設入所経験年数 2.8 年）
  軽度者の割合　38.9%　　　非しょうがいの割合　16.7%
  正規雇用 22.2%　　パート雇用 33.3%　　福祉的就労 11.1%　　不就労・失業　33.3%
  収入　少ない
  社会保険加入率　33.3%　　　厚生年金加入率　22.2%

Hセンター
  施設入所経験年数　11.7 年　　　中軽度者の割合　100.0%
  正規雇用 63.3%　　パート雇用 6.7%　　福祉的就労 6.7%　　不就労・失業 23.3%
  賃金収入　多くない
  社会保険加入率 36.7%　　厚生年金加入率　0.0%
```

表5からわかるように、Fセンターの対象者は平均収入が多かったものの、家賃が高いところに住んでいるために、平均総支出が多く、他のセンターと比べると生活費を抑えざるを得なかった、と説明することができた。同様にHセンターは、平均収入はFセンターほどは多くないが、公営住宅を優先的に利用できているため家賃が安く、生活費を抑えなくてすむため、Fセンターよりも多く生活費にお金を費やすことができていた。したがって、Hセンターには、

表5　各支援機関の特徴例2

収　入	G≦E≦H≦F	家　賃	H≦G≦E≦F
			（Hは公営住宅優先利用有）
生活費	G≦F≦H≦E	総支出	G≦E≦H≦F

Fセンターと比べてある種の生活上の豊かさがあるのではないか、と推察することができた。

　結婚カップルが公的制度を上手に利用することにより、結婚生活をうまく維持し、生活の質を保ち、向上させることができるのは自明の理である。対象となった結婚カップルは、「食事」「健康管理」「金銭管理」「就労支援」「趣味・余暇活動」などで多くの支援を受け、「身辺処理」「性生活」「子育て」「町内会の付き合い」「その他」などでも何らかの支援を受けていた。こうした支援に公的制度をうまく乗せ活用することによって、さらに具体的できめ細やかな支援が提供できるのではないだろうか。そこで、これまであまり考えられてこなかった結婚カップルに対するグループホーム制度の有効活用を取り上げてみる。この制度は原則4人のグループホーム利用者に対して世話人を1人配置するというものだが、この制度の適用によって2組の結婚カップルに世話人を配置し、食事・健康管理・金銭管理・就労支援・趣味余暇活動・身辺処理・性生活・子育て・町内会の付き合いなどへ支援を提供できるのではないかと考えられる。

　表6には各支援機関の結婚カップルに対するグループホーム制度利用の有無と割合を示してある。これによると、FセンターとHセンターでグループホーム制度を高い割合で利用していることがわかった。また、グループホーム世話人がどの位関わっているのかも見てみると、主たる支援者・その他の支援者を合わせるとFセンター、Gセンター、Hセンターではグループホーム制度下で暮らしている結婚カップルへの世話人の関与率が非常に高いことがわかった。さらに、Eセンターではグループホーム制度下で暮らしている結婚カップルはいなかったものの、他のグループホームの世話人が何らかの形で関わり、側面的に結婚カップルを支援していることがわかった。このように、公的制度の有効活用、とりわけグループホーム制度の活用は、結婚カップルが結婚生活を維

表6　各支援機関の特徴例3：グループホーム（GH）制度利用割合とGH世話人からの支援

Eセンター：0組（センター内の割合 0.0%） （主たる支援者：GH世話人　0.0%） （その他の支援者：GH世話人　33.3%）	Fセンター：9組（センター内の割合 50.0%） （主たる支援者：GH世話人　16.7%） （その他の支援者：GH世話人　33.3%）
Gセンター：2組（センター内の割合 22.2%） （主たる支援者：GH世話人　0.0%） （その他の支援者：GH世話人　22.2%）	Hセンター：6組（センター内の割合 40.0%） （主たる支援者：GH世話人　40.0%） （その他の支援者：GH世話人　0.0%）

持し継続させていくために必要不可欠な制度の一つとなっており、重いしょうがいをもっている人たちの結婚へと道を開くことにも通ずる重要な制度となっていた。今後ともグループホーム制度を始めとする公的制度の活用と保障を結婚カップルにも適用していくことが不可欠であろう。

　表7には資産管理状況と対人関係調整への支援に関する資料を示してある。どの支援機関も100％支援機関が関与して資産を管理している状況が把握できた。対象カップルは、全組金銭管理をうまくできないか、できにくいのだなということがよくわかる結果となっていた。先に見たように、対象結婚カップルが食事・健康管理・金銭管理・就労支援・趣味余暇活動・身辺処理・性生活・子育て・町内会の付き合い等様々な支援を受けている実態と重ね合わせて考えてみると、（自己決定支援を前提にした）成年後見制度の有効活用と、結婚カップル個々へのきめ細やかな支援が求められていることがわかった。また主たる支援機関からの距離は、Gセンターを除き（車で20分～30分位の比較的遠いところに約半数が居住）、ほとんどが徒歩20分以内の近距離にあり、結婚カップルと支援機関とが相互依存の関係にあることも判明した。支援機関と距離をおきながら一住民として自然に地域に溶け込みながら自立して社会生活を行っているのではなく、支援機関の懐に抱かれ、支援機関がつくり上げた地域の人的・組織的ネットワークと支援機関が行う対人関係の調整、周囲の理解を得る努力に守られ、支えられながら生きている様子が伺えた。こうした対人関係の調整や周囲の理解を得る努力は、例えば、町内会との付き合いの中で行われていることが判明した。

表7　各支援機関の特徴例4：資産管理と対人関係調整への支援

Eセンター	Fセンター
資産管理への支援　100.0%	資産管理への支援　100.0%
支援機関距離　徒歩20分以内　100.0%	支援機関距離　徒歩20分以内　100.0%
町内会付合い支援あり　50.0%	町内会付合い支援あり　5.6%
Gセンター	Dセンター
資産管理への支援　100.0%	資産管理への支援　100.0%
支援機関距離　徒歩20分以内　55.6%　　　　（車20～30分）44.4%）	支援機関距離　徒歩20分以内　86.7%
町内会付合い支援あり　22.2%	町内会付合い支援あり　73.3%

最後に、性に関する支援機関ごとの対応の違いとわかりやすい情報の提供と性教育の必要性について言及する。表8からわかるように、性生活支援に関して、支援機関により対象となった結婚カップルの平均施設入所経験年数に違いが見られ、施設入所経験のない人たちも少なからず存在していることが確認できた。このことから、日常行動面でも、性に関する情報入手の面でも、性に対する興味・関心のもち方の面でも支援機関によって違いが見られてくるであろうことが容易に推測できた。Gセンターでは、「入寮してくる養護学校高等部卒のケースから、性に関する興味・関心の高まりと安易な行為に走る姿」が散見されるという。さらに同センターでは、「できちゃった婚」が2例あったと報告されていた。このような経験から、Gセンターの職員から、「性に関する知識の収集は、能力差というより、生活環境によると考えた。思春期を入所施設で過ごした人と在宅等で通学した人では情報の容量が違う」。「性教育の必要性を痛感」というコメントが寄せられていた。

表8　各支援機関の特徴例5：制限的性指導の実態

Eセンター	Fセンター
施設入所経験年数　4.9年	施設入所経験年数　9.6年
子どものいる家庭　0.0%	子どものいる家庭　0.0%
恋愛　91.7%	恋愛　83.3%
性生活への支援あり　33.3%	性生活への支援あり　44.4%
長期・恒久的避妊対応　50.0%	長期・恒久的避妊対応　55.5%
セックスレスカップル　8.3%	セックスレスカップル　5.9%
勉強会等　0.0%	勉強会等　0.0%
出会いの場（通勤寮＋本人の会）77.8%	出会いの場（通勤寮＋本人の会）100.0%
Gセンター	Hセンター
施設入所経験なし 33.3%（経験有 2.8年）	施設入所経験年数　11.7年
子どものいる家庭　22.2%	子どものいる家庭　6.7%
恋愛　77.8%	恋愛　73.3%
性生活への支援あり　66.7%	性生活への支援あり　26.7%
長期・恒久的避妊対応　22.2%	長期・恒久的避妊対応　46.7%
セックスレスカップル　0.0%	セックスレスカップル　20.0%
勉強会等　44.4%	勉強会等　13.3%
出会いの場（通勤寮＋本人の会）50.0%	出会いの場（通勤寮＋本人の会）100.0%

　調査結果より、どの支援機関でも大多数の結婚カップルは、お互いに生活や就労のトレーニングを受けた通勤寮または通勤寮や生活支援センターが間接的

に関わっている本人の会で出会い、恋愛をし、結婚または同棲にこぎつけていた。しかしこれらのカップルは、不妊手術や長期的に避妊が可能な避妊法が選ばれ、生活が安定するまで、または、恒久的に子どもが生まれないような対応がなされていた。本人と相談をし、本人の合意を得た上での対処とはなっていたが、「その後に結婚したカップルに子どもができ、妻から抗議の気持ちをあらわにした」という報告も寄せられていた。理由はどうあれ、多くの支援職員が可能なら子どもを産まないようにした方がよいのではという思いをもちながら関わっていることの現れと推測できた。このことは、夫婦2人だけの家庭がほとんどで、夫婦と子ども1人の家庭がわずか5.6％しかいなかったことからもわかる。これは、一般の人たちと比べてみる（一家庭あたり1.35人と仮定する）と極端に低い割合となっていた。また、このような関わりが、わずかではあるがセックスレスカップルを生み出し、性教育（勉強会）もあまり行われて来なかったという結果を生み出してきたものと思われた。ここで改めて結婚カップルを支援するとはどういうことかが問われ、生活支援ワーカー等支援職員の価値観の共有が図られる必要があると思われた。一人ひとりのニーズに応じた支援、または、自己決定に基づく支援とは何かをも考える必要があろう。そうしたことの上に地域社会における人的・組織的なネットワークの構築が必要になるのではないだろうか。

（3）結婚生活支援と社会的環境の整備

このように、支援機関そして支援機関の構成要員である「支援職員の価値観の共有」、地域社会における「人的・組織的ネットワークの構築」が、対象となっている人たちの結婚に至るプロセスと結婚生活に有形無形の影響を与え、「生活の質の向上や幸福の追求」にも相互に影響を及ぼしていることが判明した。これらの相互作用活動・関係の基本には、カップルを形成する一人ひとりが大切にされること、つまり、「一人ひとりのニーズへの支援（自己決定支援）」が基本にならなければならない。そしてこれらは全て、「社会的環境（ノーマルな生活環境）の整備」「対人関係の調整と周囲の理解」「公的制度（公営住宅、グループホーム制度、障害基礎年金、最低賃金確保・社会保険・厚生年金、成年後見制度等）の有効活用と保障」「（わかりやすい）情報の提供と性教育」とも密

接に連動しているのである。これらの連携がうまくとれることにより、より一層結婚カップルへの支援がしやすくなり、結婚カップルの生活の質の向上や幸福の追求が図れるようになると思われる。

4　まとめに代えて

　ヌードクヴィスト（1986）は、「しょうがいをもつ人々の性教育に関して一番の適任者は存在しない。重要なのは、彼らの性を積極的に支援しようとする姿勢である[103]」と述べている。性教育を「結婚」という言葉に置き換えても同様に表現することができる。しかし、知的なしょうがいがある人々は、これまで否定的な価値役割をもたされたり、過小評価をされることが多かった。消極的で依存的な人と見られたり、問題行動のある人と見られることも多く、結婚などはとんでもないと思われてきた。

　知的なしょうがいがある人々の性や結婚の権利がごく当たり前のものとして受け止められるためには、彼らの生活が支援者に委ねられるのではなく、彼らの自己決定と自己決定を支える支援のあり方やそのための条件整備が具体的に検討され、実践されていく必要がある。また、当たり前の生活や結婚をしたいと願う彼らの思いや願いを受け止め、実現させるために、社会的支援体制が整えられ、具体的でわかりやすい性に関する教育の実施が必要となる。

　誰しも自由でいたい、恋愛をし、結婚もしたいと思っている。本人の自由な意思に基づき、必要な支援を本人の求めに応じて提供したいと思いながらも、現行法制度では対応困難なことが多い。結婚カップルが支援システムからはずされてしまう場合が多々あるからである。本人がしょうがいを認知することの困難さや家庭を維持すること、育児の困難さもある。多くの解決困難な問題はあるが、知的なしょうがいのある人々の自己決定支援ができるように、関係者による通常の生活支援だけではなく、関係諸機関と連携し、共同の取り組みを模索する必要がある。行政諸機関や生活支援センター、就労支援センターなどが支援の窓口や受け皿になって行う日常的な結婚生活支援、性教育を含む多様な性生活支援、個別支援体制の確立、保健所・性相談所等専門機関との連携、学校や職場など日常生活の中で本人が世話になっている事業所等との連携など、社会システムと連動させた結婚生活支援が求められている。その際大切にしな

ければならないことは、「目の前にいる一人ひとりと向き合って、彼らと一緒に考えながら関わり、必要な支援を創り出していくこと」なのであろう。そしてこのことは、可能なのである。

注

1）尾上浩二・山本創、2006 年「早急な出直し求められる『自立支援法』」『季刊福祉労働』113 号、現代書館、pp12-21.
2）岡部耕典、2006 年『障害者自立支援法とケアの自律——パーソナルアシスタンスとダイレクトペイメント』明石書店、p22.
3）前掲書（尾上・山本、2006）、p12.
4）相澤與一、2007 年『障害者とその家族が自立するとき——「障害者自立支援法」批判』創風社、p61.
5）岩崎晋也、2006 年「『障害者』への『自立』支援」『社会福祉学』47(1), 91-95, 日本社会福祉学会、p94.
6）佐藤久夫、2006 年「障害者自立支援法制定過程で政策研究はどう関与したか」『社会福祉学』47(2), 49-53, 日本社会福祉学会、p49.
7）同上、pp50-53.
8）前掲書（岡部、2006）、p145.
9）小澤温、2007 年 a「障害者自立支援法によって何がどう変わったのか」『発達障害研究』29(3), 135-137, p135.
10）小澤温、2007 年 b「障害者自立支援法におけるサービス体系の課題と今後のあり方——施設サービスの再編に焦点を当てて」『発達障害研究』29(3), 146-154, p146.
11）同上、p148
12）曽根直樹、2007 年「相談支援、地域生活支援事業、地域自立支援協会」『発達障害研究』29(3), 164-175, p164, 175
13）清水昭彦、2008 年「一人ひとりの存在の価値～障害者自立支援法を超えて～」『福祉文化研究』17, 22-28, p28.
14）前掲書（小澤、2007b）、p148.
15）前掲書（清水、2008）、p22.
16）増山ゆかり、2008 年「誰にでも明日は来る」『福祉文化研究』17, 29-39, p39.
17）前掲書（小澤、2007b）、p148.
18）同上、p147.
19）前掲書（小澤、2007b）、pp151-152.
20）同上、p154.

21) 同上、p135.
22) 山田武司、2007 年「利用者の視点からみた障害者自立支援法の課題——介護保険との統合から」『岐阜経済大学論集』41(1),187-221,p34.
23) 杉本健郎、2007 年「自立支援医療」『発達障害研究』29(3),138-145,p138.
24) 同上、p143.
25) 前掲書（清水、2008）、p27.
26) 同上、p28.
27) 前掲書（曽根、2007）、p175.
28) 前掲書（清水、2008）、p28.
29) 前掲書（曽根、2007）、p165.
30) 同上、p174.
31) 前掲書（清水、2008）、p26.
32) 勝又幸子、2007 年「障害者の所得保障——どこをスタートラインとするか？」『発達障害研究』29(3), 176-184, p176.
33) 同上、p181.
34) 同上、p18.
35) 石田易司、2008 年「障害者自立支援法の施行と障害者の生活」『福祉文化研究』17, 2-10, p3.
36) 馬場清、2008 年「障害者施設における障害者自立支援法の影響〜宿泊旅行の実施状況の変化から考える」『福祉文化研究』17, 11-23, p19.
37) 薗田碩哉、2008 年「福祉現場におけるレクリエーションの再定義の試み」『福祉文化研究』17, 62-71, p70.
38) 障害のある人と援助者でつくる日本グループホーム学会編、2007 年『「地域基盤型グループホーム支援方策推進事業」基礎調査報告書』障害のある人と援助者でつくる日本グループホーム学会.
39) 孫良、2006 年「イギリスの脱施設化にみられる知的障害者の主体性形成プロセス——修正版グランデッド・セオリー・アプローチを通して」『ソーシャルワーク研究』32(3),51-58, 相川書房、p58.
40) 鈴木良、2008 年「知的障害者入所施設Ａ・Ｂの地域移行に関する親族の態度についての一考察」『社会福祉学』47(1), 46-58, 日本社会福祉学会, pp55-56.
41) 樽井康彦・岡田進一・白澤政和、2007 年「知的障害者施設職員における脱施設化志向のパターンと援助内容との関連」『生活科学研究誌』5, 139-149, 大阪市立大学（大学院生活科学研究科・生活科学部）p147.
42) 前掲書（孫、2007）、p83.
43) 前掲書（岸田、2008）、p37.
44) 前掲書（鈴木、2008）、p26.

45）ピープルファースト東久留米、2007 年『知的障害者が入所施設ではなく地域で暮らすための本——当事者と支援者のためのマニュアル』生活書院、p4.
46）前掲書（孫、2007）、p83.
47）同上、p 84.
48）前掲書（ピープルファースト東久留米、2007）、p1.
49）同上
50）前掲書（鈴木、2008）、pp56-57.
51）同上、p66.
52）前掲書（孫、2007）、p66.
53）廣庭裕、2008 年「障害者の地域支援に関する研究」『仙台白百合女子大学紀要』12，51-65，p64.
54）前掲書（孫、2007）、p66.
55）前掲書（岸田、2008）、pp47-48.
56）前掲書（ピープルファースト東久留米、2007）、pp4-5.
57）障害者の権利に関する条約。
58）Convention on the Rights of Persons with Disabilities. 第1条（目的）より抜粋した。なお、日本語訳には「障害者の権利に関する条約　日本政府仮訳文」や「障害のある人の権利に関する条約　川島聡＝長瀬修　仮訳（2008 年 5 月 30 日付）」などがあり、訳者により使用用語や解釈の仕方による内容の違いがある。本書では、川島聡＝長瀬修　仮訳（2008 年 5 月 30 日付）を採用した。
59）2010 年 1 月 8 日付『朝日新聞』より。
60）障がい者制度改革推進会議総合福祉部会『障害者総合福祉法の骨格に関する総合福祉部会の提言——新法の制定を目指して』平成 23（2011）年 8 月 30 日。
　なお、本書に掲載した「骨格提言（概要）」は、障害保健福祉研究情報システムのホームページ。
（http://www.dinf.ne.jp/doc/japanese/law/promotion/m35/si02.html）から引用。
61）副田あけみ、2004 年「地域福祉の時代、当事者の時代」『社会福祉研究』89，83-89，鉄道弘済会。
62）三井絹子、2006 年『抵抗の証　私は人形じゃない』千書房。
63）佐藤きみよ、2006 年「ベンチレーターをつけて私らしく生きる」『季刊福祉労働』111 号、現代書館、pp13-19.
64）向谷地生良、2006 年『「べてるの家」から吹く風』いのちのことば社、p6.
65）同上、pp186-187.
66）同上、p192.
67）西定春、2006 年『さくらと空を翔け心を紡ぐ』千書房、p152.
68）河東田博、2006 年『福祉先進国に学ぶしょうがい者政策と当事者参画』現代書

館、pp20-24.
69) 同上、p22.
70) 同上、p23.
71) 平成 15(2003)年度厚生労働科学研究研究費補助金（障害保健福祉総合研究事業）『障害者本人支援の在り方と地域生活支援システムに関する研究』（主任研究者：河東田博）総括研究報告書、p76.
72) Nirje, B., 1969, A Scandinavian Visitor Looks at U.S. Institutions. In R. Kuger & W. Wolfensberger (eds.)：*Changing patterns in residential services for the mentally retarded*. President's Committee on Mental Retardation, Washington D. C.（＝河東田博・橋本由紀子・杉田穏子訳、1998 年『ノーマライゼーションの原理』現代書館、p37.）
73) *Institutionsavveckling − Utvecklingsstörda personers flyttning från vårdhem*. Socialstyrelsen (1990:11)
74) 河東田博、1976 年「施設重度児の教育」『ひがしむらやま』第 10 号（1976 年 1 月 30 日）、東京都東村山福祉園、pp8-10.
75) 河東田博、1978 年「子ども達にとって施設での生活とは？（その１）」『環』No.41. 東村山福祉園福祉を考える会。
76) 筆者たちがＢ施設時代に公表をしてきたもので把握できているものは、以下のとおりである。
①戸田久美子・安藤真洋・田中真知子・川合真理子・河東田博・丸本功彦・高梨雄二・小林幸子・金子崎子・石井晃芳・黒川秀紀・金子雅枝・中村光広・阿久津和美・原ちどり・臼杵和枝・斉藤張樹・原口紅子・本多映子「園生の活動の場を広げるとりくみから」（資料集、pp43-44）。1978 年度第 26 回社会福祉事業従事者実務研究発表会、東京都民生局指導部福祉研修課、1978 年 3 月。
②阿久津和美・戸田久美子・安藤真洋・田中真知子・川合真理子・河東田博・丸本功彦・高梨雄二・小林幸子・金子崎子・石井晃芳・黒川秀紀・金子雅枝・中村光広・原ちどり・臼杵和枝・斉藤張樹・原口紅子・本多映子「園生が施設外の作業所へ行き始めて」（資料集、pp45-46）。1978 年度第 26 回社会福祉事業従事者実務研究発表会、東京都民生局指導部福祉研修課、1978 年 3 月。
③安藤真洋・阿久津和美・戸田久美子・田中真知子・川合真理子・河東田博・丸本功彦・高梨雄二・小林幸子・金子崎子・石井晃芳・黒川秀紀・金子雅枝・中村光広・原ちどり・臼杵和枝・斉藤張樹・原口紅子・本多映子「重いちえ遅れの子の施設・東村山福祉園の訓練指導科でなぜ『特別活動』なるものを設定したのか」（資料集、pp57-58）。1978 年度第 26 回社会福祉事業従事者実務研究発表会、東京都民生局指導部福祉研修課、1978 年 3 月。
④黒川秀紀・安藤真洋・阿久津和美・戸田久美子・田中真知子・川合真理子・河東

田博・丸本功彦・高梨雄二・小林幸子・金子崎子・石井晃芳・金子雅枝・中村光広・原ちどり・臼杵和枝・斉藤張樹・原口紅子・本多映子「既存の養護学校, 在籍校などの訪問をとおして」（資料集、pp60-61）。1978 年度第 26 回社会福祉事業従事者実務研究発表会、東京都民生局指導部福祉研修課、1978 年 3 月。
⑤河東田博「施設分室について――施設利用者の生活の拡がりを求めて」『権利としての社会福祉をめざして：障害者のもんだい』No.2　118-135, 都職労民生局支部自治研集会、1983 年 6 月 23 日。
⑥河東田博他「『作業的・労働的活動、園外活動』5 年間の取り組みと今後の課題」昭和 59 年度社会福祉事業従事者実務研究発表会、東京都福祉局指導部研修課、1985 年 1 月 17 日。
77）N 氏、M 氏共、筆者が働いていた B 施設に招かれて講演をした方たちだが、演者が特定されてしまうため、氏名だけでなく、引用文献も明記しなかった。
78）現在の B 施設を記すに当たり、下記ウエブサイトを参考にした。
　　B 施設のホームページ http://higashimurayama-f.org/
79）B 施設の福祉サービス第三者評価については、下記ウエブサイトを参考にした。
　　とうきょう福祉ナビゲーション http://www.fukushinavi.or.jp//
　　事業者情報：B 施設「基本情報」「サービス内容」「サービス提供のための職員（スタッフ）体制」等。
　　福祉サービス第三者評価情報：評価結果ダイジェスト B 施設および利用者調査結果 B 施設）。
80）1998 年 9 月 24 日、ＮＨＫ教育テレビ「くらしやすい施設をめざして」（19:20-19:50）
81）嘉悦登、1998 年「あなたはここで暮らせますか？」『手をつなぐ』No.09（1 1988 年 7 月号、全日本手をつなぐ育成会、p12。
82）同上
83）同上、pp12-13.
84）「施設改革プロジェクト」の立ち上げ、提案の内容等は、下記文献に示してある。
　　松尾貴範・河東田博他、1999 年「施設で暮らしている人たちが地域でごくあたり前に暮らしていけるようにするために」『四国学院大学論集』第 101 号、四国学院大学文化学会、pp155-174.
85）下記ウエブサイトの C 施設障害福祉サービス事業者情報を参考にした。
　　http://www.wam.go.jp/
86）C 施設ホームページの権利擁護事業実施報告を参考にした。
　　http://tokushima-aiikukai.jp/index
87）2010 年 12 月 20 日付 A 法人機関紙『つのぶえ』第 332 号、p1。
88）前掲書（Nirje, 1988 年訳）p38.

89）定員数等は、D法人入所更生施設「2010年度事業計画（案）」より抜粋。
90）井上威恭監修、1982年『ハインリッヒ産業災害防止論』海文堂出版。
91）2010年7月20日付D法人機関紙『つのぶえ』第327号、pp2-3.
92）同上、p 3．
93）ＮＨＫ厚生文化事業団、1996年『知的発達に障害のある人たちの職業と生活に関する調査──本人よりの聞き取りを通して──報告書』
94）厚生労働省社会・援護局障害保健福祉部企画課統計調査係、2007年『平成17年度知的障害児（者）基礎調査結果の概要』厚生労働省.
95）同上、pp1-2.
96）同上、p5.
97）同上、p4.
98）同上、p10.
99）同上、p6.
100）同上、p11.
101）同上
102）同上、pp6-7.
103）Nordqvist, I., 1986, *Sexuality and Disability*. The Swedish Institute for the Handicapped. p28.

第4章　スウェーデンと日本における脱施設化・地域生活支援の実態と課題

——元入所施設居住者への聞き取り調査を通して考える

　日本でも脱施設化について当たり前に論じられるようになり、脱施設化に向けた取り組みも見られるようになってきている。入所施設を閉鎖する法人も現れてきている。多くのしょうがいのある人たちが地域の普通の住宅で暮らし、地域住民と関わりながら生活していくという夢は少しずつ実現されてきている。これからも元入所施設居住者のささやかだが当然の思いや願いを実現するための努力を続け、形にしていく必要がある。また、「再施設化」や「ミニ施設化」と呼ばれる地域における集団管理の問題や社会構造的な問題にも取り組んでいかなければならない。

　社会構造的な問題は、弱い人たちを狙い、連鎖的に起こってくる。まず、しょうがい当事者の思いとは全く別のところで「望まない（親・家族の都合による）施設入所」や「選択の余地のない施設入所」となって現れてくる。次に、入所施設では「入所施設自体がもつ構造的限界」に直面する。さらに、入所施設がバックアップ施設になることによって生じる入所施設の感覚で地域生活支援を継続することの問題がある。こうした構造的な負の連鎖が地域生活支援の「再施設化」や「ミニ施設化」をもたらしていくと考えられる。

　こうした社会構造的及び連鎖的諸問題が、入所施設を退所し地域で暮らし始めた元入所施設居住者にどのような影響を与えどのような生活の質の違いとなって現れているのか、地域生活を充実させるためには今後どのような支援が求められるのかなどを、スウェーデンと日本の元入所施設居住者への聞き取り調査を通して考えていきたい。

第1節　元入所施設居住者への聞き取り調査概要

1　調査計画と調査対象国・地域

　スウェーデンと日本の元入所施設居住者への聞き取り調査は、準備から結果や考察までを含め2008年度から2010年度まで3年間かけて行った。

　2008年度は、2008年4月から9月にかけ、スウェーデン・ストックホルムに赴き、文献研究を行うと同時に調査の準備にあたってきた。調査対象施設をストックホルム郊外にあるスウェーデンで最初に解体された施設カールスルンド（以下、「ＳＣ施設」）に定め、調査対象者をＳＣ施設を退所した元居住者とした。調査準備及び実態調査は、かつてＳＣ施設解体プロジェクト・リーダーを務めていたケント・エリクソン（Kent Ericsson）、同じく当時ＳＣ施設の総合施設長を務めていたパトリシア・エリクソン（Patricia Ericsson）に協力を求め、パトリシア・エリクソンが調査者となって聞き取り調査を行った。ＳＣ施設が閉鎖・解体されたのはおよそ20年前の1988年だったため、対象者を選定することが大変難しかった。対象者が居住していると思われるストックホルム北西部地区の6自治体の援護部に協力を求めた。2008年秋にようやく対象者が決まり、2008年11月から2009年3月にかけて調査が行われた。聞き取り調査終了後の調査データの整理は、2年目の2009年4月から2009年7月にかけて行われた。

　2009年度は、調査地を日本に移し、2009年4月から7月にかけ、文献研究を行うと同時に調査の準備にあたってきた。調査対象法人・施設を、脱施設化が進んでいる北海道エリアのＥ法人Ｉ施設、及び、関東エリアのＪ法人Ｊ施設と定め、調査対象者は両施設を退所した元居住者とした。調査準備及び実態調査は、両法人の全面的な協力を得て行い、経験豊かな現地の女性調査員を調査者として採用した後に聞き取り調査を行った。その際、女性対象者には現地女性調査員が、男性対象者には筆者が聞き取り調査を行った。2009年8月に北海道エリアのＰ市で、2009年9月に関東エリアのＱ市で聞き取り調査を行った。聞き取り調査終了後の2009年10月から2010年3月にかけて調査データの整理にあてた。

2010年度は、年間を通してスウェーデン及び日本で行った調査結果の分析にあたった。

2 調査対象者

当初グループホーム等地域の住まいで暮らすしょうがい者本人をスウェーデン及び日本それぞれ100人（男女各50人）ずつの対象者を予定していたが、先述したようにスウェーデンで対象としたＳＣ施設の元居住者が施設を退所してから20年以上経過していたため対象者（ストックホルム県北西部の6自治体・市が対象地域）の選定が大変難しく、最終的に面接に応じてくれた元居住者は20人（男8人、女11人）であった。日本では、Ｅ法人Ｉ施設を退所した後地域生活している元居住者50人（男28人、女22人）、Ｊ法人Ｊ施設を退所した後地域生活している元居住者32人（男14人、女18人）が面接に応じてくれた。しかし、面接対象となったＳＣ施設元居住者20人中1人が38歳、残りの19人が50歳以上であったため、本研究では、50歳以上の元入所施設居住者に対する研究に焦点化することにした。したがって、日本でも50歳以上の元入所施設居住者への研究に焦点化することにし、Ｉ施設元居住者24人（男12人、女12人）、Ｊ施設元居住者18人（男6人、女12人）を分析の対象とすることになった。なお、表1からわかるように、スウェーデン（ＳＣ施設元居住者）と日本の対象者（Ｉ施設元居住者、Ｊ施設元居住者）、ＳＣ施設元居住者とＩ施設元居住者、Ｉ施設元居住者とＪ施設元居住者間には、いずれも性差には有意差が見られなかった。また、入所施設元居住者の半数以上が聞き取り困難であったため、対象者の基本情報は、別途職員に（口頭または巻末資料の「職員用イン

表1 スウェーデンと日本の元入所施設居住者の基本情報

項目	スウェーデン	日本						
場所	ストックホルム6市	北海道Ｐ市関東Ｑ市						
元施設	SC	Ｉ・Ｊ						
調査年	2009年1〜3月	2009年8〜9月						
対象数	19人	42人		比較	自由度	χ^2	有意差
性別	男8人 女11人	全体	男18人	女24人	SCvs.N	df=1	0.003	†
		北海道Ｐ市	男12人	女12人	SCvs.I	df=1	0.268	†
		関東Ｑ市	男6人	女12人	Ivs.J	df=1	1.168	†

注：SC=施設カールスルンド元居住者、N=日本=Ｉ施設+Ｊ施設、I=Ｅ法人Ｉ施設元居住者、J=Ｊ法人Ｊ施設元居住者、†＝有意差なし

タビューガイドⅠ」に基づいて）確認、または、保護者（成年後見人）に同様の確認を行って入手した。

3 調査方法

聞き取り調査には、修正カヤンディ式「生活の質」評価マニュアルを発展させて作成した「地域移行・地域生活評価インタビューガイド」（半構造化インタビューガイド：1994年度～1996年度科学研究費国際学術研究等筆者らの各種継続研究の中で発展させてきたもの）を使用した[1]。データ収集には対象者本人の了解を得てテープレコーダーなどを使用し、対象者の生の声が拾えるようにした。得られたデータはテープ起こしし、データの整理や処理に間違いのないように補完的に使用することにした。また、スウェーデンで得られたデータは英語－スウェーデン語－英語－日本語に置き換えて分析された。なお、各データの内容に間違いがないかどうかを共同研究者を含む複数の専門家によりチェックした。その上で、①国（スウェーデン・日本）別に各項目ごとの単純集計を行い、各項目ごとに性別間に有意な差が見られるかどうかの統計処理（カイ2乗検定）を行った。同様の有意差検定は、両国間でも行われた。次いで、②入所施設の成り立ちがよく似ていると思われたスウェーデン・ＳＣ施設の元居住者と日本・Ｉ施設の元居住者との間で同様の分析（検定）が行われた。さらに、③対象施設間に設立経過等の違いが見られていた日本のＩ施設元居住者とＪ施設元居住者との間で同様の分析（検定）が行われた。また、文中の$p<0.05$、$p<0.01$、$p<0.001$は、それぞれ5％、1％、0.1％有意水準で有意差があったことを意味している。

4 倫理面への配慮

スウェーデンの調査にあたっては、ヤルファーラ（Jarfälla）、シグツーナ（Sigtuna）、ソルナ（Solna）、スンドビィベリィ（Sundbyberg）、ソレンツーナ（Sollentuna）、ウップランズ・ベースビィ（Upplands-Väsby）の6自治体（コミューン、日本の市に相当）の福祉担当課担当専門官から対象者本人及び保護者（または後見人）に了解をとっていただき、聞き取り調査に臨んだ。コミュニケーションの困難な8人（男4人、女4人）の聞き取り調査に関しては、保護

者または職員を含む後見人の立会いの下で聞き取り調査がなされた。日本の聞き取り調査にあたっては、Ｅ法人Ｅセンター、および、Ｊ法人Ｊセンターの担当者から対象者本人および保護者（または成年後見人）に了解をとっていただき、調査に臨んだ。また、聞き取り調査結果の公表に関しては各社会福祉法人名・入所施設名公表の了解を得たが、本書全体の統一性を考え、スウェーデンの旧施設カールスルンドを除き、日本の法人・施設名に関しては全て伏せることにした。さらに、対象者個人の氏名も伏せ、それとわかるような記述も行わないようにした。

第２節　調査対象（旧）施設について

具体的な内容に入る前に、まず、対象となった入所施設の脱施設化・地域移行の特徴と（取り組みの）概要を紹介する。

１　スウェーデン・ストックホルム・ＳＣ施設の特徴と概要[2]

ＳＣ施設は、1901年に児童養護施設で働いたことのある一女性が創設した入所施設である。創設当時は８人の利用者と４人の看護師によって運営されていた。やがて施設運営に行政（ストックホルム市、後に県）が関わるようになり、施設規模が次第に大きくなっていった。そして、1964年には522人もの知的しょうがい者を収容する大規模入所施設になってしまった。1970年代のコミュニティ・ケア運動の影響を受け、ＳＣ施設は社会的批判に晒されるようになっていった。ストックホルム県は、1975年にＳＣ施設の改革に関する委員会を立ち上げ、1976年に閉鎖・解体の方針を出すに至った。そして、ＳＣ施設解体プロジェクトが組織され、施設解体計画を1981年に残る予定の301人を念頭に入れた地域移住計画として閉鎖・解体に向けた動きがなされていくことになった。計画は条件整備を伴いながら着々と実行に移され、1988年３月にＳＣ施設は解体された。この一連の施設解体の動きはスウェーデン全土の入所施設解体に影響を与え、ＳＣ施設方式としてスウェーデンの入所施設解体のモデルとなっていった。

2　日本・Ｅ法人・Ｉ施設の地域移行の特徴と概要[3)]

　Ｉ施設は1968年に開設されたＥ法人の基幹入所施設で、人口約３万７千人のＰ市（2011年１月末現在36,752人）に所在する。Ｉ施設からの地域移行者が440人（2009年４月６日現在、人口比率１％）にも上っている地域の取り組みとして全国的に知られている。これまでに1,300人近い退所者があり、他施設への移行を除くと500人近い元施設居住者が地域に移行した。その内の約250人近くがＰ市内に留まり、高等養護学校からの卒業者や他市町村からの転入者を合わせると、現在450人近い知的しょうがいのある人たちがＰ市内に居住していることになる。Ｉ施設の地域移行の特徴は、「施設を出てからも、ずっと継続して世話をする」「親元に帰すということを地域移行の原則にしない」「失敗したらいつでも受け入れる」という三つの約束と、「新規入所の制限」「地域の受け皿づくり」にある。Ｉ施設の分散など、今後さらに新たな展開が検討されている。

3　日本・Ｊ法人・Ｊ施設の地域移行の特徴と概要[4)]

　「人生（存在）への支援、援助」を理念とし、1978年にＱ市の入所施設Ｊ施設を拠点に創設された民間社会福祉事業団体（社会福祉法人）である。施設名Ｊは、「地球市民」という意味で、「国境を越え、民族の壁を破り、あらゆる差別と不平等を克服して人類が地球市民になることを願って」名付けられた。法人には、「障害者が普通の暮らしを営むこと」「福祉のフィールドをトータルランナーとして演出すること」「もっと豊かな未来を夢みて、地域の価値創造にエキサイティングな挑戦を」「基本は感じること、考えること」という四つの願いがある。この願いを実現するために、Ｊ施設を中間施設と位置づけ、「回転率のよい収容型施設運営により、……利用者一人ひとりに対して真面目に命がけで人間回復＝全人格的な復興の実践」を行い、積極的に地域移行に取り組み、「障害福祉の解放を目指し様々な手法を駆使して」旺盛な取り組みを行っている運動体である。

第3節　スウェーデンと日本における脱施設化・地域生活支援の比較

1　スウェーデンと日本の元入所施設居住者の特徴と比較結果

　スウェーデンの対象者（ＳＣ施設元居住者）、日本の対象者（Ｉ施設元居住者、Ｊ施設元居住者）の基本情報の特徴と比較結果を表2に示してある。

（1）スウェーデンの対象者の基本情報の概要

　スウェーデンの対象者の「平均年齢」は63.7歳（男59.4歳、女66.9歳）で、「年齢幅」が51～87歳（男51～67歳、女55～87歳）であった。全員が「未婚」（子どもなし）で、「施設平均在所年数」が29.5年、地域移行後の「平均地域生活年数」が22年であった。地域移行後の「生活形態」（暮らしの場）は、全員がグループホームと答えていた。一部（複数人）対象者が「アパート」または「アパートの中のアパート」と答えていたが、確認の結果、職員が常時勤務する（またはそれに近い）「家的機能をもつ近代的システムのグループホーム」であることがわかった。そのため、表中では全員「グループホーム」と表記した。また、「教育歴」では、半数近くが早くから施設に入所しており、学校教育を受けていないこともわかった。なお、「年齢構成」「未婚・既婚の別」「施設生活年数」「地域生活年数」「教育歴」において男女間に有意差は見られなかった（表2「Ｓ性別比」を参照）。

（2）日本の対象者の基本情報の概要

　日本の対象者の「平均年齢」は58.7歳（男58.9歳、女58.6歳）で、「年齢幅」が51～77歳（男51～76歳、女51～77歳）であった。「既婚者・同棲者」が3人（男2人、女1人）おり、「子ども」も4人いた。「施設平均在所年数」が22.6年、地域移行後の「平均地域生活年数」が2.5年であった。地域移行後の「生活形態」（暮らしの場）は、全員が「ケアホーム」または「グループホーム」と答えていた。また、「教育歴」では、「障害児学級」（現・特別支援学級）または「養護学校」（現・特別支援学校）で教育を受けていることが多く、高等学校（高等部）への進学がほとんどないこともわかった。なお、「年齢構成」「未婚・

既婚の別」「施設生活年数」「地域生活年数」「教育歴」において男女間に有意差は見られなかった（表2「N性別比」を参照）。

表2 スウェーデンと日本の元入所施設居住者基本情報の特徴と比較結果(1)

項　目	スウェーデン			S性別比	日本			N性別比	SN比較
		男（人）	女（人）			男（人）	女（人）		
年齢構成	50代	3	1	df=2	50代	13	15	df=2	df=2
	60代	5	7	3.946	60代	3	7	0.906	11.252
	70代以上	0	3	†	70代以上	2	2	†	**
平均年齢	63.7歳（男59.4、女66.9）				58.7歳（男58.9、女58.6）				
年齢幅	51～87歳（男51～67、女55～87）				51～77歳（男51～76、女51～77）				
		男（人）	女（人）			男（人）	女（人）		
未既婚別	未婚	8	11	df=1	未婚	16	23	df=1	df=1
	既婚	0	0	0	既婚・同棲	2	1	0.870	1.427
				†				†	†
子ども	いる　0人				いる　4人				
		男（人）	女（人）			男（人）	女（人）		
施設生活	10年未満	0	0	df=3	10年未満	3	5	df=3	df=3
	10-20年未満	1	1	1.030	10-20年未満	4	1	6.676	12.315
	20年以上	5	9	†	20年以上	7	5	†	**
	不明	2	1		不明	4	13		
平均在所年	29.5年				22.6年				
		男（人）	女（人）			男（人）	女（人）		
地域生活	10年未満	0	0	df=3	10年未満	6	3	df=3	df=3
	10-20年未満	1	1	1.030	10-20年未満	1	1	4.569	39.272
	20年以上	5	9	†	20年以上	1	0	†	***
	不明	2	1		不明	10	20		
平均生活年	22年				2.5年（不明多数）				
生活形態	GH　男8人　女11人				CH＆GH　男18人　女24人				
		男（人）	女（人）			男（人）	女（人）		
教育歴	小：普通	0	0	df=3	小：普通	8	11	df=3	df=3
	特級/養	3	7	5.128	特級/養	9	8	3.752	13.900
	不就	2	5	†	不就	0	4	†	**
	不明	3	0		不明	1	1		
	中：普通	0	0	df=3	中：普通	3	6	df=3	df=3
	特級/養	3	7	5.128	特級/養	9	12	5.794	7.196
	不就	2	5	†	不就	4	5	†	†
	不明	3	0		不明	2	1		
	高：普通	0	0	df=3	高：普通	0	0	df=3	df=3
	特級/養	3	7	5.128	特級/養	3	1	2.858	18.335
	不進学	2	5	†	不進学	12	21	†	***
						7	3		

注：S=スウェーデン、N=日本、df=自由度、有意差あり：**p<0.01 ***p<0.001, 有意差なし=†、小=小学校、中=中学校、高=高等学校、特級=特別支援学級、養=特別支援学校、CH＆GH=ケアホーム＆グループホーム）

（3）スウェーデンと日本の対象者の基本情報各項目の比較結果

スウェーデンと日本の対象者との間では、「未婚・既婚の別」「教育歴」（中学校）では有意差が見られなかったものの、「年齢構成」（p<0.01）、「施設生活年数」（p<0.01）、「地域生活年数」（p<0.001）、「教育歴」（小学校 p<0.01、高等学校（p<0.001）において有意差が見られていた（表2「ＳＮ比較」を参照）。有意差が見られていた各項目の特徴を以下に示す。

「年齢構成」を見ると、スウェーデンの対象者の多く（63％）が60代であったのに対して、日本の対象者の多く（67％）が50代で、日本の対象者がスウェーデンの対象者よりも比較的年齢が低かった。

「入所施設生活年数」では、スウェーデンの対象者の大多数（74％）が20年以上であったのに対して、日本の対象者は不明が多く（40％）、20年未満（31％）と20年以上（29％）がほぼ同じ割合になっていた。地域移行後の「地域生活年数」を見てみると、スウェーデンの対象者の大多数（74％）が「20年以上」地域生活を送っているのに対して、日本の対象者の大多数（71％）が「不明」で、21％が「10年未満」であった。入所施設生活年数も地域生活年数も長いスウェーデンの対象者に対して、日本の対象者は二極化（入所施設生活年数が長く地域生活年数が短いグループ、入所施設生活年数が比較的短く地域生活年数も短いグループ）している可能性があるという結果が見られていた。日本で対象となった入所施設の位置づけや地域移行への取り組みの違いが影響を与えているものと思われた。

「教育歴」を見てみると、大多数が「小学校時代」「中学校時代」「高校時代」に「特別学校」に在籍（53％）または「不就学・不進学」（37％）だったスウェーデンの対象者に対して、日本の対象者の大多数が「小学校時代」には「通常（普通）学級」（45％）または「障害児学級（現・特別支援学級）」「養護学校（現・特別支援学校）」（40％）のどちらかに在籍しており、「中学校」になると半数が「障害児学級（現・特別支援学級）」「養護学校（現・特別支援学校）」（50％）に通っていたものの、「通常（普通）学級」（21％）への進学が減り、「不就学」（21％）が多くなっていた。「養護学校（現・特別支援学校）高等部」への進学は10％に留まり、79％は「不進学」だった。

（4）スウェーデン・ＳＣ施設元居住者と日本・Ｉ施設元居住者との比較結果

　ところで、スウェーデンではＳＣ施設元居住者を対象に、日本ではＩ施設元居住者とＪ施設元居住者を対象に調査を行ったことは既に述べた。Ｉ施設はスウェーデンのＳＣ施設をモデルに大規模コロニーとして1968年に開設されたため、1978年に通過施設として開設されたＪ施設とは趣が大きく異なる。そこで、表１・表２と同じような整理をＳＣ施設元居住者とＩ施設元居住者との間で行い、統計処理（カイ２乗検定）をしてみたところ、「施設生活」を除く他の項目で類似の結果が得られた。そこで、表３を見てみたい。表３には、スウェーデンと日本の元入所施設居住者の「施設生活」の比較が示してある。国ごとに比較してみると有意差が見られ（$p<0.01$）、スウェーデンの対象者も日本の対象者も比較的長期間にわたって入所施設で生活しているように見えた。しかし、実際には、Ｊ施設元居住者の入所施設平均在所年数が9.7年に対してＩ施設元居住者の入所施設平均在所年数は28.6年であった。Ｉ施設元居住者の入所施設平均在所年数の長さが全体の結果に影響を与えていたことがわかる。そこで改めてＳＣ施設元居住者とＩ施設元居住者の入所施設在所期間（年数）を比較してみると平均在所年数はそれぞれ29.5年、28.6年で、どちらも20年以上入所施設に在所していた対象者が最も多かった。そのため、両施設元居住者間に有意差は見られなかった。

表３　スウェーデンと日本の元入所施設居住者「施設生活」比較

項　目	スウェーデン		日　本		ＳＮ比較
	男（人）　女（人）		男（人）　女（人）		
施設生活	10年未満　　　0　　　0 10-20年未満　1　　　1 20年以上　　　5　　　9 不明　　　　　2　　　1		10年未満　　　3　　　5 10-20年未満　4　　　1 20年以上　　　7　　　5 不明　　　　　4　　　13		df=3 12.315 ＊＊
平均在所年	29.5年		22.6年		
項　目	ＳＣ施設		Ｉ　施　設		ＳＮ比較
	男（人）　女（人）		男（人）　女（人）		
施設生活	10年未満　　　0　　　0 10-20年未満　1　　　1 20年以上　　　5　　　9 不明　　　　　2　　　1		10年未満　　　2　　　2 10-20年未満　1　　　0 20年以上　　　7　　　5 不明　　　　　2　　　5		df=3 5.580 †
平均在所年	29.5年		28.6年		

2 スウェーデンと日本の元入所施設居住者の特徴と比較結果(2)

スウェーデンの対象者（ＳＣ施設元居住者）、日本の対象者（Ｉ施設元居住者、Ｊ施設元居住者）の基本情報の特徴と比較結果(2)を表4に示してある。

（1）「施設生活」に対する思い

表4からわかるように、スウェーデンの対象者は、「忘れた」と回答（11%）した以外の全員（89%）が「施設生活」を「嫌だった・不快だった」と語り、「施設での生活については思い出したくない」「話したくない」と、拒否の態度を示した人もいた。なお、「施設生活」に関して、男女間に有意差は見られなかった。一方、日本の対象者の43%が「嫌な面もあったが、楽しい面もあった」と施設内集団生活に見られる仲間付合いや人間関係の「複雑な心境」を示していた。「忘れた」と答えた人たちも多数（38%）いた。なお、日本の調査対象となった男性が女性よりも「施設生活」に対して「嫌・不快」な思いを3倍多く抱いており、女性は男性よりも4倍近くも「忘れた」と答えるなど、日本の対象者の性差には有意差が見られていた（$p<0.05$）。スウェーデンの対象者と日本の対象者との思いの違いにも有意差をもたらしていた（$p<0.001$）。

（2）「地域移行」に対する思い

「地域移行」に対してスウェーデンの対象者の大多数が「嬉しかった」（68%）と答えていたのに対して、日本の対象者の多く（45%）が「忘れた」と答え、次いで、「嬉しかった」（31%）「不安・心配」（24%）となっていた。両国の対象者の男女間に有意差は見られなかったものの、両国の「地域移行」時の思いには有意差が見られていた（$p<0.01$）。スウェーデンの対象者のの大多数が「嬉しかった」と答えていたのに対して、日本の場合「嬉しかった」と答えていたのは男性（62%）だったこと、女性の多く（74%）が「忘れた」と答えていたためであった。

（3）「就労状況」「収入状況」「年金受給」の実態

「就労状況」「収入状況」「年金受給」の三つの項目は相互に関係しているた

表4　スウェーデンと日本の元入所施設居住者基本情報の特徴と比較結果(2)

項　目		スウェーデン		S性別比	日　　本		N性別比	SN比較
		男	女		男	女		
施設生活	嫌・不快	7	10	df=2	嫌・不快	6	2	df=2	df=2
	複雑心境	0	0	0.057	複雑心境	9	9	7.549	27.344
	忘れた	1	1	†	忘れた	3	13	*	***
地域移行	不安・心配	3	3	df=2	不安・心配	5	5	df=2	df=2
	嬉しかった	5	8	0.226	嬉しかった	8	5	4.185	13.206
	忘れた	0	0	†	忘れた	5	14	†	**
就労状況	企業	0	0	df=3	企業	4	3	df=3	df=3
	授産	2	0	3.353	授産	7	19	9.215	26.696
	ＤＣ	5	7	†	ＤＣ	4	0	*	***
	不就労	1	4		不就労	3	2		
収入状況	10万以上	8	11	df=3	10万以上	5	6	df=3	df=3
	5.0〜9.9万	0	0	0	5.0〜9.9万	10	13	0.641	28.514
	0.1〜4.9万	0	0	†	0.1〜4.9万	2	2	†	***
	0	0	0		0	1	4		
年金受給		8	11		共済他	4	2	df=3	
	年金・雇用助成 (2　0)				1級	10	6	0.731	
	年金・活動手当・住宅手当 (6　11)				2級	6	12	†	
					不受給	4	4		
備　　考	2011.2.18現在 1kr=13.0円として収入算出								

注：S＝スウェーデン、N＝日本、df＝自由度、有意差あり：*p<0.05 **p<0.01 ***p<0.001, 有意差なし＝†、ＤＣ＝デイ・アクティビィティ・センターを含む福祉的就労
各項目の男女別の数字＝人

め、一括して記す。

　スウェーデンの対象者は、高齢の方が多く（大多数が60代、平均年齢が63.7歳）、働いて収入（雇用助成金で対応）を得ている対象者はわずか11％で、大多数（63％）はデイ・アクティビィティ・センター（以下、「ＤＣ」）で日中活動を行い、全員（100％）が「障害基礎年金」または「老齢年金」を受け取り、（日本円に換算して）「10万円以上」（日中活動手当や住宅手当も含む）の収入を得ていた。なお、男女間に有意差は見られなかった。このような結果は、対象者の年齢構成に関係していると思われた。一方、日本の対象者の多く（62％）が「授産」活動に従事していたが、男女間に有意差が見られた（p<0.05）。大多数の女性（79％）が「授産」活動に従事していたのに対して、男性は「授産」活動（39％）に従事していただけでなく、同じ割合（39％）で「ＤＣ」活動や「不就労」であった。また、「年金受給」「収入状況」に関しては、多くが1級（38％）2級（43％）の「障害基礎年金」を受給し、多く（62％）が5万円から

10万円未満の収入を得ていた。4人に1人（26％）が「10万円以上」の収入を得ていた。なお、「収入状況」「年金受給」における男女間に有意差は見られなかった。以上の結果として、スウェーデンの対象者と日本の対象者との間で、「就労状況」「収入状況」において有意差が見られていた（いずれも p<0.001）。

3　スウェーデンと日本の元入所施設居住者の地域生活の実態(1)

表5からわかるように、日本の対象者の「住み心地」「本人活動」を除き、スウェーデン・日本それぞれの国の対象者の男女間に有意差は見られなかった。

表5．スウェーデンと日本の元入所施設居住者の地域生活の実態(1)

項目	スウェーデン			S性別比	日本			N性別比	SN比較
		男	女			男	女		
住宅	アパート	3	3	df=1	アパート	2	0	df=1	df=1
	G　H	5	8	0.226 †	GH・CH	16	24	2.801 †	8.258 **
	個　室	8	11		個　室	18	24	df=1	0.005 †
住み心地	良い（快適）	8	11	df=2	良　い	15	13	df=2	df=2
	転居望	0	0	0	転居望心境複雑	1	5	4.038	13.532
	不　明	0	0	†	不　明	2	6	*	**
家事	要支援全日	8	11	df=2	要支援全日	0	0	df=2	df=2
	要支援平日	0	0	0	要支援平日	14	19	0.012	61.001
	週末支援無	0	0	†	週末支援無	4	5	†	***
近所付合	良　好	1	1	df=2	良　好	0	0	df=2	df=2
	挨拶程度	4	9	2.515	挨拶程度	11	9	2.299	8.477
	なし・不明	3	1	†	なし・不明	7	15	†	*
余暇	CD・TV	0	0	df=2	CD・TV	13	22	df=2	df=2
	家でぼんやり	3	4	0.004	家でぼんやり	2	1	2.850	37.220
	外出他	5	7	†	外出他	3	1	†	***
人間関係	仲間・職員	8	11	df=2	仲間・職員	10	18	df=2	df=2
（友達）	いない	0	0	0	いない	4	4	2.139	8.221
	不　明	0	0	†	不　明	4	2	†	*
本人活動	本人の会	0	0	df=2	本人の会	13	6	df=2	df=2
	不参加	8	11	0	不参加	0	0	9.260	61.001
	不　明	0	0	†	不　明	5	18	**	***
将来の夢	平　和	1	0	df=6	平　和	0	0	df=6	df=6
	健　康	0	0	7.105	健　康	1	1	9.963	11.522
	自立生活	0	0	†	自立生活	1	0	†	†
	旅　行	0	6		旅　行	0	6		
	結　婚	0	0		結　婚	2	1		
	その他	1	0		その他	6	10		
	不　明	6	4		不　明	8	6		

注：S=スウェーデン、N=日本、df=自由度、有意差あり：* p<0.05　** p<0.01　*** p<0.001，有意差なし=†、各項目の男女別の数字=人

（１）住宅

スウェーデンの対象者は、多くが「グループホーム」（68％）で暮らしており、残りの人たちは「アパート」（32％）で暮らしていた。全員「個室」を保有し、「快適」（100％）に暮らしていた。1980年代半ば以降スウェーデンにおける知的しょうがい者のための居住環境が大きく変化してきており、5人中4人までが家的な機能の構造をもつグループホーム内の個室が保有できるようになってきており、今回回答の「グループホーム」「アパート」が同じ質をもったものと考えることができた。事実、「アパート」と答えた対象者は「アパートの中のアパート」とも言っており、上述した住居のことを指しているものと思われた。

日本の対象者は、ほとんどが「グループホーム／ケアホーム」（92％）の「個室」で暮らしており、「アパート」（8％）で結婚をしたり、一人暮らしをしている人はわずかであった。対象者の大多数が「住み心地」は「良い」（75％）と答えていたが、「（別の）アパートに引越しをしたい」（14％）という希望を述べている人もいた。「転居」を望んでいても一人暮らしができるだけのお金がないという現実的な問題にも直面していた。「住み心地」に関して日本の対象者の男女間に有意な性差（$p<0.05$）が見られていたが、それは「（別の）アパートに引越しをしたい」「不明」と答えていた対象者が男性より女性に多かったためであった。

「住宅」「住み心地」に関して、スウェーデンの対象者と日本の対象者との間に有意差が見られた（いずれも $p<0.01$）。「住宅」に関して言えば、スウェーデンの対象者に「アパート」居住が多いのに対して日本の対象者の「アパート」居住が非常に少なかったからであった。また、スウェーデンの全対象者が「住み心地」が「良い（快適）」と答えていたのに対して、少数だが日本の対象者に「転居」を望むなどの声が聞かれていたためである。

（２）家事

「家事」は、スウェーデンの対象者も日本の対象者も何らかの形で支援を必要としていた。スウェーデンの対象者が週末も含む「全日（24時間365日）」の支援が行われていたのに対して、日本の対象者は「平日だけの支援」（79％）

が大多数で、「週末に支援がなくなる」(21%) 不十分な体制となっていた。そのため、両国の対象者の男女間に有意差は見られなかったものの、両国の対象者間には有意差 ($p<0.001$) が見られていた。

(3) 近所付合

「近所付合」は、スウェーデンの対象者では「挨拶程度」(68%) しか行われていないのに対して、日本の対象者からは「良好」(63%) という回答が返ってきていた。しかし、日本での聞き取り調査を通して感じられたことは「挨拶程度」の域を超えることができておらず、地域における隣近所との付き合いや社会との関係が問われる結果となっていた。なお、両国の対象者の男女間に有意差は見られなかったものの、両国の対象者間には有意差 ($p<0.05$) が見られていた。日本の対象者の半数以上 (52%) が「なし・不明」と答えていたからである。

(4) 余暇・人間関係（友達）・本人活動

調査の対象となった人たちからは多様な「余暇」活動の様子を聴くことができた。対象者は、今回の聞き取り調査の中で、一番、生き生きと楽しく語ってくれた場面だったことだろう。しかし、対象者の語りの内容をカテゴリー化してみると、一人でまたはグループホームの仲間と一緒にＴＶを観たり、ＣＤを聴いていることが多いのに気づかされた。国の支援システムの違いにも気づかされた。

スウェーデンの対象者の回答に有意な男女差は見られなかった。スウェーデンの対象者の回答結果を見てみると、「余暇」時間に、職員と一緒にまたはグループホームの仲間と一緒に近所に「外出（散歩）」(47%) をしていることが多く見られた。それほど多くはないものの、ガイドヘルパーやコンタクトパーソンと一緒に「付添外出」(16%) をしている様子も見られた。一方で、かなり多くの人たちが「一人でいる」(37%) 実態が見られた。「人間関係」では全員がグループホーム仲間やＤＣ仲間、職員との関係しかもてていないという結果が見られていた。「本人活動」も全く行っていなかった。スウェーデンの対象者は、豊かとは言えないまでも比較的多くの「年金」や「手当」をもらい、

「家的機能をもつ近代的システムのグループホーム」に住み、自分のペースで工賃を気にせずにＤＣで活動することができていた。しかし、年齢の高い対象者が多かったためか、限られた人たちとの関わり合いが多く、スウェーデンの対象者の「孤独」の実態が浮かび上がってきているように思われた。

日本の対象者で最も多かったのが「ＣＤを聴いたり、ＴＶを観ていること」（83％）であった。共用スペースで一緒に「ＣＤを聴いたり、ＴＶを観たりしている」人がいる一方で、自分の部屋で「一人で」聴いたり観たりしていることが多かった。「人間関係」では「友達」の幅が「グループホーム仲間・職員」（67％）に限られていた。「本人活動」への参加は、「不明」（55％）が多かったものの、半数近い人たち（45％）が何らかの形で「本人の会」に関わっていた。しかし、「本人の会」への関わりが男性に多く女性の多くが「不明」だったことが、日本の対象者の男女間に有意差（$p<0.01$）が見られていたことの大きな理由となっていた。

「余暇」「人間関係（友達）」「本人活動」に関してスウェーデンの対象者と日本の対象者との間に有意差が見られた。「家でぼんやり」したり「外出他」をして「余暇」を過ごしていることが多いスウェーデンの対象者と比べ、日本の対象者は「ＣＤ・ＴＶ」に興じていた（$p<0.001$）。スウェーデンの全対象者が「友達」が「仲間・職員」に限られていたのに対して、日本の対象者には「友達」が「いない」または「不明」と答えている人がいた（$p<0.05$）。また、「本人活動」に「不参加」のスウェーデンの対象者と「本人活動」に半数近く「参加」している違いが有意差となって表れていた（$p<0.001$）。

（5）将来の夢

「将来の夢」は「不明」が多く、スウェーデンの対象者が53％、日本の対象者が33％、日本の対象者では「その他」が多かった（38％）。また、スウェーデンの対象者も日本の対象者も具体的な「夢」として「旅行」が語られており、それぞれ32％、14％だった。さらに、日本の対象者は「結婚」（7％）とも答えており、「結婚」に対するあこがれが語られていた。なお、両国内の男女差の面でも両国間でも有意差は見られなかった。

4 スウェーデンと日本の元入所施設居住者の地域生活の実態(2)

表6からわかるように、スウェーデンのSC施設元居住者と日本のI施設元居住者とを統計処理し比較してみたところ、「住宅」「住み心地」「近所付合」の3項目で表5で示したものと異なる結果が見られた。

スウェーデンの対象者と日本の対象者との間でこれら3項目に有意差が見られたのに対して、SC施設元居住者とI施設元居住者との間で有意差が見られなかったからである。先に、I施設はSC施設をモデルに開設されたと記したが、脱施設化（地域移行）への取り組みも両施設はよく似ており、全国に先駆けて始められている。

脱施設化（地域移行）の中心的位置を占めていたのが住宅政策であり、占有空間の広さに違いはみられるものの、入所施設の限られた居住空間と行動の制限から逃れて地域生活を始めるようになった元施設居住者たちは、「住み心地」の良さ（快適さ）を感じていたに違いない。

しかし、地域移行後の地域生活に自由や満足を感じるものの、「近所付合」が「挨拶程度」に留まるなど、一地域住民として地域にどのくらい根付いているかどうかに関しては、両施設とも今後の課題として残されていた。

表6 スウェーデンと日本の元入所施設居住者の地域生活の実態(2)

項　　目	SC施設 (S)			I 施 設 (N)			SN比較
		男	女		男	女	
住　　宅	アパート	3	3	アパート	2	0	df=1
	G　H	5	8	GH・CH	10	12	3.787 †
住み心地	良い(快適)	8	11	良　い	11	7	df=2
	転居望	0	0	転居望	1	2	5.523
	不　　明	0	0	不　明	0	3	†
近所付合	良　　好	1	1	良　好	0	0	df=2
	挨拶程度	4	9	挨拶程度	9	6	3.536
	なし・不明	3	1	なし・不明	3	6	†

注：S=スウェーデン、N=日本、df=自由度、有意差あり：* $p<0.05$ ** $p<0.01$、有意差なし＝†、GH=グループホーム、CH=ケアホーム 各項目の男女別の数字=人

第4節　脱施設化・地域生活支援の2国間比較結果に影響をもたらしたもの

　日瑞比較調査から見られた脱施設化・地域生活支援について、以下いくつかの論点に絞って記述していく。

1　入所施設を出て地域で普通の暮らしを：基本方針の確認

　限りある財源とマンパワー（人手）に左右される伝統的な社会福祉システムを一旦離れて理論的に「施設とは何か（どういう所か）」という問い（命題）を掲げて検討を深めていくと、「一人ひとりに合った支援とは何か」に直面してくるはずである。例えば、アドルフ・ラツカ（Adolf Ratzka）は、「施設」を次のように定義づけている。ラツカの定義によると、「施設」は、「一人ひとりに合った支援」の対極にあることがわかる。

「・他に選択肢がない。
　・誰がどんな任務をもって私たちを介助しようとしているのか、私たちには選べない。
　・利用者は自らのニーズを、全体の計画のニーズに合わせなければならない。
　・アシスタンスを規制する成文・不成文の規則があり、利用者が管理できない規則となっている。
　・アシスタンスが一定の時間、活動、場所に限られている。
　・介助の利用に制限がある。
　・アシスタンスを提供している職員を、数人の利用者が共有している。
　・階層があり、利用者はピラミッドの底辺に位置している。[5]」

　実際的な面でも、第3章第2節2-（3）で取り上げたD法人D施設の検証結果が示したように、入所施設には施設的構造がもつ弊害が数多くあり、施設的構造も弊害も取り除くことが極めて困難であることがわかった。そのために、一日も早く入所施設を出て、社会の一員として地域で共に活動し、自由や変化

を得、地域での役割や期待がもてるようにし、社会との関係をもちながら自律的に生き、意思が尊重され、平等に生きていけるような環境と関係の中に身を置きたいと思っても、地域福祉サービスが十分に用意されていないからという理由で入所施設退所の条件が厳しく設定され、自立困難で社会に適応できない入所施設居住者に長期在所（在籍）を強いるという実態が続けられてきた。今回調査対象となったスウェーデンの「ＳＣ施設元居住者」に対しても、日本の「Ｉ施設元居住者」に対しても同様の対応がなされてきた可能性のあることがわかった。一方、「Ｊ施設」では、施設を「通過施設機能」と位置づけ、可能な限り早期に地域に移行してもらうための取り組みを行っていた。「Ｊ施設元居住者」の入所施設在所（在籍）年数が他の２施設と比べて極端に短いのはそのためであった。

　今後は、生活条件さえ整えてあげれば誰でもサービスを利用しながら地域で他の人々と同様にごくあたり前に暮らしていくことができるという考え方の下に、個別的に地域での暮らしが可能となるような支援の仕組みをつくり上げていく必要がある。それは、先述したＤ法人で語られていた「（大切にしたいこと、それは）住環境・活動場所等の生活拠点を地域の中に置き、……地域の人たちとの繋がりを大切にし、より本人らしさが発揮できるように支援する、そのために、ご本人を中心において地域で支えあう仕組みをつくること」に通ずる思いであり、そのためには、「１．小さな暮らしを提供すること、２．選択肢・自由度の幅を広げること……ご本人の主体性やエンパワメントを高められるように（すること）、３．自治会活動への参加や役割を担い……地域の一員として責務が果たせるように（すること）」であり、「４．日中活動場所との職住分離……」に向けた取り組みが必要になる。このことをまずここで改めて確認しておきたい。

2　地域での暮らしが可能となるような支援：生活条件（住まい）の整備

　生活条件さえ整えてあげれば誰でもサービスを利用しながら地域で他の人々と同様にごく当たり前に暮らしていくことができる、とも上記した。その際の生活条件とは、まず、「小さな暮らしが提供できる場づくり」（住まい）であろう。その時の「小さな暮らし」とは、施設的構造をもたない、もしくは、その

ような構造が可能な限り解消されるように工夫されていなければならない。このことは、住まいの形や専有スペースがどのくらいかといったこととは別の問題である。例えば、地域移行後の地域の住まいは、「ＳＣ施設元居住者」の場合、その多くが、職員が常時勤務する（またはそれに近い）「家的な機能をもつ近代的システムのグループホーム[6]」に居住していることがわかった。このような住まいの提供を可能にしているLSSのような法律の存在があることがわかってきている。このような住まいの提供を可能にしているのは、「平等」理念であり、この理念が盛り込まれている法制度があることで、「家的な機能をもつ近代的システムのグループホーム」の提供を可能にしていた。しかし、一方で、このような住まいの整備がなされてきているが故に「孤独」の問題も指摘されてきていた。

「I施設元居住者」「J施設元居住者」の場合、その多くが、地域生活支援センターや援助職員（１〜２人）からの支援を受け、４〜５人または６〜７人規模のグループホーム／ケアホームで暮らしていることがわかった。また、「J施設元居住者」は、「I施設元居住者」と比べると比較的重度の人が多く、多くの支援の手を必要とするために、ガイドヘルパーやボランティアといった地域の人たちの様々な力を借りながら（地域住民をも巻き込みながら）、暮らしを豊かにする工夫をこらしながら支援している様子や、（代替職員を用意しながら）夜間の職員配置を可能とするようなグループホーム体制を敷いてきていた。２人の職員が起居を共にし、入所施設の職員が応援に入るという厳しい運営の仕方をしている様子も見られた[7]。これらの仕組みは、「息切れしない職員の補給[8]」と「職員の絶対的な必要数を確保した運営[9]」で、他には見られない独自の独特なシステムと言えるが、しょうがい者福祉に十分な財源を提供していない日本で、地域の中で一人ひとりに合った人間らしい暮らしをどのように支えていったらよいのかを考えた結果生み出されたものなのであろう。職員一人の支援力には限界があるため、職員一人ひとりを支えていくことのできるネットワークや組織力が必要になっている例の一つと言えた。

3　地域での暮らしが可能となるような支援：生活できるだけの収入の確保

地域生活をそれなりに楽しみ意義のあるものとしていくためには、生活で

きるだけの収入が必要となる。日本の「Ｉ施設元居住者」「Ｊ施設元居住者」は、多く（80％近く）が日中働いて（活動して）収入（賃金）を得て生活をしていた。それでも半数近くが給料10万円未満で、多くが年金に頼らざるを得ない暮らしをしていた。何らかの生産活動に従事し、給料を得、足りないところを年金で補うというのが日本の知的しょうがい者の一般的生活スタイルであった。それでもそのような収入を得ることのできない人たち（不就労者や未収入者）がおり、家族からの援助や預貯金を取り崩して何とか地域生活（グループホームでの生活）を維持しようとしていた。ごくあたり前のノーマルな暮らしとは何かが論じられず、ノーマルな暮らしを保障しようとする手立てを考えようとしない日本のしょうがい者福祉の実相がこのような実態に表れていたような気がする。

　これに対して、スウェーデンの「ＳＣ施設元居住者」は、全員が年金（障害基礎年金または老齢年金）を受給し、就労者は年金と雇用助成金をもらい、日中活動（福祉的就労）を行っている人は年金の他に手当（日中活動手当含）や住宅手当を受給するなどして10万円以上の収入を得、お金のことをそれほど心配することなく暮らすことができていた。ここには、他の人々と同じような生活を保障しようとするスウェーデンの社会サービスシステムや、生活できるだけの年金を支給し、それを支えようとする社会サービス法や一定の機能的なしょうがいのある人々に対する援助とサービスに関する法律（以下、「LSS」）などの法制度の存在があった。

4　地域での暮らしが可能となるような支援：働く場、日中活動の場の確保

　日本では、障害者自立支援法が施行されて以来、多くの事業所が新しい就労支援の形を求めて模索し始めるようになった。「福祉施設の多くが、就労移行支援事業の運営を検討し……地方自治体では、福祉施設等から企業等へ移行する数値目標を設定するなど、新しい障害福祉計画を立案し……地域単位で、労働と教育、福祉とが連携し、障害者の就労支援ネットワークづくり（を模索し始め）……福祉施設の多くが、就労移行支援事業の運営を検討し……地方自治体では、福祉施設等から企業等へ移行する数値目標を設定するなど、新しい障害福祉計画を立案し……地域単位で、労働と教育、福祉とが連携し、障害者の

就労支援ネットワークづくり[10]」が始まってきており、障害者総合支援法にも引き継がれていくことになっている。これは、「障害者を雇用しようとする企業等と協力しながら、……ひとりでも多くの障害者が働ける社会の実現に向け[11]」ての動きであった。就労移行支援事業と銘打たなくてもこれまでⅠ施設などでは自前のネットワークをつくりながら、地域移行実践との関係の中で精力的に取り組んできた。30％もの企業就労者がおり、高い給料を得、それなりに豊かな地域生活を送ることができてきた。

しかし、生産活動が困難な人たちは、企業就労や就労移行が困難である。そうした人たちに、授産施設を用意し、利用者に合った授産種目を見つけ出し、利用者に仕事や工賃を提供しようとしてきた。「Ⅰ施設元居住者」でも「J施設元居住者」でもそうであった。ところが、こうした授産施設ではいくら働いても高い給料は得られず、「授産種目の選定に抜本的な打開を見出せずに[12]」いるのが現状のようである。生活できるだけの十分な年金が提供されず、ゆったりその人に合った活動のできる日中活動も保障されないなかで起こっている問題なのである。

このような日本の現状に対して、生活できるだけの年金や手当が支給されているスウェーデンの「ＳＣ施設元居住者」は、年齢や自分の機能的な衰えとも相談しながら、ＤＣのような日中活動所に通い、自分に合った、自分のやりたいことに取り組んでいた。そのようなシステムの中では、企業就労、就労移行、福祉的就労といった区分けはあるものの、その個人にとってはステップアップするための努力を無理にしなくてもすむような環境が存在していた。スウェーデンの福祉文化とも言える環境がそこにはあった。

5　地域での暮らしが可能となるような支援：豊かな余暇と社会参加活動の提供

スウェーデンの「ＳＣ施設元居住者」が提供されている住まいや年金・手当などから得られる収入の高さ、さらには日中活動（福祉的就労）の保障については先に記した。しかし、広い機能的な住まいを提供されているが故に、また、自己決定を尊重しようとしているが故に、無理に干渉せず、一人で部屋（家）にいることが多い、隣近所との付き合いもあまりないという結果が見られてい

た。そうした実態は、「孤独」をもたらし、「孤族」に近い存在になっているのではないかという危惧すら抱かせる結果となっていた。ガイドヘルパーを利用しながら街に散歩や買物に行く様子も見られているが、残念ながら「孤独」を解消するまでには至っていない。そこで、考えられたのがコンタクトパーソンという制度である。コンタクトパーソンとは、「個人的関心を発達させ、自分の友達をもち、他の人と同様の個人的ライフスタイルをもつことができるように支援するために欠かせない人的援助手段[13]」であり、職員ではない、一緒に何かをしてくれる役割をもった（有償の）ボランティアである。コンタクトパーソンが（有償の）ボランティアによる特別なサービスとして本格的に取り組まれるようになったのは、1986年の精神発達遅滞者等特別援護法以降であり、LSSの施行以降システムとして用意されるようになってきた。2005年10月の社会庁の資料[14]では、3万8000人の知的しょうがい者の中でコンタクトパーソンを利用している人が1万6660人にも上っていた。コンタクトパーソンを利用することによって地域生活が急に活性化するわけではないが、職員以外の人との人間関係や経験の輪が広がり、コンタクトパーソンの周りにいる人たちとの関係の輪も広がっていくに違いない。

　日本の地域で暮らしている「I施設元居住者」や「J施設元居住者」が一人でいたり、一人でCDを聴いたりTVを観てはいなかっただろうか。一人の楽しみを無理に奪うわけではないが、そこに誰か介在する人がいて、地域での活動や経験、人間関係の輪が広がっていけるとするならその介在をしてくれる人を探し出したいと思う。調査である街に行った際、あるグループホームの利用者が6人ほど2列になって手をつないで散歩をしている光景に出会った。先頭を歩いていたのは職員（世話人）であった。健康のために毎日行っている取り組みの一つなのだろうが、入所施設の延長線上で地域生活を送ってはほしくないと思わされた。それに対して「J施設元居住者」が住んでいるあるグループホームでは、地域の人たちを巻き込みながら一緒に行事を行い、ガイドヘルパーに付き添ってもらって毎日個別で散歩に出かけ、ボランティアを募って毎朝早朝散歩に行ってもらっていた。グループホーム職員（世話人）の、関わっている居住者に地域の一住民として位置づいて欲しいという思いからだったと思うが、このような近所との付き合いと地域における人間関係の輪の広げ方は、

居住者の「孤独」からの解放と地域との新たな関係づくりの一つとして多くの関係者に伝えたい実践となっていた。地域の中での暮らしとは、こういうものだということを教えられた気がした。他の多くのグループホームにも広がっていって欲しい取り組みであった。

　少数ではあったが、「結婚」を夢見ている人たちがいた。「結婚」をしている人も、「離婚」を経験している人も、「子ども」のいる人もいた。こうした人たちと出会い、「恋愛」「結婚」「子育て」等々誰もが求める個人的で親密な人間関係がもっと広まっていかないものかと思った。また、このような人間関係の大切さを伝えることのできる講座なども必要ではないのかと感じさせられた。

注

1）「地域移行・地域生活評価インタビューガイド」は、以下に示す三つの研究の中で使われ、調査対象国や調査対象者個々の実態に合わせて加筆・修正を行い発展させてきた。
　①1994-1996年度日本学術振興会科学研究費補助金（国際共同研究）研究成果報告書『知的障害者の「生活の質」に関する日瑞比較研究』（研究代表者:1996年度河東田博・1994〜1995年度中園康夫）1997年2月。
　②2000-2002年度日本学術振興会科学研究費補助金（基盤研究(b)(2)）研究成果報告書『知的障害者の入所施設から地域の住まいへの移行に関する研究』（研究代表者:河東田博）2003年2月。
　③2003-2005年度日本学術振興会科学研究費補助金（基盤研究(A)(2)）研究成果報告書『障害者の入所施設から地域の住まいへの移行に関する研究』（研究代表者:河東田博）2006年2月。
2）Ericsson, K., 2002, *From Institutional Life to Community Participation*. Acta Universitatis Upsaliensis: Uppsala Studies in Education 99（第1章：pp15-32）を参考に記述した。
3）河東田博監修、2006年『福祉先進国に学ぶしょうがい者政策と当事者参画』現代書館、pp231-240.およびE法人I施設2009年度版パワーポイント配布資料「P市における地域移行の取り組み」を参考に記述した。
4）社会福祉法人J、2008年『平成19年度事業報告書』（pp36-94）を参考に記述した。
　　報告書の引用した箇所は次のとおりである:「人生（存在）への支援、援助」（p60）、（「J」とは）「地球市民」（p53）、「国境を越え、民族の壁を破り、あらゆ

る差別と不平等を克服して人類が地球市民になることを願って」(p53)、「障害者が普通の暮らしを営むこと」「福祉のフィールドをトータルランナーとして演出すること」「もっと豊かな未来を夢みて、地域の価値創造にエキサイティングな挑戦を」「基本は感じること、考えること」(pp53-54)、「回転率のよい収容型施設運営により、……利用者一人ひとりに対して真面目に命がけで人間回復＝全人格的な復興の実践」(p55)、「障害福祉の解放を目指し様々な手法を駆使して」(p74)。

5）Ratzka A., 1986. *Independent Living and Attendant Care in Sweden: A Consumer Perspective*. World Rehabilitaion Fund.（＝1991.河東田博・古関－ダール瑞穂訳『スウェーデンにおける自立生活とパーソナル・アシスタンス』現代書館、p116.）

6）Bakk, A. and Grunewald, K. (eds.), 1993, *Omsorgsboken ; En bok om människor med begåvningshandikapp*. Stockholm: Liber Utbildning, p241. に記されていたグループホームモデルで、一人ひとりが35〜47㎡、入口・台所・寝室・居間・浴室・トイレのついた専用の個室を保有しているタイプのものを指す。スウェーデンのグループホームの基本は1970年代後半に示されたストックホルムモデルで、それによると、居住者5人に対して職員が6人配置されているパターンが基本となっている。近年は家的な機能をもつ近代的な4人用グループホームが推奨されてきている。

7）前掲書（社会福祉法人J、2008）、p82.

8）同上。

9）同上。

10）志賀利一、2007年「新たに誕生した就労移行支援事業と知的障害者の就労」『発達障害研究』29(3), 155-163. p162.

11）同上、p163.

12）前掲書（社会福祉法人J. 2008）、p71.

13）Andén, G. & Liljeqvist, M., 1991. Fub-kontakt. Nr.5. FUB. p.3.

14）http://socialstyrelsen.se/

[出典] 下記文献を基に、本書に合うように再構成し、加筆・修正を行った。
　河東田博 2011年「脱施設化・地域生活支援の日瑞比較に見る実態と課題——元施設居住者への面接調査を拠り所に——」『立教社会福祉研究』30号、pp41-52. 立教大学社会福祉研究所。(2010年度日本学術振興会科学研究費補助金・基盤研究B「脱施設化と地域生活支援システム構築に関する研究」研究代表者・河東田博、研究成果の一部)。

終　章　ノーマライゼーション原理の具現化と脱施設化・地域生活支援

　筆者らの先行研究で日本でのしょうがいのある人たちの地域移行を促進させるための課題を示し、課題を乗り越えるための提案をさせていただいたことがある[1]。その時の課題とは、(1)地域移行にあたっての当事者支援と地域生活支援システムとはどのようなものか？　(2)入所施設はどのような構造的問題をもっているか？　(3)地域移行後の地域自立生活においてグループホームや日中活動の場が「ミニ施設化」しないための条件は何か？　また、当事者（支援者・制度・親・家族・地域）の課題はどのようなものか？　(4)地域移行プロセスに影響を与えている法律や制度・政策、社会的な価値観、人間観、イデオロギーはどのようなものか？　といったものであった。いずれの課題にもミクロ的・メゾ的・マクロ的レベルの構造的な諸問題が相互にまたは複合的に複雑に存在していることがわかった。これらの課題を乗り越えるためには、複雑かつ構造的な諸問題を丁寧に整理・分析し、対応策を考えていくことが必要だということも併せてわかったのである。本研究ではどのような結論を導くことができたのであろうか。

第1節　研究結果から見えてきたもの

　第1章で脱施設化・地域生活支援の拠り所となるノーマライゼーション原理を取り上げたが、脱施設化・地域生活支援を考える際の重要なポイントがノーマライゼーション原理の成り立ちや同原理八つの基本的枠組みの具現化にあることを改めて認識できたように思う。また、ノーマライゼーション原理が示されることによって、入所施設の隔離された場における職員中心の集団管理的対応の構造的問題が指摘されただけでなく、当事者主体の支援のあり方や環境整備の必要性、そのための方法を具体的にイメージすることができるようになっ

てきた。価値観の転換や社会変革を求める理念でもあることが分かってきた。

　第2章で示された1990年にスウェーデン社会庁が示した入所施設解体を行う六つのポイント（①目に見えないものから目に見えるものへ、②隔離された状態から社会の構成員として、③機械的な仕事から変化のある仕事へ、④集中管理から地域分散化へ、⑤保護から社会的援助サービスへ、⑥不平等から意思の尊重へ）やスウェーデンの法制度の変遷にみる社会的構造的変化（①差別から平等へ、②施設から地域へ、③代弁者中心の福祉のあり方から当事者中心の福祉のあり方へ、④保護から援護へさらには権利の達成へ、⑤福祉サービス提供の地方分権化へ）は、当事者主体への社会的転換を具体的に指し示すものとなっていた。長い歴史的な歩みを経、支援法や制度を整えながら、財源を確保し、どのような支援サービス（多種多様な小規模グループホームや日中活動の場の確保、余暇サービスの充実等）が確保されれば、脱施設化・地域生活支援が可能かということを示してくれていたように思う。

　第3章では日本の法制度の問題や課題、さらには、脱施設化・地域生活支援の実態を追いながら、脱施設化・地域生活支援がなかなか進まないのはなぜなのかを検討してきた。その結果、障害者自立支援法もこの法律に代わる障害者総合支援法も、しょうがいのある人たちの福祉サービス提供の量と質を障害程度区分（ある種の能力）で分け、権利侵害の場とも言える入所施設を温存させる内容をもっているものであり、差別的な法律だと結論づけることができた。差別法の下で営々と繰り広げられるしょうがいのある人たちの暮らしは「一人ひとりに合った」ものとはならず、「一人ひとりに合った支援」を提供しようと必死に努力している人たち、「目の前にいる一人ひとりと向き合って、彼らと一緒に考えながら関わり、必要な支援を創り出して」いこうとしている人たちによって辛うじて支えられていることがわかった。

　今後も弛まない地道な努力が社会的にも個人的にも続けられていくことになるが、第4章の脱施設化と地域生活支援に関する日瑞（日本とスウェーデンの）比較を通して、(1)入所施設を出て地域で普通の暮らしを：基本方針の確認、(2)地域での暮らしが可能となるような支援：生活条件（住まい）の整備、(3)地域での暮らしが可能となるような支援：生活できるだけの収入の確保、(4)地域での暮らしが可能となるような支援：働く場・日中活動の場の確保の必要性が明

らかにされた。そこで、終章では、これらの提言（問題提起）の中からいくつかを取り上げて詳述し、「まとめ」を行っていきたいと思う。

　「一人ひとりに合った支援」を創り出していくためには、支援者の個人的な努力だけでは限界があり、社会的な支援をシステムとして組織的に創り出していく必要がある。そのために求められるのが、「一人ひとりにあった支援」を社会的に保障するための手立て、つまり、法制度の確立である。

　この法制度の基本に据えなければならないのは、まず、「障害者の権利条約」第1条「この条約は、障害のあるすべての人によるすべての人権及び基本的自由の完全かつ平等な享有を促進し、保護し及び確保すること、並びに障害のある人の固有の尊厳の尊重を促進することを目的とする。（後略）[2]」である。また、第19条「この条約の締約国は、障害のあるすべての人に対し、他の者と平等の選択の自由をもって地域社会で生活する平等の権利を認める。締約国は、障害のある人によるこの権利の完全な享有並びに地域社会への障害のある人の完全なインクルージョン及び参加を容易にするための効果的かつ適切な措置をとるものとし、特に次のことを確保する。(a)障害のある人が、他の者との平等を基礎として、居住地及びどこで誰と生活するかを選択する機会を有すること、並びに特定の生活様式で生活するよう義務づけられないこと。(b)障害のある人が、地域社会における生活及びインクルージョンを支援するために並びに地域社会からの孤立及び隔離を防止するために必要な在宅サービス、居住サービスその他の地域社会支援サービス（パーソナルアシスタンスを含む。）にアクセスすること。(c)一般住民向けの地域社会サービス及び施設〔設備〕が、障害のある人にとって他の者との平等を基礎として利用可能であり、かつ、障害のある人の必要〔ニーズ〕に応ずること。[3]」である。「障害のある人の権利に関する条約」（以下、「障害者権利条約」）第1条、第19条を見るだけで、日本の法制度にどのような内容をどのような形で盛り込まなければならないのかがよくわかる。第3章第1節で記した「障害者総合福祉法の骨格に関する総合福祉部会の提言」（以下、「骨格提言」）は正しく「障害者権利条約」の内容そのものだったのである。

　「障害者権利条約」第19条(a)では、地域生活を基本とすべきで、脱施設化の推進を強く求め、特定の生活様式を強いないことを求めていた。また、第19

条(b)では、インクルージョン社会を実現するために、パーソナルアシスタンスを含む地域社会支援サービスにアクセスできるようにすることが求められていた。第19条(c)では、障害程度区分を使わず、一人ひとりが求める一人ひとりにあった支援を社会的に保障することを求めていた。これらも「骨格提言」の中で求めていたことである。その意味で、2013年4月1日から施行された障害者総合支援法は、福祉先進国と比べ大きく出遅れたことになる。3年後の見直しに向け、「障害者権利条約」に盛り込まれ、「骨格提言」で求めていた内容が少しでも新法の内容として盛り込まれ、名称を変えることはできないまでも、「障害者総合福祉法」的なものになることを願っている。

　本書で取り上げた各種（一連）の研究で明らかにされたことは、図1にあるように、「脱施設化・地域生活支援ネットワーク構築」のための前提は「（ソーシャル）インクルージョン、完全参加、権利擁護、自己決定」でなければならないということである。その上で、まず第1に必要とされるのは、「差別禁止法、自己決定支援サービス法などの法律の整備と人的・組織的ネットワークの構築」である。第2に必要とされるのは、「地域生活支援構築のための環境の整備と高い機能性」である。第3に必要とされるのは、「（地域生活を快適に送るための）物理的・心理的個別支援の確立」である。第4に必要とされるのは、「わかりやすい情報の提供と周囲の理解」である。第5に必要とされるのは、「生活の質の向上と幸福の実現」である。第6に必要とされるのは、「当事者参画」である。そして、最後に必要とされるのは、「社会構成員・支援者の価値観の共有」である。

　ところで、インクルージョン社会の実現や一人ひとりにあった支援を実現させるときの鍵となるのが、日本の法制度には盛り込まれていない「パーソナルアシスタンス制度」や「成年後見制度」「コンタクトパーソン制度」であり、障害者基本法に取り入れられたが十分に機能していない「しょうがい者の政策立案への参画」である。また、しょうがい者差別禁止を求める法の制定だけでなく、社会的弱者と言われる人たちを全て包含できるような「差別禁止法」の制定にも思いを馳せておく必要があるような気がする。そのため、以下、これらのことを論じて終章を締め括っていきたい。

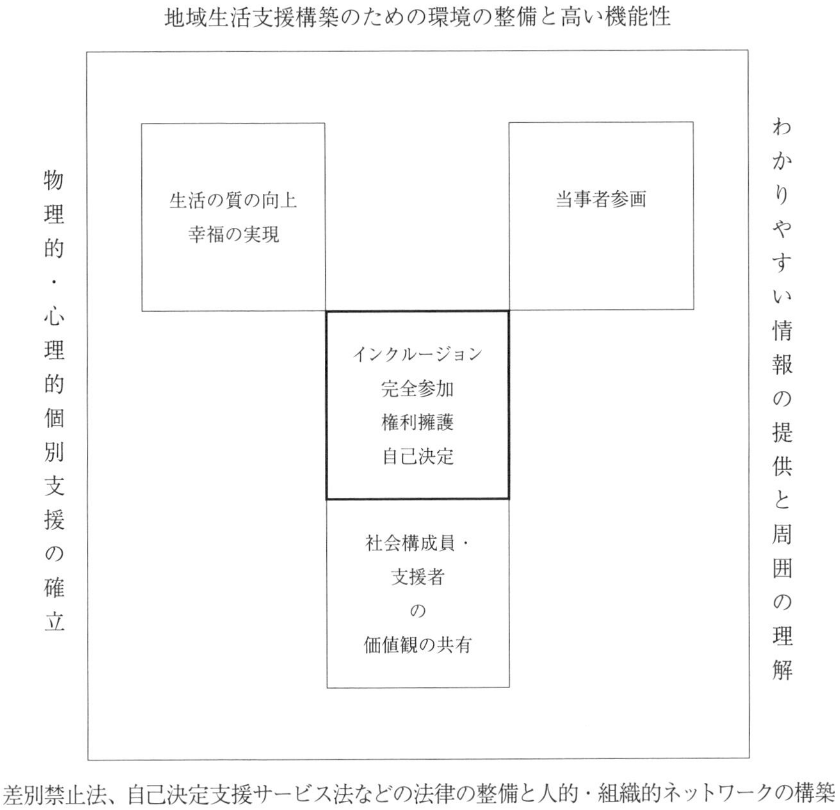
地域生活支援構築のための環境の整備と高い機能性
物理的・心理的個別支援の確立
生活の質の向上
幸福の実現
当事者参画
インクルージョン
完全参加
権利擁護
自己決定
社会構成員・
支援者
の
価値観の共有
わかりやすい情報の提供と周囲の理解
差別禁止法、自己決定支援サービス法などの法律の整備と人的・組織的ネットワークの構築

図1　脱施設化・地域生活支援ネットワーク構築モデル

第2節　脱施設化・地域生活支援を一人ひとりにあったものにするために

1　脱施設化・地域生活支援の鍵となるパーソナルアシスタンス制度

パーソナルアシスタンス制度とはイギリスやスウェーデンなどの福祉先進国で始められた制度で、日本には1991年に東京・大阪で開催された国際シンポジウム「ノーマライゼーションの現在[4)]」のアドルフ・ラツカ（Adolf Ratzka）の発言を通して伝えられた。ラツカがパーソナルアシスタンス概念に込めた専門家批判は強烈で、日本のしょうがい者に与えた影響は計り知れないものが

あった。

　ラッカが1980年代半ばに仲間と共にストックホルムで実践し、行政に求めたのがパーソナルアシスタンス制度であった。ラッカが構想したパーソナルアシスタンス概念は、「障害のある人一人ひとりが自分自身の介助システムを注文・企画して、介助者の配置・計画・訓練・雇用・解雇に至るすべての決定をする[5]」というものであった。ラッカが求めたもの[6]は、次のようなものであった。

　（1）住宅とサービスを集合住宅としてひとくくりにしないこと（すなわち、住宅サービスと人的サービスを切り離し、社会生活に必要な必要かつ十分な人的サービスをパーソナルアシスタンスとして一人ひとりに提供すること）。
　（2）パーソナルアシスタンス費は当事者に直接支払われ、パーソナルアシスタントは当事者が自分で選んだ人の中から選び、提供されるサービスを管理できるようにすること。

　この概念に着目し、制度化の手助けをしたのが1991年9月に誕生した中道右派政権であった。この政権は、時折しも「ある一定の機能的なしょうがいのある人々の援助とサービスに関する法律」（以後、「LSS」[7]）策定の検討に入っており、しょうがい者福祉制度改革の柱の一つとしてパーソナルアシスタンスを制度として取り入れることになった。パーソナルアシスタンス制度は、LSS第9条第2項に、「パーソナルアシスタントによる援助、または、同様の援助を受けるために必要、適正な経費で、アシスタンス補償法（1993:389）によりアシスタンス補償費が給付されない部分への経済的援助[7]」として入れられることになった。
　パーソナルアシスタンス制度の導入と共に留意しなければならないのが、「直接給付」であるということ、さらには、「余暇活動や文化活動」にも適用されているという点である。そして今や、パーソナルアシスタントなどからの支援を受けながら大勢のしょうがい当事者が地域で自分の生活の質を豊かにするためにこの制度を使い始めている。この制度導入について、ラッカは次のように表現した。

「ダイレクトペイメントは一つの革命です。病院のベッドで一日じゅうテレビを見ているような生活とはまったく違う人生を始めることができるのです。……ダイレクトペイメントによって、私たちは普通の市民生活が送れるようになりました。…地域で暮らし、家族を持つこともできます。……[8]」

　また、LSS では、しょうがい当事者を中心に据えた関わりや支援があれば、どんな人たちにもパーソナルアシスタンス制度が適用可能だと述べている。例えば、30 名程度の小さなグループから出発した重症心身しょうがい当事者のグループ JAG (「連帯・平等・自立」の頭文字をとって組織名としている[9]) のメンバーもパーソナルアシスタンス制度を利用し、パーソナルアシスタントの援助を受けて地域生活を送っている。パーソナルアシスタンス制度を有効に活用することによって、JAG のメンバーの地域生活の質は一段と高まり、今や全国各地に支部をもつ全国組織となった。また、パーソナルアシスタンス制度を利用し、協同組合を立ち上げる知的しょうがい者のグループも多数見られるようになってきている[10]。こうしたグループでは、知的しょうがい者が出資者となり、自ら理事会を構成し、職員を雇用して日常の仕事や活動を行っている。LSS の最大の特徴であるしょうがいのある人々への自己決定権の付与はしょうがい者の「自立」や「自己決定」に対する考え方を一変させたと言っても過言ではない。認識の仕方・規則の体系は、人々の幸福や自己実現（当事者主体・当事者主権・当事者管理＝自己決定の権利）に方向付けられたとき、はじめて意味をもつ。そのためにも、しょうがい当事者の「自立」「自己決定」を具体化に導くことのできるパーソナルアシスタンス制度は、脱施設化・地域生活支援の鍵であり、多くの、いや、全てのしょうがい当事者に適用すべきであろう。「障害者総合支援法」3 年後の見直しのときには、ぜひ入れなければならない制度であろう。

2　脱施設化・地域生活支援の鍵となるコンタクト・パーソン制度と成年後見制度

　コンタクトパーソン制度とは、LSS 第 9 条第 4 項にある「個人的関心を発達

させ、自分の友達をもち、他の人と同様の個人的ライフスタイルをもつことができるように支援するために欠かせない人的援助手段である」[11]。LSS施行以来、コンタクトパーソンが制度として利用されるようになってきた。しかし、この制度は、成年後見制度とは異なる。

スウェーデンの成年後見制度には、ゴードマンとフォルヴァルタレの2種類ある。何かその人に重大な出来事が起こったときに成年後見制度が利用されるが、コンタクトパーソンというのは、特別なサービスの一つなのである。

それぞれ基になる法制度が異なるため、どのような法律に基づいているのかを見ればその違いがわかる。ゴードマンは1974年の特別代理後見制度に位置づけられている成年後見人で、フォルヴァルタレは1988年に施行された管理後見制度に基づいて位置づけられた人である。コンタクトパーソンは、当初1982年に施行された社会サービス法に位置づけられていたが、あまり機能しなかったため改めて1986年の精神発達遅滞者等特別援護法（以下、「新援護法」）に位置づけられた。しかし、親の会などの活発な働きによって実体化し、その後のLSSにきちんと盛り込まれるようになった。今は公的な特別サービスとしてしっかり定着してきている。

特別代理後見人としてのゴードマンには、かなり多くの裁量権が委ねられており、相談があったときにはゴードマンが判断することができる。もちろん被後見人の同意が必要である。ゴードマンは、地方裁判所が選任する。選任登録され、後見人台帳に記載される。官報の告示はない。相当の報酬を請求することもできる。被後見人のもっている財産などにもよるが、必要な報酬を得て後見人になることができる。取り扱い窓口は、地方裁判所である。

フォルヴァルタレは財産管理をする人で、管理後見人と邦訳できる。フォルヴァルタレには、行為能力にある程度の制限があって、配偶者や近親者、親族等の意見を聞かなければいけない。関係者と相談のうえ、最終判断する立場にある。フォルヴァルタレも裁判所から選任されるが、お金を扱うため、信頼できる相当の学識をもった方に依頼をしているのが実態のようである。フォルヴァルタレの選任は、官報で告示される。相当の報酬を請求できるのも特徴の一つである。フォルヴァルタレがついた人から選挙権を奪うことをしてはいけないとなっている。取り扱い窓口は、地方裁判所である。

コンタクトパーソンが特別なサービスとして本格的に取り組まれるようになったのは、1986年の新援護法以降である[12]。それ以前は、「コンタクトパーソンって何？」との声が聞かれ、ほとんど知られていなかった。しょうがい当事者と関係者の間にも普及していなかった。そのため、知的しょうがい当事者にも親にも職員にも知られていなかった。このサービスの定着にはほど遠く、危機感を募らせてFUB[13]が立ち上がった。

　当時、地域の中で孤立をして孤独な思いで暮らしている人が相当数いるということがわかってきた。仮に素晴らしい専有の住まいを得たとしても、部屋の中に閉じこもりがちになってしまう人がでてきてしまう。そういう人に是非友達をつくって欲しいし、社会の空気も吸って欲しいという思いが出始め、知的しょうがい当事者にはコンタクトパーソンが必要だという認識が高まっていった。

　親の会では、コンタクトパーソンこそ知的なしょうがいのある人たちに有効だという確証を得て、1991年に全国キャンペーンを行った。ラジオに、テレビに、新聞に、たくさんの当事者が登場した。新聞の広告欄にも「コンタクトパーソンとはこういう存在の方です。コンタクトパーソンになってくださる方は是非名乗り出て我々に協力をしてください」という呼びかけがなされ、コンタクトパーソン普及キャンペーンが盛んになされた。街の至る所に巨大なポスターが貼られた。それはそれは壮観だった。約2カ月間に渡ってこのキャンペーンが行われた。大成功だった。中には俳優や有名なサッカー選手などが名乗り出てくれた。彼らがキャンペーンに一役かってくれたのである。有名人が名乗り出てくれると、人々の関心は一層増す。その結果、多くの人たちがコンタクトパーソンになってくれるようになり、特別なサービスとして徐々に定着するようになっていった。今日、知的しょうがい者のおよそ2人に1人の割合でコンタクトパーソンを利用している。

　コンタクトパーソンは「友達のような存在」だが、このような存在の人がいてくれれば、地域生活を豊かにしていくことができるのではないか、そのような思いが「友達」という言葉に込められているような気がする。

　コンタクトパーソンとは何らかの援助を行う人であり、社会とコンタクトをとる援助をする役割をもつ人でもある。つまり、孤立して部屋の中に閉じこ

もっているのではなくて、社会に出てもらうようにする役割をもった人である。余暇活動のときにも来てもらえる人である。自分一人では不安だなとか、銀行に行って手続きができないというときに、一人ひとりが必要とすることをできるようにしていく存在の人でもある。一緒に遊園地に行くとか、山登りをするとか、コンサートを聴きに行くとか、そんな役割をもった人ともいうことができる。コンタクトパーソンは、こうした人を確保することによって人と人とを繋いでいく役割をしてくれる人である。

　活動内容はいろいろである。洋服や靴を買いに行くとき一緒に付添ってくれる。デパートや買物をするときお金の計算ができないので、あるいは店員さんとやり取りが上手くできないので付いてきて欲しい。医者に行くとき、不安だ。手紙を書きたいのだけれど、手紙を書くのを手伝って欲しい。自分が暮らしているグループホームや通っているデイセンターでトラブルがあったとき、自分では言えないので手伝って欲しい。どこかの話し合いに参加をするときに、ちょっと来てくれたらありがたい。このように、いろいろな形で使われている。もちろん、ガイドヘルプサービスとかパーソナルアシスタントを利用することもできる。

　コンタクトパーソンをもちたいかどうかを決めるのは、知的しょうがい者本人である。身近な人からアドバイスを受けながら、最終的に本人もしくは本人に近い人がコンタクトパーソンを利用したいという申請をする。コンタクトパーソンは制度として定着をしてきているため、各自治体の福祉事務所が窓口になって対応するようになっている。

　コンタクトパーソンには若干の手当が支給されている。日本円に換算すると、大体１万円から１万５千円くらいになる。

　コンタクトパーソンになれる人というのが問題になってくるが、特別な資格は要らない。本人と気軽に付き合えて、彼らの相談相手や友達や手足となって援助してくれる人なら誰でもいいのである。

　コンタクトパーソンのような存在の人がいてくれたら、人間関係が広がり、生活も豊かになっていくに違いない。コンタクトパーソンは、日本にも導入が可能ではないかと思う。はじめはボランティア的な取り組みかもしれないが、いつかは制度として位置づけ、定着をさせていく必要性がある。

3　知的しょうがい者の政治参加と組織運営への参画

　残念ながら、スウェーデンでも知的しょうがい者の政治参加は非常に困難である。国会・県議会・市議会に議員として選出されている知的しょうがい者は皆無で、今後も選出される可能性はない。これは、4年に1回行われる総選挙（国・県・市レベルの選挙が同時に行われる）が政党を選ぶ比例制になっているため、各政党の比例区の候補者名簿に掲載されなければならないからである。スウェーデンでは組合や団体の組織率が非常に高く、組織の代表者（または組織から信頼される人）が各政党の比例区候補者名簿に登載されることが多く、知的しょうがい者が候補者名簿に登載されることは現時点では考えにくい。

　知的しょうがい者が行政の各種審議会への委員として参加している例も現時点ではほとんど見られない（障害者権利条約の採択の影響がどのように影響を与えているのかを別途検証する必要があるようだ）。審議会に委員として参加しているのも組織を代表する非知的しょうがい者であることが多いからである。新法制定の国会聴聞会（例えば、1985年）などで知的しょうがい者による意見表明がなされた程度である。

　しかし、もし広い意味での政治参加に「選挙権の行使とそのための支援のあり方」を含めることができれば、日本でも参考になるかもしれない。

　スウェーデンの投票率の高さ（1998年81.4％、2002年80.1％、2006年82.0％）はよく知られているが、知的しょうがい者の投票率はかなり低い（31％、1998年）という結果が示されている[14]。この結果を受けて、公的に分かりやすい選挙公報の提供が検討されるようになった[15]。

　スウェーデンにおける知的しょうがい者の政治参加は甚だ不十分だが、知的しょうがい者が選挙権を行使できるように、その支援体制だけは整えられるようになってきている。しかし、もし広い意味での政治参加に「組織運営への参画」を加えることができれば、政治参加の可能性は大きく広がっていくに違いない。そこで、「組織運営への参画」例を見ていこうと思う。

　一つ目の例は、上述のFUBとKlippanである[16]。FUBは会員28,000人を擁する知的しょうがい者本人と親からなる組織である。はっきりした数は分からないが、FUBの20～25％が知的しょうがい会員だと言われている。1960年

代から今日に至るまで FUB は圧力団体として政府に大きな影響力を行使してきており、各種審議会の委員も多数送り出してきた。今日では、43団体から成るしょうがい者フォーラムを通して政治的活動を行っている。2年に1回行われる FUB 総会は運動方針を決める大切な場で、代議員による表決・票決が行われる。代議員は選挙によって選ばれるが、知的しょうがい者も代議員に立候補し、被代議員となることができる。かつて、多数の当事者代議員が総会で大活躍しているのを目の当たりにしたことがある。FUB 内に総会で選ばれた複数の知的しょうがい者が理事として参加していたこともあった。

　1995年に知的しょうがい者の全国組織 Klippan が立ち上げられたため、FUB 総会で活躍する知的しょうがい代議員の姿は減ったが、代わりに Klippan 総会の代議員として活躍するようになっている。ただ Klippan はまだ FUB の傘下にあり、FUB の影響を強く受けているため、本当の意味での独立組織とは言い難い面がある。FUB に参画できているのは Klippan 会長だけのようである。しかし、知的しょうがい者が FUB に参画し Klippan 運営を続けていれば、FUB の社会に与える影響が大きいだけに、やがて Klippan で活躍する知的しょうがい者が FUB の支援を受けて間接的に政治参加できる可能性だけはある。

　もう一つは、2000年7月イェテボリ FUB から独立し、独自財源をもつ当事者組織となったグルンデン協会である[17]（第3章第1節でも言及している）。この組織は、理事（11人）全員が知的しょうがい者であり、支援スタッフを雇用しながら各種事業を展開している。その意味でグルンデン協会は、前述の Klippan とは根本的に異なる。福祉事業体の現場の責任をもつ総合施設長を複数の当事者が担う仕組み（2人の支援者が支援）に変え、文字通り組織の運営と実際の活動を当事者主体に切り替えていったという点で「組織運営への参画」がかなりの程度まで進んできていると言える組織体である。

　現在グルンデン協会では、グルンデン同様の組織を全国に数多く増やしていくために全国組織づくりを行っている。社会庁からの公的資金援助が継続的に受けられるように全国組織化を目指してきたが、2012年12月31日現在の参加団体18団体、会員も1,000人を超え、晴れて社会庁認可団体となった。今や FUB や Klippan に匹敵する強力な団体となってきており、知的しょうがい者の政治参加の道も夢ではなくなってくるに違いない。これまでも地元自治体

の政党の討論会や予算に関する聴聞会に定期的に参加し、意見反映を行ってきているが、今後は恐らくそれ以上の影響力と効果を発揮していくことであろう。

4　障害者差別禁止法から差別禁止法へ

　ＥＵには、「あらゆる人は法の前に平等であり、障害、年齢、出自、性別、人種……に拠るあらゆる差別は禁止される……また……あらゆる人の職業選択の自由と勤労（労働）の権利を謳い、あらゆる人が職業紹介を受ける権利等」を規定している憲法があり、「社会福祉モデルとこれを支える社会的連帯の伝統」の下に欧州の社会保障が展開されてきた[18]。こうした中、「ＥＵの第一次法源であるアムステルダム条約（1997年署名、現行はニース条約）は、障害を含む差別撲滅のための適切な措置をＥＵがとる旨の第13条を新たに定めたが、雇用均等一般枠組み指令（以下、ＥＵ指令）は、ＥＵのこの非差別条項を具体化するために、欧州委員会の提案（1999年11月25日）から1年という速さで、2000年11月27日に閣僚理事会により採択された[19]」。この背景には、ＥＵ内の各種取り組みや勧告等しょうがい者の雇用均等化に向けた一連の動きがあった[20]ことは言うまでもない。既に平等法をもっていたスウェーデンでも、こうした[21]ＥＵ指令に関する一連の議論の流れを受ける形で誕生させたのが障害者雇用差別禁止法だった。

　2000年11月27日に採択されたしょうがい者雇用に関するＥＵ指令は[22]、「人種、民族、宗教、信条、障害、年齢、性的傾向による直接的及び間接的な差別を禁止[23]」する目的で策定されたが、これらの内容を反映させるために1999年に策定されたのが障害者雇用差別禁止法をはじめとする三つの雇用差別禁止法[24]であった。また、例えば、障害者雇用差別禁止法には、ＥＵ指令の「差別概念」規定（第3条、第4条）や「合理的な配慮」規定（第6条から第11条にかけて）が設けられていた。

　スウェーデンのしょうがい者雇用差別禁止法の特徴の一つは、差別を監視する部署としてしょうがい者オンブズマン（以下、「ＨＯ」）（第17条に明示され、第18条〜第22条に役割が記載され、第25・26・31条にも関連条項がある）を置き、しょうがいを理由に雇用上の差別があったと疑われる場合は、ＨＯに訴えることができるとしたことである。ＨＯの役割は、差別と闘い、人間の権利獲得の

ために働くことであり、差別に対する対応策を考え、差別の実態を公表する役割をもっていた。[25]

　2006年2月に差別検討委員会が、2003年以来検討してきた結果を公表。その中で、統一差別禁止法を2008年2月に提案する予定であることを示した。[26]しかし、その後の障害者権利条約の採択（スウェーデンでは2007年3月30日に署名）や2007年夏のEU統治機構スウェーデンからの勧告（差別に対する補償が不十分なこと、非営利団体が差別禁止の目標を達成できていないこと等々の理由）[27]により、政府は差別検討委員会の提案内容の強化を余儀なくされた。こうした流れの中から出されてきたのが新差別禁止法である。[28]この法律は、2008年3月の国会に上程され、2008年5月の国会で採択された。その結果、新差別禁止法は、2009年1月1日より施行されることになった。

　新差別禁止法は、既存の差別禁止法を全て廃止し、新たな差別禁止条項（年齢差別禁止、性同一性しょうがい差別禁止）を加えて策定された統一差別禁止法である。新差別禁止法は「性差、性同一性しょうがい、民族・人種、宗教・信仰、しょうがい、性的指向・年齢に対する差別を禁止し、他の人々と同じ価値と可能性をもてるようにすることを目的」（第1条）とし、6章から成っている。各章の概要は以下の通りである。

　第1章が導入規定（主な内容：法の目的、法の内容、法の強制力、差別の定義、性差、性同一性しょうがい、民族・人種、しょうがい、性的指向・年齢）。第2章が差別・報復禁止（主な内容：雇用に関する差別禁止：職場におけるハラスメント調査と対応策、職務遂行能力の申告、教育に関する差別禁止：教育の場におけるハラスメント調査と対応策、教育遂行能力の申告、公的責任をもつことのない労働行為と斡旋の禁止、職業関連事業所の設立と経営、諸団体の会員活動、商品・サービス・住宅等、健康・医療ケア・社会サービス等、社会保険システム・失業保険・学習支援、防衛における差別禁止：防衛の場におけるハラスメント調査と対応策、公務員採用、報復の禁止）。第3章が積極的対応策（主な内容：雇用に関して：雇用者と被雇用者との協同、目標設定、職場内環境、新規採用、給与、平等化計画、教育に関して：目標設定、ハラスメントの予防と防止策、平等化計画）。第4章が監視制度（主な内容：差別オンブズマンの設置：差別オンブズマンの役割、任務、罰金、上告禁止、差別委員

会の設置：委員会の役割、陳述・罰金の処理、罰金通達決定の処理、上告禁止、罰金の裁定、大学に対する上訴委員会）。第５章が補償と無効措置、第６章が訴訟手続き（主な内容：適用される法律、上訴申立ての権利、立証義務、時効：雇用、その他の領域、訴訟手続きの費用、その他の規定）

　第２章、第３章が差別禁止規定の概要とその内容であり、しょうがい者雇用差別禁止に関してもその中で取り扱われている。新差別禁止法の特徴は、第４章の監視制度に明示された差別オンブズマンと差別委員会の設置で、従来のＨＯは廃止され、差別オンブズマンに吸収されることになった。また、法律に抵触した場合の罰則規定も設けられ、差別禁止規定がより強化される内容になったことも特徴の一つとして挙げておく必要があろう。

　スウェーデン政府はこの法律を「今までにない強力な差別禁止法である[29]」と宣伝に務めているが、しょうがい者団体は「差別に関する政府の認識は驚くほど貧困で、今回出された新差別禁止法もあいまいで不十分である[30]」と批判的である。ニアンコ・サブニ（Nyamko Sabuni）統合平等大臣（Integrations- och jämställdhetsminister）も「期限内に各自治体が十分な手続きが取れるように要請を行ってきましたが、まだ十分ではありません[31]」と本法の不十分さを認めている。しかし、兎にも角にも別々に施行されていた雇用差別禁止法が一本のまとまりのある法律として策定され、雇用という限られた枠を超えて新差別禁止法が船出をしたことだけは確かである。

　かつて当事者活動の是非をめぐって活発に議論が展開されたたことがある。同様に、法律や制度の策定にあたっても（LSS第９条に見られるように）援助とサービスを受ける際の特別規定を設けることの是非が論じられたことがある。恐らく本稿で取り上げたしょうがい者雇用差別禁止法や新差別禁止法の差別禁止条項の設定をめぐってもその是非が議論されたことであろう。ＥＵ指令、障害者権利条約、新差別禁止法の中に見られる「合理的配慮」という概念設定をめぐってもその是非が論じられたことであろう。これらの議論は、別の新たな概念規定をめぐって今後とも続けられていくに違いない。どんな論議がなされても、結局のところ、「機会の増大と、結果平等の確保が、車の両輪として機能的に融合しつつ[32]」展開されることが求められ、生活、教育、職業、余暇、文化活動といった社会生活のあらゆる面でその質を高めながら、誰もが人生の意

義を感じとれるようにすることなのであろう。その意味でもＥＵ指令や障害者権利条約と連動する形で出されてきたスウェーデンの新差別禁止法施行後の成り行きをしっかり見守っていく必要がある。

注

1) 河東田博他、2006年「日本での障害者の地域移行を促進させるための課題」（終章、pp186-193）2005年度 日本学術振興会科学研究費補助金・基盤研究Ａ『障害者の入所施設から地域の住まいへの移行に関する研究報告書』（研究代表者：河東田博）。
2) 障害者の権利条約第1条〔川島聡＝長瀬修仮訳（2008年5月30日付）による〕なお、川島聡・長瀬修は、表題を「障害のある人の権利に関する条約」と仮訳している。
3) 障害者の権利条約第19条（仮訳は同上）
4) ノーマライゼーションの現在シンポジウム実行委員会編、1991年『ノーマライゼーションの現在――世界の到達点は』現代書館、に所収。
5) Adolf D. Ratzka, 1986, *Independent Living and Attendant Care in Sweden: A Consumer Perspective*. World Rehabilitation Fund: New York（＝河東田博、古関ダール-瑞穂訳、1991年『スウェーデンにおける自立生活とパーソナルアシスタンス』現代書館）p68.
6) 同上
7) Lag om stöd och service till vissa funktionshindrade (1993:387).
8) 「機能障害者の援助とサービスに関する法律」（LSS）第9条は、ハンソン友子・河東田博の訳による。
9) 2004年7月12日ＮＨＫ放映「福祉ネットワーク」の中でラツカが語った言葉である。
10) 例えば、Göteborgs Hunddagis (Grevegårdsvägen 210, 42161 Västra Frölunda, Göteborg)
11) Andén, G. & Liljeqvist, M., 1991. *Fub-kontakt*. Nr.5. FUB. p3.
12) 以下のコンタクトパーソンに関する記述は、下記文献から適宜引用・要約した。
  (1) Nordström, C. & Thunved, A., 1990. *Nya sociallagen*. PUBLICA.
  (2) Bakk, A. & Grunewald, K., 1986. *Nya omsorgsboken*. ESSELTE: p46.
  (3) Everitt, A. & Grunewald, K., 1988. *Att klaga på omsorger*. PUBLIKA.
  (4) Grunewald, K., 1985. The Intellectually Handicapped in Sweden – New Legistlation in a bit for Normalisation. *Current Sweden*. No.345.
  (5) FUB, 1991. *Fub-kontakt*. Nr.4. p6.

13) Riksförbundet Utvecklingsstörda, Barn, Ungdomar och Vuxna（RFUB）.
親の会として出発したが、1980年代半ばから知的しょうがい当事者が正会員として入ってくるようになった。1995年よりしょうがい当事者独自の組織Klippan（独自の理事会と組織をもつ）ができたが、RFUBと協力をし合いながら活動を進めている。
14) Anette Kjellberg, 2002, *Participation – Ideology and Everyday Life*. Linköping University.
15) スウェーデン中央選挙管理委員会ホームページ・分かりやすい選挙公報は、ホームページ（http://www.val.se/lattlast/）を参照のこと。
16) 詳細は、下記文献を参照のこと。
河東田博、1995年「当事者参加・参画の課題と展望」大井清吉先生退官記念論文集刊行委員会編『障害児教育学の探求』pp154-166.
17) 詳細は、下記文献を参照のこと。
河東田博（監修）、2006年『福祉先進国に学ぶしょうがい者政策と当事者参画』現代書館。
18) 引間知子、2007年「ＥＵ地域の『障害』に関わる均等法政策の扶桑的な展開と合理的配慮」（第1章）『障害者雇用にかかる「合理的配慮」に関する研究──ＥＵ諸国及び米国の動向（調査研究報告書N0.87）』障害者職業総合センター、p15.
19) 同上
20) 障害者雇用に関わるＥＵ指令採択の背景についても同上書で詳しく記している。
21) 平等法：Jämställdhetslagen (1991:433)
22) ＥＵ指令：Council Directive 2007/78/EC of November 2000 establishing a general framework for equal treatment in employment and occupation, 2000.
23) 前掲書（引間、2007年）、p15.
24) Lagen om åtgärder mot diskriminering i arbetslivet på grund av etnisk tillhörighet, religion eller annan trosuppfattning (1999:130)（民族・宗教・信仰関連のもの）
Lagen om förbud mot diskriminering i arbetslivet på grund av funktionshinder (1999:132)（しょうがい者関連のもの）
Lagen om förbud mot diskriminering i arbetslivet på grund av sexuell läggning (1999:133)（性的指向関連のもの）
以上が関連する雇用差別禁止法だが、3法以前に平等法：Jämställdhetslagen (1991:433)、3法以後に大学における学生平等学習権保障法：Lagen om likabehandling av studenter i högskolan (2001:1286)、児童・生徒への差別・侮辱禁止法：Lagen om förbud mot diskriminering och annan kränkande behandling av barn och elever (2006:67)が制定されている。Kriminalvårdslagen（犯罪法2006:69

第 16 章第 9 条）にも差別禁止条項が設けられた。
25）前掲書（Grunewald och Leczinsky, 2008）。p375.
26）En sammanhållen diskrimineringstiftning. (SOU 2006:22)
27）2008 年 1 月 28 日付 Svenska Dagbladet による
28）Diskrimineringslag. (2008:567)
29）Integrations- och jämställdhetsdepartementet: Ett starkare skydd mot diskriminering. (prop. 2007/08:95)
30）Independent Living i Sverige, *Pressmeddelande*, 2008-05-23.
31）同上。
32）前掲書（引間、2007 年）、p12.

あとがき

　1983年8月、筆者は、連合いとまだ小さかった2人の娘たちと共に、初めてスウェーデンを訪れた。この時、筆者たちは、いろいろな人に出会い、様々な施設を視察した。視察プログラムの最初に出会ったアニタ・グスタフソン（Anita Gustafsson, 当時ストックホルム県知的しょうがい援護部リハビリテーション課長）は、ストックホルム県内にある施設カールスルンドが5年後の1988年に解体、ビヨーンクーラー、オーケシュベリアの両施設は20年後の2003年に解体の予定である、という説明をして下さった。筆者たちの視察予定に施設カールスルンドは含まれていなかったが、筆者は施設カールスルンドにぜひ行ってみたい、いつかぜひ解体に至るまでの一部始終を把握し整理してみたいと思うほど衝撃を受けた。そして、本当に施設は解体できるのか、解体した施設はどうするのか、解体計画を作り上げるまでの論議の経過はどうだったのか、と多くの疑問が筆者の脳裏を駆け巡った。

　何と数日後、運良く施設カールスルンドを見学することができた。施設カールスルンドは、ストックホルム市の郊外にあり、まさしく、知的なしょうがいのある人たちだけが生活をしている日本のどこにでもある大きな施設だった。暗くて、寂しい、一般市民が誰も住んでいない、知的なしょうがいのある人たちだけの特別な地区だった……。

　グスタフソン課長が筆者に語ってくれたとおり、施設カールスルンドは1988年に完全に解体された。歴史的大事業に携わった施設解体プロジェクト・リーダーのケント・エリクソンや北西地区援護事務所の職員たちは、解体に至る経過の整理だけでなく居住者の追跡調査を丹念に行ってきていた。これは、施設解体の歴史的意義や社会的責任を積極的にとらえているということだけでなく、見知らぬ地域の新しい地域グループホームで生活をし始めた知的なしょうがいのある人たちが地域にまだとけ込めないでいる、という実態が見られ始めていたからである。デイセンターに重いしょうがいのある人たちが入ってき

て仕事がしにくくなった、とぼやく一部デイセンターの職員もいた。しかし、地域で暮らすようになったことで「ドラマティックな発達を示す人たちが大勢いる」という評価や、「もう施設にはもどりたくない」という当事者自身の声もあった。

　知的なしょうがいのある人たちがごく普通の生活を送ることを可能にするために必要な援助システムを整備しようと努力をしていたスウェーデン社会。理想と現実の違いや多くの矛盾を抱えながら歩んでいたスウェーデン社会の縮図が、新しいカールスルンドの街とその周辺にはあったような気がした。

　ともかく、施設カールスルンドは、建物の一部だけを残して解体され、新しい街に生まれ変わった。施設カールスルンドの創設者クランツォンの名前だけは、地域グループホームのある通りに残されて生き続けている。

　27年前に感じた衝撃を思い起こし、時にタイムスリップしながら記した本書は筆者の夢であってはならないと思っている。各種調査で明らかにされているように、本人の意思で入所施設に入所した人はほとんどいない。本人の思いや願いを無視した形で強制的に入所させられた当事者たちは、次のように語っている。

　　「管理だらけの生活は、刑務所みたいだった。」[1]

さらに、次のように素朴な思いを語る。

　　「社会に出てみたかった。」[2]

　当事者たちの思いに応えながら、入所施設解体へ向けて、国の政策、法制定へと着実に歩んできたスウェーデンの前向きな姿は、日本の目標となる大きな存在であることは間違いない。苦難の歴史を乗り越えて進んできたスウェーデンの歴史的背景、思想的背景、入所施設解体政策を支えた国民意識の形成等への学習をさらに深めながら、日本の脱施設化と地域生活支援システム構築に向けた具体策づくりを今後も探究し続けていきたいと思う。

ところで、「はしがき」で記したように、本書を執筆しようとしていた矢先に東日本大震災が起こった。筆者の個人的事情が様々に絡み合い、本書の執筆も大幅に滞ってしまった。本書の執筆内容を確かなものにするために計画していたスウェーデン行きも頓挫してしまった。被災した実家や友人・知人、さらには、これまで関係してきた多くの福祉関係者をそのままにして遥か遠くの、行けば何日も何週間も帰ってくることのできないスウェーデンに行く気持ちになれなかったからである。再会を約束していたスウェーデンの友人・知人（特に、共同研究者の故ケント・エリクソンのパートナーのパトリシア・エリクソン、そして、ご家族とも）、これまで関わり合いをもってきたグルンデン協会の面々とも、この願いは叶わなかった。大変残念に思う。

　これまでささやかではあるが、故郷宮城県の被災地仙台市若林地区、気仙沼地区、東松島地区、野蒜地区には足を運び、多少なりとも関わりをもってきた。しかし、それらはほんの短い通りすがりの関わりでしかない。それでも、筆者の足はスウェーデンではなく、被災地に向かった。筆者の手元には被災地に関するたくさんの資料があり、論文やエッセイが書ける位の分量である。でも、書けないのである。書いてはいけないような気すらしている。しかし、それでも本書の最後に何か書かなければならないとするなら、東日本大震災で被害に遭われた方々、そのご家族、ご親族、友人・知人、その他大勢の関係者の方々にまず心からの哀悼・お悔やみ・お見舞いの意をお伝えするということであろう。と同時に、しょうがいのある方々（その他のマイノリティの方々も含め）が日常的に置かれていた大変な状況が物資供給の段階で、避難所で、仮設住宅で、避難・転地先で、身を寄せた友人・知人・親族宅で、職場で、学校で、その他様々な場で、心身共に傷つき、晴れることのない日々を悶々と過ごし、生きにくさ、生きづらさを絶えず抱えながらひっそりと生きていたことを知ったことである。

　このことは、自ら望まずに入所施設に入れられ、そこで何年間も出口を見出せないまま暮らしてきた「利用者」と呼ばれる人たちと全く同じだったのではないかということである。「脱施設化」「地域移行」という用語を「復興」という用語に変えてみることで、両者は質的に全く同じであったことが分かる。被災された方々は、1年先、2年先、5年先、10年先は待てないのである。今

すぐに、「脱施設」(脱避難所、脱仮設住宅……)し、「地域生活」をし、そのための「支援」をしてほしいと願っているのである。今すぐに。

　そのために私たちがやれることは、(これも)ささやかだが、被災者(被災地)を忘れないということである。常に思い続けることである。被災者(被災地)に寄り添うことである。被災者(被災地)のニーズを受け止め、被災者(被災地)のニーズと摺り合わせ、被災者(被災地)が求める課題を深める中からしか再生・復興のための構想は創り出せないということであろう。

　さて、被災者(被災地)のことを念頭に入れながら、本書本来の脱施設化・地域生活支援に立ち戻り、本書を閉じる方向で論を整理していこう。先に、D法人の課題を克服するために、一人ひとりに合った支援とは何かを考え、完全地域生活への志向(本人中心の地域で支え合う仕組みをつくることへの挑戦)や自由・自己決定への挑戦、当事者参画への挑戦を目指してほしいと願っていると記した。そのためには、まず、一人ひとりの当事者に寄り添い当事者のための支援を行うための「支援の心」を明確にする必要がある。それは取りも直さず、次に示す「支援者としての自分の仕事ぶりを評価する『10の質問』[3]」でなければならない。日本における脱施設化(地域移行と地域生活支援)の実態はまだ発展途上にあり、当事者と共に行う地域生活支援づくりやコミュニティ再生を目指す取り組みの鍵は、「しょうがい者の社会生活の支援を権利として総合的に保障する[4]」仕組みづくりと私たち支援者の取り組みの姿勢にかかっているからである。

⑴私は、当事者が言いたいことに本当に耳を傾けているだろうか。それとも、私の意見を押しつけていないだろうか。
⑵私は、当事者の人間としての成長や可能性を見ているだろうか。それとも、「障害」や「限界」しか見ていないのではないだろうか。
⑶私は、当事者に対する自分の行動や感情を点検しているだろうか。
⑷私の働きかけは、何かの利害の衝突からきてはいないだろうか。あるいは、どこかで要求をコントロールしてはいないだろうか。
⑸私の働きかけは：

- 当事者の自尊心や自信を高め、思い切って行動するように、彼らを勇気づけているだろうか。
- 当事者の私への依存心を少なくすることができているだろうか。
- 生活に影響を及ぼす決定に、自ら参加し、理解する機会を増やしているだろうか。
- 自分自身で決定を行い、問題を解決し、もの事が行えるようにするプロセスを彼らに教えているだろうか。
- 私が支配者と見なされるような機会を減らしているだろうか。
- それぞれの当事者が積極的な役割を果たすように奨励しているだろうか。

(6)私の働きかけは、グループの団結はもちろんのこと、個人の成長を尊重し、認めているだろうか。

(7)私の働きかけは、当事者が情報に基づいた決定をすることができるように、幅広く多様な情報を様々な視点から獲得し、理解できるように勇気づけ、支援しているだろうか。当事者の視点に立った協力者を育てているだろうか。

(8)私の働きかけは、怒りは当然のことであり、多くの場合、現実にも正当化されるということを認めているだろうか。また、当事者が建設的な個人の成長と社会変革のために怒りを活用するように勇気づけているだろうか。

(9)対象者が次のようなことをしても平気だろうか。
- 私の考えに疑問をもつこと
- 私を仲間から締め出すこと
- 彼らが私を必要としないということ。彼ら自身で決定することができるということ
- 私がしていることに対して否定的な反応を示すこと
- 権威ある人物として私を見ないこと

(10)当事者や当事者自治組織はもちろんのこと、支援者も間違いをおかしやすい人間であり、他の人々や他の団体と同じように多くの問題を抱えている人間であるということを、私は理解しているだろうか。

ところで、北海道美深町にあった授産施設「美深のぞみ学園」はもうない。2010年3月をもって完全解体された。2008年版パワーポイント配布資料「美

深のぞみ学園解体の軌跡：スタートラインは地域から」から心に残った言葉を引用し、本書を終えたい。そこには、私たち支援者の取り組みの姿勢が具体的な形として示されているからである。

「施設解体計画『スタートラインは地域から』は、何度も計画を練り直し５ヶ年計画として、美深町、理事会、親の会、高等養護学校などの関係者を巻き込み始めた……批判もあったけど……でも、僕たちは本気だった……絶対にあきらめるな、みんなを地域に送り出すまでは…何度、この言葉に励まされただろうか……全ての入所者を地域へ送り出すために、施設解体の為の申請書類の作成は、連日、明け方まで続いた……５年の歳月が流れた、それでも、僕たちは、あきらめなかった、さぁ、みんな施設から出ていくよ！『もう、施設には戻るなよ！』と声をかけると、『頼まれても、絶対に戻って来ない』と彼は笑った……私達は、……もう二度と、施設では暮らさない！」[5]

末筆になるが、調査の機会を与えて下さった Kent & Patricia Ericsson さんご夫妻、旧施設カールスルンド周辺自治体幹部職員・担当職員の皆さん、Ｉ理事長をはじめとするＤ法人の皆さん、小林繁市さん、佐々木典子さん、高山和彦さんをはじめとする各法人代表の方々、また、各法人が所管する地域生活支援センターの皆さん、各センターから支援を受けている方々、この人たちに共感しながら惜しみない支援の手を差し伸べておられる方々に感謝を申し上げたい。この人たちとの出会いがあったからこそ調査が進められた。また、第４章の調査員として調査に携わって下さった粟野明子さん、又村美保さん、本書に関わる各種データの入力をして下さった木下清美さんにも感謝を申し上げたい。この方々のご協力がなければ調査は進められなかったし、本書も出来上がらなかったであろう。さらに、本書の出版を快く引き受けて下さった現代書館社長の菊地泰博さん、細部にわたるまで丁寧な編集を行って下さった現代書館編集部の小林律子さんにもお礼を申し上げたい。本書が、日本の今後のしょうがい者福祉の在り方、とりわけ脱施設化・地域生活支援の指針の一つとなってくれることを願い、結語としたい。

2013年5月8日

河東田　博

注

1）ピープルファースト東久留米、2007年『知的障害者が入所施設ではなく地域で暮らすための本──当事者と支援者のためのマニュアル』生活書院、p4.
2）同上、p1.
3）Worrell, B., 1988, *People first: advice for advisors.* Toronto: People First of Canada.（＝河東田博訳、2010年『ピープル・ファースト：当事者活動のてびき』現代書館、pp88-90.）
4）ＤＰＩ日本会議事務局、2011年『われら自身の声』第5119号、p1.
5）石田力、2008年9月「美深のぞみ学園施設解体の軌跡：スタートラインは地域から…」（パワーポイント配布資料）社会福祉法人美深福祉会。

資　料

スウェーデンと日本における聞き取り調査（第4章）で使用した
「各種インタビューガイド」

スウェーデンと日本における聞き取り調査(第4章)で使用した
「各種インタビューガイド」

(職員記入用)

インタビューガイド I

対象者氏名:

I　個別情報

・生年月日　　　　＿＿＿＿年＿＿月＿＿日（＿＿＿歳）

・性別　　　　1　女性　　　　　　2　男性

・結婚の有無　　1　結婚／同棲　　2　独身

・子ども　　　　1　いる（＿＿＿人）　2　いない

・その他のしょうがい　　＿＿＿＿＿＿＿＿＿＿＿＿＿＿＿＿＿

・話の理解力①：相手が話すことについて

　　1　対象者は、ある程度、相手の話す言葉が理解できる
　　2　会話の内容が理解できる

・話の理解力②：自分が話すことについて

　　1　いくらかのことばを使うことができ、その意味をある程度理解している

2　語彙がある

・　その他

Ⅱ　現在の生活

1　生活状況
1）　対象者は今どのような居住形態でくらしていますか。

　1、　グループホーム／ケアホーム：（　　　　）人部屋
　2、　自分で借りているアパートや持ち家
　3、　両親の家
　4、　その他（　　　　　　　　　　　）

2）対象者の住まいは、施設入所以降、どのような流れで変わってきましたか。

_____→_____→_____→_____→_____

例：両親の家→病院→施設→グループホーム→自分のアパート

2　教育歴
1）小学校：1、普通学級　2、特別（支援）学級　3、養護学校（特別支援
　　　　　学校）　4、いっていない　5、わからない　6、その他
　　　　　（　　　　）

2）中学校：1、普通学級　2、特別（支援）学級　3、養護学校（特別支援
　　　　　学校）　4、いっていない　5、わからない　6、その他
　　　　　（　　　　）

3）高　校：1、普通学級　2、特別（支援）学級　3、養護学校（特別支援
　　　　　学校）　4、いっていない　5、わからない　6、その他
　　　　　（　　　　）

4）専門学校／大学にいきましたか。
　1、はい（　　　　　　　　）　　2、いいえ

3　雇用（日中活動）

1）対象者はどのように日中過ごしていますか。

　1、一般企業　2、福祉就労（作業所、授産施設）　3、助成金つき就労（職場適応訓練、雇用助成金など）　4、デイ・センター　5、家の中で　6、その他（　　　　　　　　）

（就労の場合）
2）労働時間　：　週に＿＿＿＿日　計＿＿＿＿時間

3）健常者と一緒に働いていますか？
　1　はい　　　　　　2　いいえ

4　経済

1）1ヵ月あたりの収入＿＿＿＿＿＿＿円　（年金額：　　　　　　　）

2）本人活動に参加していますか（何かの会のメンバーですか）

　1、　はい　（会の名称：　　　　　　　　　　　）
　2、　いいえ
　3、　わからない

　　　　　　　　　　　　　　　ご協力、ありがとうございました。

回答者：利用者本人

地域で生活している利用者のインタビューガイドⅡ

《調査目的の説明》
　例：施設から出てどんな生活をしているのか知りたくて来ました。ご協力をよろしくお願いします。

《録音についての了解を取る》

Ⅰ　個別情報

（1）　○○さんはどこの出身ですか。
（2）　今、何歳になりましたか。
（3）　あなたはどんな人だと思いますか。

Ⅱ　地域移行の過程

1　施設でどの位生活していたか覚えていますか。
　　＿＿＿＿年（位）

2　施設で生活するように言った（決めた）のは、誰だったか覚えていますか。
　　1、親　　2、きょうだい　　3、福祉事務所または施設の職員
　　4、自分　　5、その他＿＿＿＿＿＿＿＿＿

3　施設での生活はどうでしたか。＿＿＿＿＿＿＿＿＿＿＿＿＿＿＿＿＿＿

4　施設から地域へ引っ越すと聞いたのはいつですか。
　　1、引っ越す1年以上前　　　2、引っ越す半年ぐらい前
　　2、引っ越す1ヶ月ぐらい前　4、引っ越す直前（2週間ぐらい前）

5　施設から地域へ引っ越すことを、誰から伝えられましたか。
　　1、親から　2、職員から、　3、仲間から　4、その他＿＿＿＿＿＿＿＿

　どのように言われましたか。
　＿＿＿＿＿＿＿＿＿＿＿＿＿＿＿＿＿＿＿＿＿＿＿＿＿＿＿＿＿＿＿＿

6　その時どのように感じましたか。
　　1、うれしい　2、かなしい　3、いやだ　4、さびしい
　　5、さっぱりした　6、あかるい　7、ふあんだ　8、元気がでる
　　9、その他＿＿＿＿＿＿＿＿＿＿

7　施設から地域に引っ越すことを決定するまで誰かと相談をしましたか。
　　1、はい　　［親や兄弟、職員、仲間、友だち、その他＿＿＿＿＿＿＿＿］
　　2、いいえ

8　施設をでることを決めたのは誰ですか。
　　1、親兄弟　2、福祉の専門家　3、自分　4、その他＿＿＿＿＿＿＿

9　引っ越す時はどのような気持ちでしたか。
　　1、うれしい　2、かなしい　3、いやだ　4、さびしい
　　5、さっぱりした　6、あかるい　7、ふあんだ　8、元気がでる
　　9、その他＿＿＿＿＿＿＿＿＿＿

10　引っ越した後について、
　　1、大変だったことは何でしたか。

　　2、楽しかったこと（嬉しかったこと）は何でしたか。

　　3、その他何かありましたら、教えて下さい。＿＿＿＿＿＿＿＿＿＿＿＿

Ⅲ　現在の生活

1　生活状況
1－1　居住形態

1）今どのような居住形態でくらしていますか。
　　1、グループホーム または ケアホーム
　　　（　　　　）人部屋　　（　　　　　）人のグループ
　　2、自分で借りているアパートや持ち家
　　3、両親の家
　　4、その他（　　　　　　　　　　）

2）この家（部屋）の住み心地はどうですか。

3）この家（部屋）で、ずっと住み続けていこうと思っていますか。

4）この家（部屋）に住むことは、自分で決めましたか。

5）それとも、誰かが決めたのですか。

1－2　家具

1）自分で選んだ家具を持ち込んでいますか。それは何ですか。
　　1、椅子　　2、机　　3、タンス　　4、本棚　　5、ベッド
　　6、何も持ち込んでいない　　7、わからない
　　8、その他＿＿＿＿＿＿＿＿＿＿＿＿

2）家具（椅子、机、タンス、本棚など）や部屋にあるものは、どこで買いましたか。

3）自分で買いに行きましたか。それとも、誰かに買ってもらいましたか（買うのを手伝ってもらいましたか）

4）それを気に入っていますか。それとも、買い直したいと思っていますか。

1-3　洗濯

1）洗濯は誰がしていますか。
　　1、施設の職員　2、当番制で　3、自分で　4、自分と職員が分担して
　　5、わからない　6、その他_____

2）それを決めたのは誰ですか。
　　1、自分　2、自分と職員の話し合い　3、職員　4、施設の規則
　　5、わからない　6、その他_____

3）具体的に洗濯はどんなふうにしていますか。
　（自分でしている場合）
　・誰かに手伝って欲しいと思っていますか。

　（手伝ってもらっている場合）
　・自分でしたいと思っていますか。

4）洗濯を＊＊＊＊がしていることに満足していますか。
　　1、満足している　2、満足していない（理由：　　　　　　　　　　）

1-4　掃除

1）掃除は誰がしていますか。
　　1、職員　2、当番制で　3、援助をうけながら自分で　4、自分で
　　5、わからない　6、その他_____

2）それを決めたのは誰ですか。
　　1、職員　　　2、自分と職員の話し合い　　　3、自分　　　4、規則
　　5、わからない　　6、その他＿＿＿＿＿＿＿＿＿＿＿＿＿

3）具体的に掃除はどんなふうにしていますか。
（自分でしている場合）
　　・誰かに手伝って欲しいと思っていますか。

（手伝ってもらっている場合）
　　・自分でしたいと思っていますか。

4）掃除を＊＊＊＊がしていることに満足していますか。
　　1、満足している　　2、満足していない　（理由：　　　　　　　　　　　　）

1－5　料理

1）料理は誰がしていますか。
　　1、職員　　　2、当番制で　　　3、援助をうけながら自分で　　　4、自分で
　　5、わからない　　6、その他＿＿＿＿＿＿＿＿＿＿＿＿＿

2）それを決めたのは誰ですか。
　　1、職員　　　2、自分と職員の話し合い　　　3、自分　　　4、規則
　　5、わからない　　6、その他＿＿＿＿＿＿＿＿＿＿＿＿＿

3）具体的に料理はどんなふうにしていますか。
（自分でしている場合）
　　・誰かに手伝って欲しいと思っていますか。

（手伝ってもらっている場合）
　　・自分でしたいと思っていますか。

資　料　229

4）料理を＊＊＊＊がしていることに満足していますか。
　　1、満足している　　2、満足していない　（理由：　　　　　　　　　　）

1－6　買い物

1）買い物は誰がしていますか。
　　1、職員　　2、当番制で　　3、援助をうけながら自分で　　4、自分で
　　5、わからない　　6、その他＿＿＿＿＿＿＿＿＿

2）それを決めたのは誰ですか。
　　1、職員　　2、自分と職員の話し合い　　3、自分　　4、規則
　　5、わからない　　6、その他＿＿＿＿＿＿＿＿＿＿

3）具体的に買い物はどんなふうにしていますか。
（自分でしている場合）
　　・誰かに手伝って欲しいと思っていますか。

（手伝ってもらっている場合）
　　・自分でしたいと思っていますか。

4）買い物を＊＊＊＊がしていることに満足していますか。
　　1、満足している　　2、満足していない（理由：　　　　　　　　　　）

1－7　つき合い

1）近所の人（地域の人）と仲良くしていますか。
　　1、あいさつを交わす　　2、一緒にお茶をのむ　　3、一緒に遊びに行く
　　4、つき合いはない　　5、わからない　　6、その他＿＿＿＿＿＿＿＿＿＿

2）今のつき合いの状態に満足していますか
　　1、満足している　　2、満足していない（理由：　　　　　　　　　　　）

2　教育

1）小学校にいきましたか。
　　1、普通学級　　2、特別（支援）学級　　3、養護学校（特別支援学校）
　　4、いっていない　　5、わからない　　6、その他_____

2）中学校にいきましたか。
　　1、普通学級　　2、特別（支援）学級　　3、養護学校（特別支援学校）
　　4、いっていない　　5、わからない　　6、その他_____

3）高校にいきましたか。
　　1、普通学級　　　2、特別（支援）学級　　3、養護学校（特別支援学校）
　　4、いっていない　　5、わからない　　6、その他_____

4）専門学校などにいきましたか。

5）学校はどうでしたか。学校に通っている時のできごとについて覚えていることがあればお話しください。

6）もっと勉強したいことがありますか。（例えば、パソコン、ガーデニング、ビデオ撮影など）

3　雇用（日中活動）

1）どのように日中は過ごしていますか。
　　1、一般企業　　2、福祉的就労（作業所、授産施設）
　　3、助成金つき就労（職場適応訓練、雇用助成金など）
　　4、デイ・センター　　5、家の中で　　6、その他_____

2）具体的にはどのような活動をしていますか。

3）その活動をすることに決めたのは誰ですか。
　　1、職員　　　2、自分と職員の話し合い　　　3、自分　　4、わからない
　　5、その他（　　　　　　　　）

（就労の場合）
4）労働時間：　：　週に＿＿＿＿＿＿時間

5）仕事先はどこですか。

6）どうしてその仕事をするようになったのですか。

7）その仕事は、自分で決めたのですか。

8）どんな仕事ですか。

9）その仕事は好きですか。

10）ずっとこの仕事を続けていきたいですか。

11）職場の人とか職員と仲良しですか。それとも、そうではないですか。

（うまくいっていない場合）どうしてですか。

12）職場を変えたいと思っていますか。

（変えたいと思っている場合）
・それはできそうですか。

13）今までに、仕事を変わったことがありますか。（解雇とか、異動による）

14）次の仕事を見つける時、誰か手伝ってくれましたか。

15）それは誰でしたか。

16）自分の希望が実現しつつあると思っていますか。

17）今の日中の過ごし方に満足していますか。
　　1、満足している　　2、満足していない（理由：　　　　　　　　　　）

4　経済

1）給料は月どのくらいもらっていますか。＿＿＿＿＿＿＿＿＿＿＿＿＿＿＿

2）たくさんもらっていると思っていますか。それとも、それほどもらっていないと思いますか。また、なぜそう思うのですか。

3）給料は自分の仕事にちょうど見合っていると思っていますか。

4）年金はいくらもらっていますか。

5）収入（年金や給料などをあわせて）はたくさんだと思いますか、それともそれほどでもないと思っていますか。

6）小遣いは月にどのくらいですか。

7）たくさんだと思っていますか、それとも、それほどでもないと思っていますか。また、なぜそう思うのですか。

8）小遣いは何に使いますか。

9）貯金通帳は誰が持っていますか。
　　1、自分　　2、職員、　3、親兄弟、　　4、後見人　　5、わからない
　　6、その他_____

10）お金や貯金通帳を自分で管理することができますか。それとも、誰かに頼んで手伝ってもらっていますか。
　　1、自分　　2、職員、　　3、親兄弟、　　4、後見人　　5、わからない
　　6、その他_____

（自分で管理している場合）
　・自分で管理することを、楽しいとか、うれしいとか思っていますか。

　・誰かに助けてもらいたいと思うことがありますか。何か不安なことがありますか。

（手伝ってもらっている場合）
　・そのことをどう思っていますか。自分で管理したいと思っていますか。それはできそうですか。

　・そうしたいと自分で意見を言うことができますか。

11）郵便局や銀行に行ったことはありますか。

12）郵便局や銀行でお金をおろしたり預けたりすることができますか。それとも、誰かに手伝ってもらっていますか。

（自分でできる場合）
　・自分でするのは楽しいと思っていますか。誰かに助けてもらいたいと思うことがありますか。何か不安なことがありますか。

（手伝ってもらっている場合）
・そのことをどう思っていますか。自分でしたいと思っていますか。それはできそうですか。どうすればできると思っていますか。

13）お金の面で将来に不安はありますか。

5　余暇活動

1）余暇時間には何をしていますか。

1、散歩	頻繁に	時々	たまに	まったくない
2、ドライブ	頻繁に	時々	たまに	まったくない
3、自転車・バイク	頻繁に	時々	たまに	まったくない
4、レストランで食事	頻繁に	時々	たまに	まったくない
5、映画	頻繁に	時々	たまに	まったくない
6、芸術活動	頻繁に	時々	たまに	まったくない
7、音楽活動	頻繁に	時々	たまに	まったくない
8、教会にいく	頻繁に	時々	たまに	まったくない
9、パーティー	頻繁に	時々	たまに	まったくない
10、スポーツ	頻繁に	時々	たまに	まったくない

　　　　どんなスポーツをしているか。_____

11、旅行	頻繁に	時々	たまに	まったくない

12、その他（カラオケ・パチンコ）
　　　　　　　　　　頻繁に　時々　たまに　まったくない

2）このインタビューがなかったら、自分は今頃何をしていたと思いますか。

3）いつもそうしているのですか。

4）自由時間（その他の活動）にでかける場合一人で行きますか。それとも、誰かと一緒に行きますか。

（一人で行く場合）
　・一人で出かけるのは楽しいですか。それはどうしてですか。

　・誰かと一緒に出かけたいと思いますか。

（誰かと一緒に行く場合）
　・誰と行くのですか。それは楽しいですか。

　・その時、自由に自分の意見が言えますか。

5）遊びに行く時は、どんな乗り物を利用していますか。（徒歩で、自転車で、バスやタクシーで、自家用車で）

6）そのことについてどう思っていますか。別の乗り物で出かけたいと思っていますか。それはできそうですか。

7）夕方や週末（土曜日や日曜日）に家にいる時、いつも一人でいますか、それとも、誰かと一緒にいますか。

（一人でいる場合）
　・一人でいるのは楽しいですか。それはどうしてですか。

　・誰かと一緒にいたいと思いますか。

（誰かといる場合）
・誰と一緒にいるのですか。その人と一緒にいるのは楽しいですか。それはどうしてですか。

・他の人と一緒にいたいと思いますか。それは誰ですか。それはどうしてす

か。

8）誰かのところに遊びに行ったりすることがありますか。

（はい）と答えた場合
　・誰のところですか。そこで何をするのですか。それは楽しいですか。

（いいえ）と答えた場合
　・誰かのところに遊びに行きたいと思っていますか。それはできそうですか。

9）お酒を飲みますか。

10）何を飲みますか。（ビール、日本酒、ワイン、ウィスキーなど)

11）誰と、いつ、どんな時に、どこで飲みますか、それは楽しいですか。

12）仕事がない時や、自由に何でもしてよい時、何をしたいと思っていますか。

13）遊ぶのは好きですか。

14）一番楽しい遊びは何ですか。

6　対人関係
1）友だちはいますか。
　　1、いる　2、いない　　3、わからない　　4、その他

2）それはどんな人ですか。
　　1、昔の施設の仲間　2、仕事の仲間　3、職員　4、お母さん
　　5、お父さん　6、兄弟　7、地域の人　8、わからない
　　9、その他＿＿＿＿＿＿＿＿＿＿

3）友だちと一緒に何をしますか。
　　1、一緒にでかける　2、手紙を書く　3、一緒にテレビをみる
　　4、お互いに困ったとき相談しあう　5、わからない
　　6、その他＿＿＿＿＿＿＿＿＿＿＿＿

4）友だちはもっと欲しいですか。
　　1、はい　　2、いいえ　　3、わからない

5）友だちにどのぐらいの頻度で会いたいですか。
　　1、頻繁に（もっと多く）　2、それほど（もっと少なく）
　　3、いまのままでよい

（友人がいる場合）
　・友人と一緒に何をするのですか。

　・友人といて楽しいですか。どんなことが楽しいですか。

　・その友人とは、いつからつき合っていますか。何年ぐらいになりますか。

　・その人とこれからも友人でいたいと思っていますか。

　・友人といて、嫌なことはありますか。どんなことですか。

（友人がいない場合）
　・友人を欲しいですか。それとも、欲しくはないですか。

　・友人はできそうですか。それはどうしてですか。

6）恋人はいますか。
　　1、いる　　　2、いない

(いる場合)
　・その人とふたりきりなる機会がありますか。
　　　1、十分にある　　2、十分にではないがある　　3、ない

　・その人と、一緒に何をしていますか。

(いない場合)
　・彼（彼女）を欲しいですか。

　・それとも、欲しくはないですか。どうして欲しくないのですか。

7）何かに悩んだり、寂しいと思ったことがありますか。
(「はい」と答えた場合)
　・どんな時にそう感じますか。

　・そう感じた時はどうするのですか。

　・慰めてくれる（相談にのってくれる）人はいますか。

(「いる」と答えた場合)
　・それは誰ですか。どのようにして慰めて（相談にのって）くれますか。

8）誰か他の人の相談にのってあげることがありますか。

(「はい」と答えた場合)
　・誰に、どんなことをしてあげるのですか。

9）誰かと結婚をしたいと思ったことがありますか。また将来は結婚をしたいと思っていますか。
　　1、思ったことがある　　　2、思ったことはない　　　3、わからない
　　4、その他（　　　　　　　　　）

10）自分の子どもを欲しいと思ったことがありますか。また将来は子どもを欲しいと思っていますか。
　　1、思ったことがある　　　2、思ったことはない　　　3、わからない
　　4、その他_____

7　政策立案への参加
1）選挙にいったことがありますか。
　　1、はい　　2、いいえ　　3、わからない

2）会議や話し合いに参加することがありますか。
　　それはどのようなものですか。
　　1、　参加したことはない　　　2、本人の会のような当事者の会
　　3、　サービス提供機関が主催している話し合いの場　　　4、わからない
　　5、　その他_____

（参加している場合）
　・一人で活動するよりも、仲間とした方がよいと思いますか。

　・どのような活動をしていますか。

　・活動の中で自分の意見がいえますか。

　・活動への参加は誰が勧めましたか。

　・今の活動は楽しいですか。

(参加していない場合)
　・それはなぜですか。何かの活動に参加したいと思いますか。

8　将来への希望
1）将来「こうしたい！」と強く思っていることがありますか。
　1、ある：具体的に_____
　2、ない

9　最後に、私に何か聞いてみたいことはありませんか。

　　　　　　　　　　　　　　　ご協力、ありがとうございました。

初出一覧

第1章
1　河東田博、2010年「ノーマライゼーション原理『再考』」『立教社会福祉研究』29号、pp5-13. 立教大学社会福祉研究所（2009年度日本学術振興会科学研究費補助金・基盤研究B「自立とソーシャルワークの学術的研究」研究代表者・庄司洋子、研究成果の一部）。
2　河東田博、2009年「『ノーマライゼーション原理の父』論」『立教大学コミュニティ福祉学部紀要』第11号、pp15-28.

第2章
第1節
　　河東田博、1998年「解題：ノーマライゼーションの原理の生成発展とスウェーデンにおける原理の法的具体化」pp164-192. B・ニィリエ（河東田博他訳）『ノーマライゼーションの原理』現代書館。
　　河東田博、1994年「スウェーデンにおける入所施設解体と地域生活」『発達障害研究』Vol.16, No.2 35-39, pp115-119. 日本文化科学社。
第2節
　　河東田博、2011年「スウェーデンにおける施設解体と地域生活支援——施設カールスルンドの解体にみるスウェーデンしょうがい者福祉改革」『立教大学コミュニティ福祉学部紀要』第13号、pp71-81.（2010年度日本学術振興会科学研究費補助金・基盤研究B「脱施設化と地域生活支援システム構築に関する研究」研究代表者・河東田博、研究成果の一部）。
第3節
　　河東田博・ボーレグレーン－松井芳子、2009年「スウェーデン編」（第2章第5節、pp171-218.）『障害者の福祉サービスの利用の仕組みに係る国際比較に関する調査研究事業報告書』（厚生労働省平成20年度障害者保健福祉推進事業：障害者自立支援調査研究プロジェクト）財団法人日本障害者リハビリテーション協会。（本節は、本書に合うように本報告書を再構成し、必要に応じて加筆・修正を行った）。

第3章
第1節
　　河東田博、2007年「2006年度学界回顧と展望　障害福祉部門」『社会福祉学』

第 48 巻第 3 号、pp203-212. 日本社会福祉学会。

　河東田博、2008 年「2007 年度学界回顧と展望　障害福祉部門」『社会福祉学』第 49 巻第 3 号、pp208-218. 日本社会福祉学会。

第 2 節

　河東田博、2011 年「脱施設化にみる自立と地域生活支援の実態と課題——B 法人における利用者の自立への思いを支援しようとする営みを拠り所に」『立教社会福祉研究』30 号、pp3-9. 立教大学社会福祉研究所。(2010 年度日本学術振興会科学研究費補助金・基盤研究 B「自立とソーシャルワークの学際的研究」研究代表者・庄司洋子、研究成果の一部)。

第 3 節

　河東田博、2006 年「知的しょうがい者の結婚生活支援のあり方に関する研究」『コミュニティ福祉学部紀要』8 号、pp71-100.（本論文は、2004 年度日本財団助成事業研究『障害のある人々の結婚・就労・くらしに関する研究』研究代表者・高松鶴吉、研究成果の一部である。筆者が研究成果全文をまとめあげた関係上、河東田論文として、共同研究者の E 法人 E センター K 氏、F 法人 F センター S 氏、G 法人 G センター N 氏、C 法人 H センター H 氏から論文化の承諾をいただいたものである)。

第 4 章

第 2 節 1

　河東田博、2012 年「パーソナルアシスタンス制度導入にみる『自立』概念—— LSS と障害者総合支援法を念頭に入れて」『立教社会福祉研究』31 号、pp5-12. 立教大学社会福祉研究所。(2011 年度日本学術振興会科学研究費補助金・基盤研究 B「自立とソーシャルワークの学術的研究」研究代表者・庄司洋子、研究成果の一部)。

第 2 節 2

　河東田博、2008 年「コンタクトパーソンとスウェーデンのしょうがい者福祉」『立教社会福祉研究』27 号、pp3-9. 立教大学社会福祉研究所。

第 2 節 3

　河東田博、2009 年「スウェーデンにおける知的障害者の政治参加」『ノーマライゼーション』第 29 巻第 1 号（330 号）、pp13-15. 日本障害者リハビリテーション協会。

第 2 節 4

　河東田博、2008 年「スウェーデンの障害者雇用・労働政策の実態と新差別禁止法」『季刊福祉労働』121 号、pp50-60. 現代書館。

❖**著者紹介**

河東田 博（かとうだ　ひろし）
東京学芸大学特殊教育学科卒業。ストックホルム教育大学（現ストックホルム大学）大学院教育学研究科博士課程修了（Ｐｈ．Ｄ）。1974年から86年まで12年間、東京都の社会福祉施設に勤務。86年から91年まで約5年間、スウェーデンに滞在。脱施設化や自立生活運動、当事者参加・参画に関心をもち、研究を開始。四国学院大学、徳島大学を経て、現在立教大学コミュニティ福祉学部教授。
主な著書に『スウェーデンの知的しょうがい者とノーマライゼーション』『ノーマライゼーション原理とは何か』（以上、単著）、『知的しょうがい者がボスになる日』『福祉先進国における脱施設化と地域生活支援』『自立と福祉──制度・臨床への学際的アプローチ』（以上、編著）、『ヨーロッパにおける施設解体』（共著）、『スウェーデンにおける自立生活とパーソナル・アシスタンス』『ノーマライゼーションの原理』『スウェーデンにおける施設解体』（以上、共訳）、『福祉先進国に学ぶしょうがい者政策と当事者参画』（監修）（以上、現代書館）、『知的障害者の「生活の質」に関する日瑞比較研究』（編著、海声社）、『障害者と福祉文化』『福祉文化とは何か』（以上、編著、明石書店）『新・コミュニティ福祉学入門』『現代の障害者福祉（改訂版）』（以上、共著、有斐閣）、『対論　社会福祉学　2社会福祉政策』（共著、中央法規出版）等がある。

脱施設化と地域生活支援：スウェーデンと日本
2013年5月31日　第1版第1刷発行

著　　者	河　東　田　　　博	
発行者	菊　地　泰　博	
組　版	コ　ム　ツ　ー	
印　刷	平河工業社（本文）東光印刷所（カバー）	
製　本	越　後　堂　製　本	
装　幀	河　東　田　　　文	

発行所　株式会社 現代書館
〒102-0072　東京都千代田区飯田橋3-2-5
電話 03(3221)1321　FAX 03(3262)5906
振替 00120-3-83725　http://www.gendaishokan.co.jp/

校正協力・高梨恵一

©2013 KATODA Hiroshi Printed in Japan ISBN 978-4-7684-3522-9
定価はカバーに表示してあります・落丁本・乱丁本はお取り替えいたします。

本書の一部あるいは全部を無断で利用（コピー）することは、著作権法上の例外を除き禁じられています。但し、視覚障害その他の理由で活字のままでこの本を利用出来ない人のために、営利を目的とする場合を除き、「録音図書」「点字図書」「拡大写本」の製作を認めます。その際は事前に当社までご連絡ください。また、テキストデータをご希望の方はご住所・お名前・お電話番号をご明記の上、右下の請求券を当社までお送りください。

活字で利用できない方のためのテキストデータ請求券
『脱施設化と地域生活支援：スウェーデンと日本』

知的しょうがい者がボスになる日
―当事者中心の組織・社会を創る

パンジーさわやかチーム・林 淑美・河東田 博 編著
加藤真規子 著

知的障害者授産施設パンジーで、当事者自身が施設を運営する組織にしようと、組織改革に特別チームが取り組んできた二年間の軌跡。戸惑い、不安、仲間の離脱という挫折を乗り越え、見えてきた展望。そこに至るまでの本人たちのエンパワメントと支援者の関わりをつぶさに記録。 1800円＋税

精神障害のある人々の自立生活
―当事者ソーシャルワーカーの可能性

庄司洋子・菅沼 隆・河東田 博・河野哲也 編

医療・福祉の専門職や家族が利害を代弁し、政策決定してきた精神障害の分野で、精神障害がある当事者ソーシャルワーカーとしてピア（仲間）による自己決定支援、地域生活支援に乗り出した著者の軌跡と日本・アメリカ・カナダの当事者へのインタビュー。体験の分かち合いによるセルフ・ヘルプの可能性を語る。 2000円＋税

自立と福祉
―制度・臨床への学際的アプローチ

堅田香緒里・白崎朝子・野村史子・屋嘉比ふみ子 編著

障害者、高齢者、ひとり親家庭、生活保護利用者、患者等の福祉・医療の対象者が、パターナリズムの下に置かれ、自律性を奪われてきたことを規範、制度、臨床面から検証し、福祉がどう自立／自律支援に向き合うのかを展望する。社会資源を利用しながら自己実現することも自立を構成する要素と捉える「世直し」のための一冊。 2300円＋税

ベーシックインカムとジェンダー
―生きづらさからの解放に向けて

全国自立生活センター協議会 編

シングルマザー、セクシュアル・マイノリティ、主婦、働く単身女性、学生…。性別役割分業と家父長制が蔓延する日本社会で家族単位の社会保障政策の周辺に置かれ、生きづらさと貧困をかかえる当事者が、社会構造の矛盾とジェンダーの視点からベーシックインカムの可能性を検討。 1800円＋税

自立生活運動と障害文化
―当事者からの福祉論

全国自立生活センター協議会 編

親許や施設でしか生きられない、保護と哀れみの対象としての障害者が、地域で自立生活を始め、社会の障害者観、福祉制度のあり方を変えてきた。一九六〇―九〇年代の障害者運動の軌跡、一五団体・二九個人の歴史を、インタビューと書き下ろし記事で綴る障害学の基本文献。 3500円＋税

当事者がつくる障害者差別禁止法
「障害者差別禁止法制定」作業チーム 編

アメリカ障害者法制定以来、世界の四十数カ国で障害者差別禁止・権利法が法制化されているが、日本には障害差別を明確に規定する議論が二〇〇〇年代までなかった。何が障害にもとづく差別で、障害者の権利とは何か。国連やEUの取り組み等、国際的動向の資料も掲載。 1700円＋税

【増補改訂版】障害者はどう生きてきたか
―戦前・戦後障害者運動史
―保護から権利へ

杉本 章 著

従来の障害者福祉史の中では抜け落ちていた、障害をもつ当事者の生活実態や差別・排除に対する闘いに焦点をあて、戦前から現在までの障害者の歩みを綴る。障害者政策を無から築き上げたのは他ならぬ障害当事者であることを明らかにした。詳細な障害者制度施策・障害運動・社会情勢の年表付。 3300円＋税

（定価は二〇一三年五月一日現在のものです。）

河東田 博 著
スウェーデンの知的しょうがい者とノーマライゼーション
――当事者参加・参画の論理

施設から地域へ、親・専門家による支配・保護から当事者参加・参画へと劇的に変わりつつあるスウェーデンの福祉制度、知的障害者をめぐる状況、地域での生活の様子、親の会において当事者が自己主張し、政策決定に参加するまでの具体的過程を追い、日本の課題を考える。

2200円＋税

G・グラニンガー、J・ロビーン 著／田代幹康、C・ロボス訳著
スウェーデン・ノーマライゼーションへの道
――知的障害者福祉とカール・グリュネバルド

スウェーデン医療保健庁（現・社会庁）の知的障害者福祉局の責任者として、一九六〇～八〇年代にノーマライゼーション原理の具体化、施策化の指揮、障害者の収容施設解体・地域移行を推進した行政官・グリュネバルドのインタビュー集。一九九〇年代のスウェーデン福祉改革についての書き下ろし収録。

1800円＋税

ビル・ウォーレル 著／河東田博 訳
ピープル・ファースト：当事者活動のてびき
――支援者とリーダーになる人のために

「ピープルファースト＝障害者ではなくまず人間である」。当事者運動発生の地、カナダのピープルファーストで作られた『支援者のための手引き』を日本向けに翻訳。当事者グループを強く、大きくしていくために、支援者・リーダーの役割を具体的に解説。

1600円＋税

カリフォルニア・ピープルファースト 編／秋山愛子・斎藤明子 訳
私たち、遅れているの？ [増補改訂版]
――知的障害者はつくられる

親、施設職員や教員など周囲の人々の期待の低さや抑圧的環境が知的障害者の真の自立と成長を妨げていることを明らかにし、地域生活に本当に必要なサービス、差別のない制度を当事者自らが提言した画期的報告書『遅れを招く環境』の翻訳。増補でサービス支給プロセスへの当事者参画を紹介。

1800円＋税

アドルフ・ラツカ 著／河東田博、古関・ダール瑞穂 訳
スウェーデンにおける自立生活とパーソナル・アシスタンス
――当事者管理の論理

福祉先進国スウェーデンにおいてなお、行政から一律に与えられる介助サービスではなく、自立生活運動と介助サービスの当事者決定・当事者管理を強力に推し進めているストックホルム自立生活協同組合。スウェーデンのパーソナル・アシスタンス法制定の基盤となった理論と実践の書。

1500円＋税

J・シャピロ 著／秋山愛子 訳
哀れみはいらない
――全米障害者運動の軌跡

障害者福祉を慈悲と保護から権利と差別禁止へと変えた、歴史的なアメリカ障害者法成立に至る障害者運動のエンパワメントを追う。障害の文化、歴史、アメリカ社会の障害観の変遷、障害をめぐる政治の動き、当事者運動の軌跡、ヒューマンヒストリーなどを重層的に解き明かす。

3300円＋税

鈴木良 著
知的障害者の地域移行と地域生活

入所施設から地域生活（グループホーム・通勤寮・アパート等）に移行後の生活実態、支援者との関係、当事者・職員・家族それぞれへのアンケート調査と参与観察により実証的に検証し、地域生活における当事者・職員・家族の相互関係、ミニ施設化の問題を障害学の視点から切り込む。

3200円＋税

（定価は二〇一三年五月一日現在のものです。）

スウェーデンにおける施設解体と地域生活支援
――施設カールスルンドの誕生と解体までを拠り所に

ケント・エリクソン 著/河東田 博・古関 ダール 瑞穂 訳

スウェーデンはなぜ、どのように施設をなくすことができたのか。知的障害者の巨大入所施設カールスルンドの設立から解体まで、解体計画を立案・実行し、地域移行後の生活支援の実地研究をとおして、障害のある人が地域で暮らすノーマライゼーションの実践を余すところなく描き出す。2200円＋税

スウェーデンにおける施設解体
――地域で自分らしく生きる

J・ラーション 他著/河東田 博 他訳

一九九九年十二月、ほとんどの入所施設が解体され、入所者達は思い思いの方法で地域で暮らし始めた。百年の歴史をもつ知的障害者入所施設ベタニアの歴史と解体までの軌跡、施設で暮らしてきた本人とその家族、施設職員の地域移行前後の反応・感情をつぶさに記録。1800円＋税

ヨーロッパにおける施設解体
――スウェーデン・英・独と日本の現状

河東田 博 他著

障害者入所施設はもういらない。スウェーデンではほぼ全ての施設が解体され、地域移行が完了している。施設を解体、縮小し、地域居住に移行している欧州の現状と地域移行にかかわる課題に学び、未だに入所施設が増大している日本における施設から地域への道筋を探る。1800円＋税

福祉先進国における脱施設化と地域生活支援

河東田 博編著者代表

オーストラリア、ノルウェー、オランダ三ヵ国と日本の入所施設三ヵ所における地域移行プロセスの実態調査（当事者・職員・家族への調査）を基に、地域移行、地域生活支援の実態と課題を明らかにし、諸外国の地域生活支援に関する法制度の比較研究を含め、日本のあり方を展望する。3000円＋税

福祉先進国に学ぶしょうがい者政策と当事者参画
――地域移行、本人支援、地域生活支援国際フォーラムからのメッセージ

河東田 博 監修
ベンクト・ニィリエ 著/河東田 博 他訳編

施設を完全になくしたスウェーデン、地域移行途上のオランダ、未だに施設中心の日本の知的しょうがい者と支援者、オーストラリア・日本の研究者、福祉関係者による、地域移行、地域生活支援の課題を語り合った国際フォーラムの報告。2300円＋税

ノーマライゼーションの原理
――普遍化と社会変革を求めて

ベンクト・ニィリエ 著/河東田 博 他訳編

五十年前北欧で提唱され、今日共生社会の普遍的理念として支持され、社会のあり方を変えてきたノーマライゼーションの考え方を八つの原理に成文化し、定着・発展させてきた「ノーマライゼーションの父」の1960年代から現在までの思想展開。ノーマライゼーションを語るときの原典。1800円＋税

ノーマライゼーション原理とは何か
――人権と共生の原理の探究

河東田 博著

北欧で誕生し今日共生社会の基本理念となっているノーマライゼーション。そのルーツに関する定説を覆す新たな発見（デンマーク一九五九年法でバンク・ミケルセンが唱える以前にスウェーデン社会庁報告書でノーマライゼーション原理が検討されていた）と、その後の展開の研究。1700円＋税

（定価は二〇一三年五月一日現在のものです。）